教育部人文社会科学重点研究基地——北京大学
中国特色社会主义理论体系研究中心2010年重大项目——
马克思主义学习型政党建设问题研究[课题号10JJD710007]项目成果

New Theory on the Construction of Marxism Learning Party

马克思主义学习型政党建设新论

王东 刘军/著

全国百佳出版社
中央编译出版社
Central Compilation & Translation Press

图书在版编目(CIP)数据

马克思主义学习型政党建设新论/王东,刘军著
—北京:中央编译出版社,2011.7
ISBN 978-7-5117-0928-8

Ⅰ.①马…
Ⅱ.①王… ②刘…
Ⅲ.①马列主义党–党的建设–研究 ②中国共产党–党的建设–研究
Ⅳ.①D053 ②D26

中国版本图书馆 CIP 数据核字(2011)第 120349 号

马克思主义学习型政党建设新论　　　　　　　王东　刘军　著

出 版 人	和 龑
策划编辑	蒙 木
责任编辑	高立志　王丽芳
编辑信箱	momofofo@sina.com
责任印制	尹 珺
出版发行	中央编译出版社
地　　址	北京西单西斜街 36 号(100032)
电　　话	(010)66509360(总编室)　(010)66509246(编辑室)
	(010)66161011(团购部)　(010)66130345(网络销售)
	(010)66509364(发行部)　(010)66509618(读者服务部)
网　　址	www.cctpbook.com
经　　销	全国新华书店
印　　刷	北京瑞哲印刷厂
开　　本	787 毫米×1092 毫米　1/16
字　　数	290 千字
印　　张	19.25
版　　次	2011 年 7 月第 1 版第 1 次印刷
定　　价	58.00 元

本社常年法律顾问:北京大成律师事务所首席顾问律师　鲁哈达
凡有印装质量问题,本社负责调换。电话:(010)66509618

目 录 >>>>

上篇　建设马克思主义学习型政党的理论来源

第一章　马克思主义经典作家关于学习的论述 ……………………… 3
一、马克思、恩格斯关于学习的论述 ……………………………… 3
二、列宁关于学习的论述 …………………………………………… 10
三、毛泽东关于学习的论述 ………………………………………… 18

第二章　西方学习型组织理论及其实践 …………………………… 27
一、学习型组织理论的历史发展 …………………………………… 27
二、学习型组织理论的实践运用 …………………………………… 31
三、建设学习型政党应吸收、借鉴学习型组织理论的合理要素 …… 40

第三章　中华民族的学习型理论：从孔夫子到孙中山 …………… 45
一、孔子学习方法论十大原则 ……………………………………… 46
二、孙中山的发愤学习、综合创新精神 …………………………… 61

中篇　建设马克思主义学习型政党的历史经验

第四章　马克思主义学习型政党创建的历史源头
　　　　　——北京大学作出的五大准备 ……………………………… 83
一、《新青年》和北大教育创新：中国共产党创立的重要思想基础 … 85
二、马克思学说研究会：中国共产党创立的重要理论基础 ………… 88

三、五四运动、六三运动：中国共产党创立的重要群众基础 …………… 92

四、各地共产主义小组：中国共产党创立的组织基础 …………… 96

五、五四时代北大创新型人才：中国共产党创立的
重要人才基础、干部基础 …………… 104

六、澄清北大与中国共产党创建关系的三重意义：
寻根、定位、定向 …………… 125

第五章 马克思主义学习型政党的最初奠基
——建党时期的历史经验 …………… 127

一、马克思主义学说研究会：建党准备第一步 …………… 127

二、北李南陈相约建党，以学习马列主义作为建党的思想基础 …… 131

三、建党初期着重思想建党 …………… 137

四、走理论与实践相结合的道路，推进党的事业的发展 …………… 142

第六章 马克思主义学习型政党的初步成型
——延安时期的历史经验 …………… 149

一、扎根延安，学习奠基——从瓦窑堡会议到六届六中全会 …… 149

二、"全党办成大学校"——毛泽东的"四个带头" …………… 153

三、1938年延安创办马列学院——总书记张闻天亲自挂帅 …… 159

四、延安整风——三大报告 …………… 163

五、总结历史经验，形成历史问题决议 …………… 169

六、学习蔚然成风，培养大批干部 …………… 173

七、历史教训 …………… 177

第七章 马克思主义学习型政党与创新型国家相结合
——新中国成立后头八年的历史经验 …………… 180

一、建设马克思主义学习型执政党新奠基：七届二中全会
号召党员干部学习 …………… 181

二、建设马克思主义学习型政党的两大制度支撑：
创立人民出版社和中央编译局 …………… 184

三、开国初期以干部必读十二本教材为基础的全党理论学习活动 … 187

四、围绕过渡时期总路线、推动中国现代化的大学习 …………… 194

五、八大前后围绕突破苏联模式、开创中国工业化道路开展的
全党大学习、大讨论 ………………………………………… 197
六、迎接现代科技革命的两项重大部署与建设创新型国家 ………… 200
七、建国初期学习型政党建设过程中的三点教训 ……………………… 204

第八章　马克思主义学习型政党建设与改革开放实践相结合
　　　　——改革开放新时期的历史经验 ………………………… 211
一、围绕真理标准问题开展全党大学习 ……………………………… 212
二、学习哲学，端正党风文风 …………………………………………… 217
三、召开理论务虚会，坚持四项基本原则 ……………………………… 221
四、总结党的经验，形成历史问题决议 ………………………………… 226
五、面向科技革命，学习新的知识 ……………………………………… 228
六、巩固学习型政党建设的制度基础：重新恢复和加强党校教育 … 232
七、新时期马克思主义学习型政党建设的两点教训 ………………… 236

下篇　建设马克思主义学习型政党的现实审视

第九章　建设马克思主义学习型政党的时代背景和重要意义 ……… 243
一、建设学习型政党的时代背景 ……………………………………… 243
二、建设学习型政党的重要意义 ……………………………………… 253

第十章　建设马克思主义学习型政党的基本任务和理论架构 ……… 264
一、建设学习型政党的基本任务 ……………………………………… 264
二、建设学习型政党的理论架构 ……………………………………… 272

第十一章　建设马克思主义学习型政党的制度机制和方法举措 …… 281
一、建设学习型政党的制度机制 ……………………………………… 281
二、建设学习型政党的主要方法 ……………………………………… 290

后　记 ……………………………………………………………………… 301

上 篇
建设马克思主义学习型政党的理论来源

第一章 马克思主义经典作家关于学习的论述

建设马克思主义学习型政党，需要吸收马克思主义经典作家的理论资源。邓小平曾告诫全党："我们搞改革开放，把工作重心放在经济建设上，没有丢马克思，没有丢列宁，也没有丢毛泽东。老祖宗不能丢啊！"[①] 建设学习型政党，也不能丢"老祖宗"。老祖宗就是我们党历来坚持的马列主义、毛泽东思想。马克思、恩格斯、列宁和毛泽东等人在其理论著述和实践活动中，就学习问题留下了大量闪光思想。这些思想，是我们建设马克思主义学习型政党的首要理论来源。

一、马克思、恩格斯关于学习的论述

马克思、恩格斯一生十分重视学习，马克思曾指出："不学无术在任何时候，对任何人都无所帮助，也不会带来利益。"[②] "在科学上没有平坦的大道，只有不畏劳苦沿着陡峭山路攀登的人，才有希望达到光辉的顶点。"[③]

马克思、恩格斯对学习问题的论述，是从历史哲学高度进行的。具体而言，他们对学习的相关论述，是与人的存在、人的发展这样根本性的哲学人

---

① 《邓小平文选》第3卷，人民出版社，1993年，第369页。
② 《马克思恩格斯全集》第20卷，人民出版社，1983年，第69页。
③ 同上，第79页。

类学问题联系在一起的。

(一) 学习与人的生存

人类的诞生、生存和发展与学习紧密相关，一部人类文明史，也就是人类学习史。人类诞生之初，由于没有文字，人们靠口耳相传的方式传递、交流信息。后来，随着文字的出现，以及造纸术、印刷术等技术发明，人类储存、传播知识信息的手段、效率大大提升。在人类文明的代际传播中，人们不断积累经验，创新经验，代代相传，生生不息，发展至今。所以，就人类发展史而言，学习是人类认识世界、改造世界的一种基本的生存方式。

但近代以来，人们在认识世界、改造世界的过程中，人类的世界观和价值观都发生重大变化，出现二元分野和对立。世界观、思维方式方面，"主观主义和客观主义，唯灵主义和唯物主义"对立①；知识论、价值观方面，科学与人文割裂，工具理性大行其道，价值理性逐渐式微。这种知识论和价值观的裂变，反映到学习问题上，就是人们偏重知识技能的传授，忽视生存智慧的培育。这种学习观，对人类的生存和可持续发展，带来严重影响：一方面，科学技术不断发展，物质生活不断提升；另一方面，人文价值关怀日益沉沦，精神生活空虚，人与自然、人与人关系紧张。

在人类的生存和发展遇到的巨大挑战面前，一些思想家将生存问题与学习问题联系起来，对人的知识观、教育学习观从人类生存高度进行哲学反思。早在18世纪，法国思想家卢梭在《论科学和艺术》一文中，就探讨了这样一个问题："科学与艺术的复兴是否有助于敦风化俗？"卢梭对科学艺术的发展所引发的社会道德的堕落，提出尖锐的批评。"科学和文艺日益进步，可是人类变得愈来愈坏了……一切甚至道德本身，都诞生于人类的骄傲。因此科学与艺术的诞生乃是出于我们的罪恶……我们对于聪明才智滥加报酬，而对德行则丝毫不加尊敬。"②

到了19世纪，马克思凭借深邃的哲学思维和敏锐的社会洞察，将对人类生存发展的哲学反思与对资本主义的社会批判结合起来，深刻揭示了资本主

---

① 马克思：《1844年经济学哲学手稿》，人民出版社，2000年，第88页。
② 卢梭：《论科学与艺术》，商务印书馆，1959年，第85页。

义社会人的劳动和人的本质的异化问题,提出了著名的异化理论。异化理论从历史哲学高度分析了人的生存发展在特定历史阶段面临的问题,以及解决这些问题的现实途径和历史方向。

在《1844年经济学哲学手稿》中,马克思阐述了异化的根源和表现。在资本主义社会中,由于财产私有,工人的劳动并非"人的自由自觉的活动",而"仅仅以谋生活动的形式出现",资本家"把工人只当作劳动的动物,当作仅仅有必要的肉体需要的牲畜"。① 这种异化劳动具体表现为四个方面:"人同自己的劳动产品、自己的生命活动、自己的类本质",以及"人同人相异化"。② 劳动异化带来人的存在和本质的异化,人的存在方式的异化主要表现为一种二元背离:"工人生产得越多,他能够消费的越少;他创造价值越多,他自己越没有价值、越低贱;工人的产品越完美,工人自己越畸形;工人创造的对象越文明,工人自己越野蛮;劳动越有力量,工人越无力;劳动越机巧,工人越愚笨,越成为自然界的奴隶。"③

在《共产党宣言》中,马克思、恩格斯进一步揭示了资本主义社会带来的教育(学习)异化问题。他们深刻指出:"资产阶级关于自由、教育、法等等的观念……是资产阶级的生产关系和所有制关系的产物。"资产阶级的这些观念,其核心就是"利己",即在维护雇用劳动关系的合理性中实现资本增值和利润最大化。也就是要用这些观念去论证雇用劳动关系的合理性,并将这种具有时代局限性的"暂时的关系变成永恒的自然规律和理性规律"。资本主义的这种异化社会体制,反应到教育和学习问题上,就是资产阶级鼓吹的教育,其实质"对绝大多数人来说是把人训练成机器"。这种异化的教育(学习)观危害极大,"无产者的一切家庭联系越是由于大工业的发展而被破坏,他们的子女越是由于这种发展而被变成单纯的商品和劳动工具"。④ 马克思、恩格斯的这些批判并不仅仅针对教育(学习)问题,而是放眼于整个资本主义的社会批判。这种批判,更能抓住要害,更有历史感,更有现实性。

如何扬弃学习的异化状态呢?马克思指出:"自我异化的扬弃同自我异化

---

① 马克思:《1844年经济学哲学手稿》,人民出版社,2000年,第14-15页。
② 同上,第59页。
③ 同上,第53页。
④ 《马克思恩格斯选集》第1卷,人民出版社,1995年,第289-290页。

走的是一条道路。"① 学习异化的扬弃需要从理论和实践两个方面展开。从理论角度而言，自然科学和人文科学需要打破疏远并结合起来。过去，"哲学对自然科学始终是疏远的，正像自然科学对哲学也始终是疏远的一样。"往后，"自然科学往后将包括关于人的科学，正像关于人的科学包括自然科学一样：这将是一门科学。"② 其中，自然科学的社会作用将发生重大变化。它不仅仅被"看作是启蒙、有用性和某些伟大发现的因素"，而是"通过工业日益在实践上进入人的生活，改造人的生活，并为人的解放作准备"。这样，"自然科学将失去它的抽象物质的方向或者不如说是唯心主义的方向，并且将成为人的科学的基础"。③

异化的扬弃，仅仅从理论方面努力是不够的，它更需要借助实践的力量。"理论的对立本身的解决，只有通过实践方式，只有借助于人的实践力量，才是可能的；因此，这种对立的解决绝对不只是认识的任务，而是现实生活的任务。"④ 所以，在马克思看来，异化的扬弃必须回到实践，回到社会批判，在社会主义运动的世界历史中完成："对社会主义的人来说，整个所谓世界历史不外是人通过人的劳动而诞生的过程，是自然界对人来说的生成过程。"⑤

马克思关于扬弃异化的相关阐述，蕴含着当代人必须改变学习观的要求。换言之，我们必须从马克思主义哲学高度认识到，"学习是人的一种生存方式"。正如有的论者所言，这里的"生存"是一个力求把握人的生存真谛的反思性的哲学概念。它并非简单地指"生命的存活"，而是指"生成着的存在"。从这个角度出发，我们应该体会到"学习是人的一种生存方式"含有如下意蕴：真正的学习，不是简单地为了一种生命的存活，而是为了一种生成着的存在；真正的学习，不是为了那种动物式的、重占有的片面的生存，而是注重生存意义与生命质量的属人的生存；真正的学习，不是一种简单的物化的手段或谋生的工具，而是在人的自由自觉活动中实现人的本质力量；真

---

① 马克思：《1844年经济学哲学手稿》，人民出版社，2000年，第78页。
② 同上，第90页。
③ 同上，第89页。
④ 同上，第88页。
⑤ 同上，第92页。

正的学习,不能仅仅为单个个体的生存,更应着眼全人类的生存。①

(二)学习与人的发展

对学习问题的理解涉及人的生存和发展问题。而人的生存和发展,需要放到人类历史的发展进程中去理解。必须看到,人是一种社会历史性的存在,人的存在发展有一个历史变化的过程,我们需要从动态的角度来分析不同历史阶段人的存在状态,以及与之相适应的人的学习状态。唯如此,我们才能更完整地把握学习与人的生存发展的关系。马克思在不同时期的论述,为我们认识这一问题提供了理论参考。

早在《1844年经济学哲学手稿》时期,马克思就提出"整个所谓世界历史不外是人通过人的劳动而诞生的过程,是自然界对人来说的生成过程。"②在《德意志意识形态》中,马克思更进一步,提出"人们的存在就是他们的现实生活过程",人的"'解放'是一种历史活动,不是思想活动,'解放'是由历史的关系,是由工业状况、商业状况、农业状况、交往状况促成的"。③从历史角度来看,人的存在状态和最终解放将经历了什么样的历史发展进程呢?马克思在《1857 – 1858年经济学手稿》中给出了答案。

在《1857 – 1858年经济学手稿》中,马克思对人的发展三种形态和三个阶段作了经典的阐述:"人的依赖关系(起初完全是自然发生的),是最初的社会形态,在这种形态下,人的生产能力只是在狭窄的范围内和孤立的地点上发展着。以物的依赖性为基础的人的独立性,是第二大形态,在这种形态下,才形成普遍的社会物质变换,全面的关系,多方面的需求以及全面的能力的体系。建立在个人全面发展和他们共同的社会生产能力成为他们的社会财富这一基础上的自由个性,是第三个阶段。第二个阶段为第三个阶段创造条件"。④ 概括来说,就是"人的依赖"、"物的依赖"和"自由个性"三个阶段。这三个阶段的历史发展,标示着人的生存方式的历史变革,也标示着人的精神文化特质亦即学习状态的历史变迁。人的存在和发展的三大历史形

---

① 谢春红:《当代中国共产党建设学习型政党研究》,人民出版社,2009年,第59 – 60页。
② 马克思:《1844年经济学哲学手稿》,人民出版社,2000年,第92页。
③ 《马克思恩格斯选集》第1卷,人民出版社,1995年,第72 – 75页。
④ 《马克思恩格斯全集》第46卷(上),人民出版社,1995年,第104页。

态,分别对应于人的学习的三大阶段、三大主体形态,即群体学习、个体学习和类主体学习。①

第一个历史形态即"人的依赖关系"阶段,是与前资本主义社会相对应的历史阶段。这一阶段是以群体性为本位的阶段,单独的个体没有独立的价值,个体依赖于集体。这个阶段经历了从无阶级社会到阶级社会的重大变化。在无阶级的原始社会,人不是一个独立的主体,人对血缘、氏族、部落具有依附关系。随着社会分工和交换的出现,人类进入了有阶级的奴隶和封建社会,人在保留对血缘依附的同时,又增加了对等级、权力的依附关系。这种人身依附关系,既泯灭主体的自主意识,也不存在主体间的平等关系。可见,在"人的依赖关系"阶段,人总是依附于一定的群体而生存,人的学习也具有强烈的群体性特征。这个时期的学习,就是要求每个个体按族群规定的方式行事,为某个特定的权力共同体服务。这种以群体为本位的学习,缺乏自觉和主动意识,它造就的是奴性的人。

第二个历史形态即"物的依赖关系"阶段,是与资本主义相对应的商品经济阶段。这一阶段,随着生产力的进步和商品经济的发展,建基于群体依赖关系的人的依附状态逐渐瓦解,个人逐渐获得自主与自立的能力,人的主体地位逐渐确立。但是,这种自主和自立,是以对物的依赖为前提的。"一切产品和活动转化为交换价值,既要以生产中人的(历史的)一切固定的依赖关系的解体为前提,又要以生产者互相间的全面依赖为前提"。② 这个阶段的人虽然不再依赖人,却转而依赖物。"人们信赖的是物。而不是作为人的自身",因为"这种物是人们互相间的物化的关系,是物化的交换价值"。③ 这样,整个社会就成为"物的依赖性"社会。这个阶段人的存在状态反映到学习状态中,即个体在形式上获得了学习的自主性地位。但这种个体的自主学习是表面和形式上的,因为这个阶段的"人的独立性"以"对物的依赖"为前提。因此,这个阶段的个体学习深深打上了物化学习的烙印。学习刚刚摆脱为族群、为等级学习的束缚,又重新陷入为物的异化状态。这种依赖于物

---

① 谢春红:《现代学习理念的马克思主义人学解读》,《学术论坛》2007年第7期。
② 《马克思恩格斯全集》第46卷(上),人民出版社,1995年,第102页。
③ 同上,第107页。

的以个体为本位的学习，造就的是畸形发展的物化的人。

马克思的深刻之处在于，他并没有完全基于一种"道德的义愤"对第二个阶段做简单的批判。相反，他从"历史的角度"，科学分析了第二个阶段在人的解放中具有的重要意义。马克思深刻指出，大工业生产和科学技术的进步为人的全面发展提供了可能性。劳动生产率的提高，可以为劳动者提供了更多的自主支配时间，从而促进人类在科学技术和艺术等方面的发展。"大工业还使下面这一点成为生死攸关的问题：用适应于不断变化的劳动需求而可以随意支配的人员，来代替那些适应于资本的不断变化的剥削需要而处于后备状态的、可供支配的、大量的贫穷工人人口；用那种把不同社会职能当作互相交替的活动方式的全面发展的个人，来代替只是承担一种社会局部职能的局部个人"。[1] 所以，第二个阶段为第三个阶段创造必要条件。

第三个历史形态即"以个人全面发展为基础的自由个性"阶段，这个阶段是马克思的理想社会阶段。与前两个阶段不同，这个阶段的人不为"人的依赖关系"所奴役，能够摒弃门第、等级等人身依附因素的禁锢；也不为"物的依赖性"所奴役，能够摒弃金钱、货币等物化因素的束缚。"人以一种全面的方式也就是说，作为一个完整的人，占有自己全面的本质"[2] 在这种条件下，个人实现独立、自由的发展，并与他人结成平等、合作的社会关系。这种人的发展形态也是马克思理想中的社会形态，这"将是这样一个联合体，在那里，每个人的自由发展是一切人的自由发展的条件。"[3] 这里的"联合体"不同于第一阶段中的"群体"和第二阶段的"个体"，它既高扬人的自由个性，又超越狭隘的个体和地域限制，成为"各个人的世界历史性的存在"[4]，也就是人的类存在。

这个阶段的学习，其目标是使人成为自由全面发展的、完整的人。这个阶段的学习主体，克服了群体主体和个体主体的消极因素，吸收了二者的积极因素。在"完整的人"的视阈下，个体学习、群体学习、类学习高度统一。"学习成就具有独立个性的个体，通过学习开发自身的素质与才能；学习也促

---

[1] 《马克思恩格斯全集》第26卷，人民出版社，1973年，第535页。
[2] 《马克思恩格斯全集》第42卷，人民出版社，1979年，第123页。
[3] 《马克思恩格斯选集》第1卷，人民出版社，1995年，第294页。
[4] 《马克思恩格斯全集》第3卷，人民出版社，1965年，第40页。

成和谐、高效的集体,为个体学习提供良好的环境;学习还观照全人类,以全人类的自由和解放为自己的责任和使命。由此,学习关注人的本质力量的全面展开,学习也真正成为人的学习。"①

从上面的论述中我们看到,马克思对学习问题的思考,并不局限于就事论事,就学习论学习。他的论述是从人类生存、发展这样的历史哲学高度展开的。马克思从人类生存和发展高度对学习问题的探讨,影响了后来的很多人。在20世纪70年代,罗马俱乐部在《学无止境》中就深刻指出:"学习的失败从根本上说是我们一切问题的问题,这是因为这种失败限制了我们对付许多全球性问题中的其他每个问题的能力。"② 1972年,埃德加·富尔向联合国教科文组织提交《学会生存》的报告。该报告全面讨论了当今世界在经济、社会和教育方面所面临的困难和挑战,并发出了终生教育和终身学习的号召:"唯有全面的终身教育才能够培养完善的人,而这种需要正随着使个人分裂的日益严重的紧张状态而逐渐增加。我们再也不能一劳永逸的获取知识了,而需要终身学习去如何建立一个不断演进的知识体系——'学会生存'"。③ 这是在马克思之后,再一次从人类发展史角度,明确将人的生存发展与教育和学习问题在深层次上联系起来。

二、列宁关于学习的论述

列宁在领导俄国革命和建设的过程中,对学习问题先后作了大量论述。尤其是在十月革命后,随着党的历史方位的变化,相当多的党员干部无论是从管理国家的本领,还是做经济工作的能力,都不能适应形势的发展和要求。针对这一情形,列宁多次强调执政的共产党人的学习问题,并结合实际,对共产党人为什么要学习,学习什么,怎样学习等问题,提出了一系列重要的思想主张。今天,我们所处的时代环境和列宁时期已有很大不同。但是,重温列宁的学习思想,对建设马克思主义学习型政党具有非常重要的理论和实

---

① 谢春红:"现代学习理念的马克思主义人学解读",《学术论坛》2007年第7期。
② 博特金等:《回答未来的挑战——罗马俱乐部的研究报告》,林均译,上海人民出版社,1984年,第20-21页。
③ 联合国教科文组织:《学会生存》,上海译文出版社,1978年,第2页。

践意义。

(一) 关于学习的重要性

在列宁的一生中,他都非常重视学习,是学习的楷模。列宁不仅自己重视学习,还把学习问题和党的建设结合起来,将学习提高到政治高度加以看待。他认为,学习问题不仅是个人增长知识的问题,还是一个政治问题。因为没有革命的理论,就没有革命的政党,就没有革命的运动。列宁还提出,在每一个重大历史关头,无产阶级政党都要根据新形势、新任务的要求,及时组织全党的学习。

1. 没有革命的理论就没有共产党,不学习就不是真正的马克思主义者

列宁指出:"没有革命理论,就不会有坚强的社会党"。[①] 要成为真正的马克思主义者,必须坚持学习。"一般来说,马克思派学习是相当刻苦的"。"只有了解人类创造的一切财富以丰富自己的头脑,才能成为共产主义者。"[②]

不学习,就不可能成为一个成熟的革命者。这在当时俄国民粹主义革命激进派的代表——彼·尼·特卡乔夫身上体现得尤为明显。特卡乔夫倡导立即革命,反对学习。他说:"学习吧!提高自己吧!呵,上帝,难道这是一个活人在向活人说话。等待!学习!深造!我们到底是否有权等待?我们是否有权把时间浪费在提高自己上面?""知识——这确实是和平进步的必要条件,但对革命来说它们根本是不必要的。"恩格斯批评特卡乔夫是"一个幼稚的、极不成熟的中学生,仿佛是俄国革命青年的小卡尔·米斯尼克"。[③] 列宁也指出,特卡乔夫认为学习就是耽误革命,并宣称一切知识对革命者来说都是多余的,这并不能为他的布朗基盲动主义找到根据,相反,这只能说明他的不成熟,说明他的主张缺乏理论准备。

2. 在重大历史关头,完成重大历史任务的前提就是学习

在列宁领导俄共(布)进行革命和建设的过程中,每逢重大历史关头,他都号召全党进行学习。在革命中,完成革命任务的前提是学习革命的理论。

[①] 《列宁选集》第1卷,人民出版社,1995年,第274页。
[②] 《列宁选集》第4卷,人民出版社,1995年,第285页。
[③] 《马克思恩格斯选集》第3卷,人民出版社,1995年,第261–265页。

俄国十月革命前，列宁要求全党成员特别是骨干分子"要继续忠于马克思主义，忠于革命，必须像对待艺术那样对待起义"，"要理智地、自觉地、有效地投身于革命，就必须学习"。①

在夺取政权后，长久执政的前提是学习管理国家的本领。十月革命后，俄共（布）由革命党成为了执政党。列宁突出地感受到共产党人在管理国家方面"不懂行"，是"门外汉"。1920年，列宁在《全俄水运工人第三次代表大会上的讲话》中指出，"任何管理都需要有特殊的本领，有的人可以当一个最有能力的革命家和鼓动家，但是完全不适合作一个管理人员"。列宁还尖锐地指出："俄罗斯联邦和俄国共产党的负责的共产党员，是否了解他们不会管理呢？是否了解他们自以为是在领导，其实是被领导呢？我们到处发号施令，结果完全事与愿违。"② 这些论述表明，列宁清醒认识到，俄共（布）管理国家的水平和能力，远不能适应形势的要求。所以，列宁明确提出，"为了革新我们的国家机关，我们一定要给自己提出这样的任务：第一是学习，第二是学习，第三还是学习。"③

在建设中，完成建设使命的前提是学习经济和各类知识。在实行新经济政策之初，列宁认识到共产党员经济工作能力不足。在全俄苏维埃第九次代表大会上，列宁把共产党员干部和资本家的经济工作能力做了比较："这帮商人、这帮私人企业主为了百分之百的利润还是能把事情办成的，比方说，他们可以给工业搞到原料，可是共产党员和工会工作者却往往办不到"。④ 列宁认为，之所以出现上述状况是由于党自身的文化水平不够造成的。在给莫洛托夫的信中，列宁再次提到："我们所缺少的主要的东西是文化，是管理的本领，新经济政策在经济上和政治上都能充分保证我们有可能建立社会主义经济的基础。问题'只'在于无产阶级及其先锋队的文化力量"。⑤ 因此，"我们今天最重要的任务就是学习再学习"。

---

① 《列宁全集》第26卷，人民出版社，1988年，第310页。
② 《列宁全集》第38卷，人民出版社，1986年，第243页。
③ 《列宁选集》第4卷，人民出版社，1995年，第786页。
④ 《列宁全集》第43卷，人民出版社，1987年，第84页。
⑤ 同上，第81页。

(二) 关于学习的内容

正是深切地感受到学习的重要性以及广大俄共（布）党员文化水平不高给党的工作带来的严重制约，列宁向全党发出了"第一是学习，第二是学习，第三还是学习"的号召，认为共产党人"最重要的任务就是学习再学习"。具体而言，列宁认为，共产党人应学习以下几个方面的内容：

1. 学习马克思主义理论

在学习马克思主义方面，列宁以身作则，成为典范。还在18岁时，列宁就开始攻读《资本论》。一战期间，俄国的机会主义者和社会沙文主义者肆意歪曲、攻击马克思主义。列宁却更加努力攻读马克思、恩格斯的著作，并积极捍卫马克思主义。他指出："我还在'热恋着'马克思和恩格斯，任何对他们的恶意非难，我都不能漠然置之。不，这是真正的人！应当向他们学习。我们不应该离开这个立场。"① 直到列宁临终前的几天，他还在阅读马克思、恩格斯的著作。

列宁指出，党作为无产阶级的先锋队组织，必须学习先进的马克思主义理论，并以之为行动指南。俄共（布）十一大指出："在国内战争的狂风暴雨的年代里，没有可能对提高普通党员的马克思主义教育和文化水平给予足够的注意和提供人力。最近几年内应当进行的正是这一头等重要的任务。"② 为此，俄共（布）十大和十一大都以大会决议的形式，要求党员认真学习马克思主义理论，并制定了相应措施。列宁进一步指出，研究学习马克思主义理论，不是学院式的，而是要把马克思主义融会贯通，并运用到实际工作当中。"把共产主义由背得烂熟的现成公式、意见、方案、指示和纲领变成能把你们的直接工作统一起来的活生生的东西，把共产主义变成你们实际工作的指针"③，使马克思主义"真正深入血肉，真正地完全地成为生活的组成部分，而不是学而不用，或只会讲些时髦的词句"。④

---

① 《列宁全集》第47卷，人民出版社，1990年，第34页。
② 《列宁全集》第43卷，人民出版社，1987年，第196页。
③ 《列宁选集》第4卷，人民出版社，1995年，第288页。
④ 《列宁全集》第43卷，人民出版社，1987年，第380页。

2. 学习管理国家、建设经济的各类本领和知识

首先,要学习管理国家的本领和知识。十月革命胜利后,无产阶级虽掌握了国家政权,但没有足够本领和知识管理国家,国家"像一辆不听使唤的汽车……不是开往它要去的地方。"① 在《宁肯少些,但要好些》一文中,列宁要求,被录用到国家机关工作的人,除了政治可靠外,还必须具备相应的知识条件,即"他们必须通过关于我们国家机关知识的考试","他们必须通过有关我们国家机关问题的基本理论、管理知识、办文制度等等基础知识的考试"。② 共产党人在取得政权后,要管理各行各业,就必须学习各行业知识并成为内行。"今后最好的政治就是少谈政治。更多地发动工程师和农艺师,向他们学习,检查他们的工作,不要把代表大会和会议变成空谈的机关,而要变成检查经济成就的机关,变成我们能够真正学习经济建设的机关。"③

其次,要学习经济建设和现代科学技术知识。1921 年,苏维埃进入"新经济政策"时期。新经济政策的一个重要内容,就是大力发展商品经济,发展市场交换关系。而在当时党内,许多人缺乏经济建设方面的知识。列宁在《新经济政策和政治教育委员会的任务》一文中指出:"从必须赶快学做经济工作这个角度来看,任何懈怠都是极大的犯罪。必须向这门科学进军,向这门艰难、严峻、有时甚至是残酷无情的科学进军,否则就没有出路。"④ 在《在莫斯科省第七次党代表会议上关于新经济政策的报告》中,列宁强调指出,"学会了解商业关系和经商是我们的责任"。这对党员干部是一个全新的要求,在革命时期党员干部有过硬的政治素养和军事素养,现在广大干部要学会按照"欧洲方式做买卖"。这实质上就是要求党员干部学习经济知识,提高经济素养。

3. 学习人类积累起来的全部知识,包括资本主义的东西

列宁要求党的干部用人类创造的全部知识丰富自己。"不掌握人类积累起来的知识",认为"不必领会共产主义本身借以产生的全部知识,只要领会共

---

① 《列宁全集》第 43 卷,人民出版社,1987 年,第 85 页。
② 《列宁全集》第 42 卷,人民出版社,1987 年,第 348 页。
③ 《列宁选集》第 4 卷,人民出版社,1995 年,第 362 页。
④ 《苏联共产党代表大会、代表会议和中央全会决议汇编》第 2 分册,人民出版社,1964 年,第 176 页。

产主义的口号，领会共产主义科学的结论"就够了，这种想法是错误的。因为"马克思主义就是共产主义从全部人类知识的总和中产生出来的典范"。①

列宁还指出，我们要积极向资本家、资本主义学习。他说："仅靠摧毁资本主义，还不能填饱肚子。必须取得资本主义遗留下来的全部文化，并且用它来建设社会主义。"② 列宁严肃批评在学习内容上区分所谓的无产阶级文化和资产阶级文化的错误做法。他说："我们今天的任务就是学习再学习，……我们必须学习读、写和理解读过的东西，这对我们还是需要的。有人在争论，这属于无产阶级文化，还是资产阶级文化？我不来答复这个问题。……目前这个时期，最重要的是学习。我们的学习是一般的学习"。③

列宁还从历史哲学高度论述了学习人类一切文明成果，包括资本主义文化的重要性。他指出，从人类历史的发展来看，"一个民族征服另一个民族，于是征服人家的民族成了征服者，而被征服的民族成了战败者。这很简单，人人都懂。至于这两个民族的文化怎样呢？那就不简单了。如果出征民族的文化高于被征服民族，出征民族就迫使被征服民族接受自己的文化，反之，被征服者就会迫使征服者接受自己的文化"。④ 这就是说，在人类文明交融、发展的历史长河中，文明程度低的一方终究要受制于文明程度高的一方，甚至被文化同化。所以，无产阶级要想在与资产阶级的斗争中取得最终的胜利，一个重要的前提就是我们要掌握全人类包括资产阶级创造的全部知识。

（三）关于学习的方法

在学习中，除了深刻认识学习的重要性，全面把握学习的内容外，还有一个学习方法问题。学习方法得当，事半功倍；学习方法不当，事倍功半。在学习方法的探索方面，列宁也有诸多杰出思想。

1. 反对经验主义和教条主义，应把书本和生活实践结合起来

列宁指出，我们在学习中的一个大敌，就是"书本和生活实践完全脱节"，犯主观主义错误。在俄国共产主义青年团第三次代表大会上，列宁指

---

① 《列宁选集》第4卷，人民出版社，1995年，第284页。
② 《列宁全集》第36卷，人民出版社，1985年，第48页。
③ 《列宁全集》第43卷，人民出版社，1987年，第52页。
④ 同上，第63页。

出："资本主义旧社会留给我们的最大祸害之一，就是书本与生活实践完全脱节。"①

首先，我们要反对经验主义的错误。在指导第三国际的工作中，列宁指出，各国共产党"应当吸收一部分俄国经验"，"俄国人也应当设法向外国人解释这个决议的原理"。但是，简单复制这种经验是不可取的，"必须善于用批判的态度来看待这种经验，并且独立地加以检验"。② 其次，也是更重要的，我们不能犯教条主义错误。"我们决不把马克思的理论看作某种一成不变的和神圣不可侵犯的东西；恰恰相反，我们深信：它只是给一种科学奠定了基础，社会党人如果不愿落后于实际生活，就应当在各方面把这门科学推向前进"。③ 马克思主义不是解决一切问题的万能公式，"只有不可救药的书呆子，才会单靠引证马克思关于另一历史时代的某一论述，来解决当前发生的独特而复杂的问题"。④

要反对经验主义和教条主义错误，就必须把书本和生活实际结合起来，做到理论联系实际。列宁指出："对于俄国社会党人来说，尤其需要独立地探讨马克思的理论，因为它所提供的只是总的指导原理，而这些原理的应用，具体地说，在英国不同于法国，在法国不同于德国，在德国又不同于俄国。"⑤ 因此，列宁要求把马克思主义的书本学习和实践工作结合起来。要把共产主义的书本知识和具体实际结合起来，就要做到深入基层，和群众打成一片。根据列宁的建议，俄共（布）第十次代表大会通过的《关于党的建设问题》的决议强调："必须开始逐步实现早在党的第八次代表大会上就已经通过的关于把长期担任苏维埃或党的工作的工作人员派到机床和耕犁旁去工作的决议。"

2. 采用系统的方法，进行系统的学习和灌输培养

马克思主义理论丰富而深邃，是一个系统整体。因此，对马克思主义必须进行系统地学习。"我们刚刚开始学习，但我们是在进行系统的学习，我们

---

① 《列宁选集》第4卷，人民出版社，1995年，第282页。
② 《列宁选集》第1卷，人民出版社，1995年，第312页。
③ 同上，第274页。
④ 《列宁全集》第3卷，人民出版社，1984年，第13页。
⑤ 《列宁全集》第4卷，人民出版社，1984年，第161页。

深信，一定会取得良好的成绩"。对党员干部，则应进行系统地培训。"全党就必须有系统地、循序渐进地和坚定不移地培养称职的中央机关干部"。① 列宁十分重视通过办党校来系统培训党员干部。1919 年，在列宁主持召开的俄共（布）八大上，以会议决议的形式，对办党校作出了决定，为后来建立和办好党校在党内奠定了规章依据。到 1922 年，全国（乌克兰除外）共建有各级各类党校 242 所，先后培训各类学员 22000 人。在党校培训中，列宁要求对学员进行马克思主义的灌输培养。列宁认为，共产主义和马克思主义是每一个共产党员的信仰之基，但她不能自发产生，只能靠外在的灌输和培养。

在现代教育学理论中，一些人认为灌输这种方法违背主体性，不科学、不可取。事实上，灌输有其合理和科学的成分，不能简单否定。灌输作为一种教育方法，确有强制性特征。这一点，我们不必讳莫如深。灌输的这个特点是与马克思主义理论的基本属性联系在一起的。首先，马克思主义理论具有一定的抽象性。在学习者缺乏必要的抽象思维能力时，面对面的"教"与"学"，能够发挥最大的功效，取得较好的学习效果。其次，马克思主义作为一种世界观和方法论体系，有其明确的意识形态取向。在学习过程中，必须采用灌输的原则和方法，加强政治思想导向，才能坚持社会主义方向。当前，我们在思想文化和意识形态领域存在诸多挑战。要解决思想混乱，意识形态虚无等问题，其中一个重要手段就是采取灌输方法，向党员干部灌输马克思主义科学理论。这方面，我们有过惨痛教训。我们党在特定历史阶段曾有过那么一两次，丢掉了灌输这个方法，资产阶级自由化思想泛滥，给党和国家的建设事业带来严重危害。当然，随着时代的发展，我们必须着力探讨如何把灌输方法提高到更高的水平，具有更完美的形式。譬如，在理论学习中，我们应该考虑如何把灌输与调查研究，自由讨论等方法结合起来，发挥其更大的作用。

3. 向自己的对手学习，向自己的错误学习

首先，要敢于向自己的对手学习。列宁多次强调共产党人要善于向资本家和资产阶级专家学习。一度时期，列宁的正确主张遭到"左派"共产主义者的反对。列宁对此提出严厉批评："只有那些懂得不向托拉斯的组织者学习

---

① 《列宁全集》第 30 卷，人民出版社，1985 年，第 369－370 页。

就不能建立或实施社会主义的人,才配称为共产主义者……。我们无产阶级政党,如果不去向资本主义第一流专家学习组织托拉斯式的即象托拉斯一样的大生产的本领,那便无从获得这种本领。"① 在《论粮食税》一文中,列宁明确指出:"不要害怕让共产党员去向资产阶级专家'学习',其中也包括向商人,向办合作社的小资本家,向资本家'学习'。"② 在向我们的对手学习过程中,我们才能更好地取长补短,并做到知己知彼,百战不殆。

其次,要敢于并善于向自己的错误学习。错误和失败并不危险,危险在于不敢承认错误和失败,不善于从错误和失败中汲取教训。列宁认为,我们在执政和建设过程中,难免就要犯这样那样的错误。这是前进过程中的正常现象,我们不必担心。关键在于我们要善于从错误和失败中总结经验教训,避免重蹈覆辙。从历史来看,列宁当年之所以能够提出"新经济政策",正是总结战时共产主义政策失败教训的结果。"我们现在正用'新经济政策'来纠正我们的许多错误,我们正在学习怎样在一个小农国家里进一步建设社会主义大厦而不犯这些错误。"③

三、毛泽东关于学习的论述

在马克思主义政党建设史上,毛泽东的学习理论具有重要地位。毛泽东终身酷爱学习,堪称学习的典范。毛泽东"对外部世界所知甚多。他不间断地读书。本世纪中期没有一位世界领导人——甚至连戴高乐都不例外——象毛泽东那样读过那么多书,写过那么多东西。"④ 在其生命的最后时刻,毛泽东也在读书。"他最后一次读书的时间是1976年9月8日,也就是临终前的那一天的5时50分,是在医生抢救的情况下读的,共读了7分钟。"⑤

毛泽东关于学习的论述,主要围绕四个方面的论题展开:什么是学习,即学习的本质;为什么学习,即学习的重要性;学习些什么,即学习的内容;

---

① 《列宁全集》第38卷,人民出版社,1986年,第246页。
② 《列宁全集》第34卷,人民出版社,1985年,第289-290页。
③ 《列宁全集》第41卷,人民出版社,1986年,第224页。
④ 罗斯·特里尔:《毛泽东的后半生》,世界知识出版社,1989年,第48页。
⑤ 龚育之、逄先知、石仲泉:《毛泽东的读书生活》,三联出版社,1996年,第16页。

怎么学习，即学习的方法。

（一）什么是学习？

在《中国革命战争的战略问题》一文中，毛泽东深刻指出："读书是学习，使用也是学习，而且是更重要的学习。从战争学习战争——这是我们的主要方法。没有进学校机会的人，仍然可以学习战争，就是从战争中学习。革命战争是民众的事，常常不是先学好了再干，而是干起来再学习，干就是学习。"① 毛泽东的论述，从哲学高度，在认识和实践的辩证关系中揭示了学习的本质特征：学习既是一种意识活动，也是一种实践活动。实践出真知，真知推实践。中国共产党党员只有在"使用"、"工作"的实践中，才能获取关于新民主主义革命、社会主义革命和社会主义建设的正确知识和能力。

基于对学习的本质特征的认识，毛泽东进一步阐发了对无产阶级及其政党的学习的理解："对于马克思主义的理论，要能够精通它、应用它，精通的目的全在于应用。如果你能应用马克思列宁主义的观点，说明一个两个实际问题，那就要受到称赞，就算有了几分成绩。被你说明的东西越多，越普遍，越深刻，你的成绩就越大。"② 毛泽东这句话，深刻揭示了马克思主义政党对学习的辩证理解：正确的学习不是死记硬背马克思主义的词句，而是在于应用，即运用其立场、观点和方法，来研究问题、指导行动。他说："我们学马克思列宁主义不是为了好看，也不是因为它有什么神秘，只是因为它是领导无产阶级革命事业走向胜利的科学。……马克思、恩格斯、列宁、斯大林曾经反复地讲，我们的学说不是教条而是行动的指南。"③

（二）为什么学习

围绕"为什么要学习"的问题，毛泽东深入阐述了学习的目的和重要性。具体而言，包含以下几个方面的内容。

---

① 《毛泽东选集》第1卷，人民出版社，1991年，第181页。
② 《毛泽东选集》第3卷，人民出版社，1991年版，第815页。
③ 同上，第820页。

1. 学习是一个人成为健全的人的基本条件

人学而知之，非生而知之。要使一个人成为"具有比较完全的和比较广博的知识，发展健全的身体，发展共产主义道德的人"，就必须加强学习。人不学习，"不知道古今，等于牛马穿了衣裳一样。……通古今就要学习"①。这样，才能成为一个健全的人、真正的人。

2. 学习是提高素质，克服本领恐慌，完成革命任务的需要

毛泽东认为，共产党员只有加强学习，才能增加新知，提高素质，克服本领恐慌，完成革命任务。他说："我们队伍里有一种恐慌，不是经济恐慌，不是政治恐慌，而是本领恐慌。"② 克服本领恐慌的良方就是学习，增加新知。他强调，共产党"要领导革命就必须学习"，"指导一个伟大的革命运动的政党，如果没有革命的理论，没有历史知识，没有对于实际运动的深刻的了解，要取得胜利是不可能的"③。

3. 学习是建设大党、建设新社会的根本要求

在革命时期，毛泽东指出："指导伟大的革命，要有伟大的党，要有许多最好的干部。一个四亿五千万人的中国里面，进行历史上空前的大革命，如果领导者是一个狭隘的小团体是不行的，党内仅有一些委琐不识大体、没有远见、没有能力的领袖和干部也是不行的。"所以，"我们要建设大党，我们的干部非学习不可。学习是我们注重的工作，特别是干部同志，学习的需要更加迫切，如果不学习，就不能领导工作，不能改善工作和建设大党。"④

新中国建立后，我们党面临由革命党向执政党转变的重大考验。一些对新生政权持敌视态度的人，到处散布"共产党搞政治是一百分，搞经济是零分"的谬论。毛泽东对此向全党发出号召："我们不但善于破坏一个旧世界，我们还将善于建设一个新世界……我们能够学会我们原来不懂的东西。"⑤ 所有同志"都要奋发努力，在提高马克思列宁主义水平的基础上，使自己成为精通政治工作和经济工作的专家。一方面要搞好政治思想工作，一方面要搞

---

① 《毛泽东文集》第 2 卷，人民出版社，1993 年，第 177 页。
② 同上，第 178 页。
③ 《毛泽东选集》第 2 卷，人民出版社，1991 年，第 533 页。
④ 《毛泽东文集》第 2 卷，人民出版社，1993 年，第 178—179 页。
⑤ 《毛泽东选集》第 4 卷，人民出版社，1991 年版，第 1439 页。

好经济建设。对于经济建设，我们要真正学懂。"①

4. 学习的目的在于经世致用，改造社会

早在青年时期，毛泽东在《湖南自修大学创立宣言》中明确指出："我们的求学不是没有目的的，我们的目的在改造现社会。我们的求学是实现这个目的的学问。"② 在革命战争年代，毛泽东在同经验主义和教条主义的斗争中，进一步确立了改造社会、建设中国的学习目的。他说："教哲学的不引导学生研究中国革命的逻辑，教经济学的不引导学生研究中国经济的特点，教政治学的不引导学生研究中国革命的策略，教军事学的不引导学生研究适合中国特点的战略和战术……这样一来，就在许多学生中造成一种反常的心理，对中国问题反而无兴趣，对党的指示反而不重视，他们一心向往的，就是从先生那里学来的据说是万古不变的教条。"③

（三）学习些什么？

在探讨了学习的本质和学习的重要性问题之外，毛泽东还系统回答了"学习些什么"的问题。在全面阐述学习内容的过程中，毛泽东分别论述了学习的永恒主题、阶段性重点以及学习视野等问题。

1. 马克思列宁主义是全党学习的永恒主题

毛泽东有句名言："领导我们事业的核心力量是中国共产党，指导我们思想的理论基础是马克思列宁主义"。为加强全党马克思主义理论学习，毛泽东在党的第七次全国代表大会上提出，要读好《共产党宣言》等"五本马列主义的书"。在党的七届二中全会上，毛泽东将全党干部必读的马列原著增加为12本。20世纪50年代末，毛泽东强调："马克思这些老祖宗的书必须读，他们的基本原理必须遵守。"1964年，毛泽东提出党的高级干部要读30部马克思主义经典著作，懂得和掌握更多的马克思主义。从1970年党的九届二中全会到1976年去世，毛泽东多次提出，党的中高级干部要挤出时间阅读一些马列主义著作，不断提高马克思主义理论水平。

---

① 《毛泽东文集》第6卷，人民出版社，1999年版，第396页。
② 孟湘砥：《毛泽东教育思想探源》，湖南教育出版社，1993年，第82页。
③ 《毛泽东选集》第3卷，人民出版社，1991年版，第798页。

在学习马克思主义理论方面,毛泽东以身作则,率先垂范。无论是在陕北高原的窑洞里,还是在中南海的书房中,毛泽东总是不断研读"老祖宗"的书,为全党树立了学习的典范。毛泽东曾经指出:"马列主义的书要经常读。《共产党宣言》,我看了不下100遍,遇到问题,我就翻阅马克思的《共产党宣言》,有时只阅读一两段,有时全篇都读,每读一次,我都有新的启发。"①

2. 不同历史时期,学习的侧重点不同。军事理论和经济理论分别是革命和建设两个时期的重点学习内容

在革命战争年代,党的中心任务是进行暴力革命和军事斗争。这个历史时期,学习的侧重点就是军事理论。通过军事理论的学习,我们才能从战略高度掌握战争规律,才能从战术角度制定作战方略。

在和平建设时期,党的中心任务将转移到大规模的建设上来。这个历史时期,学习的侧重点必须发生转变,转移到我们过去不太熟悉的经济方面。全国解放后,为了更快使我党从擅长打仗的革命党转变成善于建设的执政党,毛泽东提醒全党:"我们熟习的东西有些快要闲起来了,我们不熟习的东西正在强迫我们去做。""我们必须克服困难,我们必须学会自己不懂的东西。我们必须向一切内行的人们(不管什么人)学经济工作。"②

3. 古今中外,兼收并蓄,为我所用

关于古今问题,就是要注意学习历史。毛泽东反复强调马克思主义者不能割断历史,应该善于吸取历史的经验教训。如他在《改造我们的学习》中强调:"不但要懂得外国革命史,还要懂得中国革命史;不单要懂得中国的今天,还要懂得中国的昨天和前天……"③

关于中外问题,就是要善于学习外国经验。毛泽东在《论十大关系》的讲话中,分析了中国和外国的关系,提出"向外国学习"的口号。毛泽东指出,"我们的方针是,一切民族、一切国家的长处都要学习,政治、经济、科学、技术、文学、艺术的一切真正好的东西都要学。""学习资本主义国家的

---

① 陈晋主编:《毛泽东读书笔记解析》,广东人民出版社,1996年,第242~243页。
② 《毛泽东选集》第4卷,人民出版社,1991年,第1481页。
③ 《毛泽东选集》第3卷,人民出版社,1991年,第801页。

先进的科学技术和企业管理方法中合乎科学的方面。"同时，学习外国一定要破除对外国的迷信，时刻保持和提高民族的自尊心、自信心，"必须有分析有批判地学，不能盲目地学，不能一切照抄，机械搬运。"①

（四）怎么样学习？

要想全面、深入把握学习内容，还要注意"怎么样学习"的问题。在探索这个问题的过程中，毛泽东分别论述了学习态度、学习方法、学习时间、学习途径以及党的学习实践问题。

1. 学习态度上，要坚持老老实实的态度，并发扬钉子精神

共产党员应该坚持老老实实的态度，克服满足情绪，不要不懂装懂。毛泽东批评一些人"本来只有'半桶水'，却偏要'淌得很'"。② 毛泽东指出，"知识的问题是一个科学问题，来不得半点的虚伪和骄傲，决定地需要的倒是其反面——诚实和谦逊的态度。"③ 毛泽东还指出："学习的敌人是自己的满足，要认真学习一点东西，必须从不自满开始。对自己，'学而不厌'，对人家，'诲人不倦'，我们应取这种态度。"④

要发扬钉子精神，用"挤"和"钻"的方法学习。一些人为自己不学习找借口，要么是工作忙，要么是理论的书看不懂。克服这两个问题，就要发扬木匠师傅的"钉子精神"。"工作忙就要'挤'，看不懂就要'钻'，用这两个法子来对付它，学习是一定可以获胜的。"毛泽东指出："说学习和使用不容易，是说学得彻底，用得纯熟不容易。说老百姓很快可以变成军人，是说此门并不难入。把二者总合起来，用得着中国一句老话：'世上无难事，只怕有心人。'入门既不难，深造也是办得到的，只要有心，只要善于学习罢了。"⑤

2. 学习方法上，主要有以下几种方法：

第一，理论联系实际。毛泽东将之形象表述为"有的放矢"，他指出：

---

① 《毛泽东选集》第5卷，人民出版社，1997年，第285-287页。
② 《毛泽东书信选集》，人民出版社，1983年，第98页。
③ 《毛泽东选集》第1卷，人民出版社，1991年，第287页。
④ 《毛泽东选集》第2卷，人民出版社，1991年，第535页。
⑤ 《毛泽东选集》第1卷，人民出版社，1991年，第181页。

"马克思列宁主义理论和中国革命实际,怎样互相联系呢?拿一句通俗的话来讲,就是'有的放矢'。'矢'就是箭,'的'就是靶,放箭要对准靶。马克思列宁主义和中国革命的关系,就是箭和靶的关系。有些同志却在那里'无的放矢',乱放一通,这样的人就容易把革命弄坏。"①

第二,个人自学,自由研究。1921年,在《湖南自修大学创立宣言》中,毛泽东初步提出自己的学习方法论:要求变被动受学为主动求学,注重个人自学,主张自由研究。这一思想延续至后来的革命和建设时期。譬如,在1929年古田会议的《决议》中,针对以往干部教育不看对象的"注入式"的旧习惯,毛泽东提出要采用启发式,废止注入式,培养干部要采用讨论式,以发扬学生的积极性。

第三,组织学习,共同讨论。在学习形式上,毛泽东"提倡个人活动与组织活动配合起来",并创造了学习讨论会的组织学习形式。组织学习的好处在于:通过对指定篇目的学习讨论,可以弥补文化水平和理解差异;通过对自选篇目的学习讨论,可以相互分享学习成果,共同提高。

第四,注重调查研究。1930年,毛泽东在反对教条主义的著名文献——《反对本本主义》中明确指出:"没有调查,就没有发言权","中国革命斗争的胜利要靠中国同志了解中国情况"。随着毛泽东在党内核心领导地位的确立,调查研究被作为全党最重要的学习方法普及拓展开来,极大地促进了马克思主义中国化的进程。

3. 学习时间上,活到老,学到老

毛泽东指出,政党大学的学制是无期的,活到老,学到老。"我们这个大学,可算是天下第一,叫做无期大学,年纪大一点也没有关系,只要你是活着,都可以进我们的大学。"② 毛泽东的口头禅是"活到老、学到老",他也以此要求广大党员干部,生命不息,学习不止。他在延安时期曾说,年老的也要学习。我如果再过十年死了,也要再学9年零359天③。

---

① 《毛泽东选集》第3卷,人民出版社,1991年,第819页。
② 《毛泽东文集》第2卷,人民出版社,1993年,第182页。
③ 丁景森:《学习型政党研究》,人民出版社,2009年,第43页。

4. 学习途径上，向社会学习，向群众学习，在错误失败中吸取经验教训

在毛泽东眼里，中国有三所大学：一所是有马克思主义的"政党大学"，一所是有书本知识的"基础大学"，第三所是有"无字之书"的"社会大学"。三者中，社会大学更关键。因为在政党大学、基础大学里学习，"只是进一个门而已，要求得更进一步的学问，一定要在学校外边学习"，"无字之书"的社会大学比任何一所大学都高明丰厚。毛泽东认为，向社会学习的重要途径就是从群众中学习。"要在人民群众那里学得知识、制定政策，然后再去教育人民群众。所以要当先生，就得先当学生，没有一个教师不是先当学生的。而且就是当了教师之后，也还要向人民群众学习，了解自己学生的情况。"①

毛泽东还提出必须善于从错误失败中学习的问题。1957年，毛泽东在《关于正确处理人民内部矛盾的问题》一文中说："经济建设我们还缺乏经验，因为才进行七年，还需要积累经验。对于革命我们开始也没有经验，翻过斤斗，取得了经验，然后才有全国的胜利。我们要求在取得经济建设方面的经验，比较取得革命经验的时间要缩短一些，同时不要花费那么高的代价。代价总是需要的，就是希望不要有革命时期所付的代价那么高。"② 在1962年召开的七千人大会上，毛泽东总结了社会主义建设的失误后指出："社会主义建设，从我们全党来说，知识都非常不够。我们应当在今后一段时间内，积累经验，努力学习，在实践中间逐步地加深对它的认识，弄清楚它的规律。"③

5. 在党的学习实践方面，毛泽东也做出了积极贡献

第一，定期开展全党的学习运动，进行学习竞赛。1938年，毛泽东在党的六届六中全会所作的政治报告中明确指出："我希望从我们这次中央全会之后，来一个全党的学习竞赛，看谁真正地学到一点东西，看谁学的更多一点，更好一点。"④ 按照毛泽东的要求，全会决定在全党开展马克思列宁主义的学习运动，并写进了《政治决议案》。

---

① 《毛泽东文集》第8卷，人民出版社，1999年，第324页。
② 《毛泽东著作选读》（下册），人民出版社版，1986年，第797–798页。
③ 同上，第829页。
④ 《毛泽东选集》第2卷，人民出版社，1991年，第533页。

第二，建立党员干部学习教育制度，创建党员干部学习培训基地①。中共六届六中全会后，毛泽东决定成立中央学习组。同时，在毛泽东的积极推动下，仅1939年夏至1942年初的三年时间，以中央的名义下发的有关学习的专门文件就达13个。这些文件，特别是《关于延安干部学校的决定》，为全党的学习教育提供了制度保证。延安时期，根据毛泽东提议，先后成立中国女子大学、中央党校、陕北公学、鲁迅艺术文学院、华北联合大学等多所学校，这些都成为党员干部的学习培训基地。

第三，创立学习教育的领导机构和管理体制。1938年11月，党中央设立干部教育部，专门负责领导全党的学习。毛泽东要求："全国各级党部，边区各级政府，各个人民团体，各类学校，都须设立这样的机关，建立这样的制度，来领导并进行学习。在军队里也是这样，要设立教育部，建立起学习制度。这样的学习制度，中央要在全国推广，只要共产党力所能及，就要把它推动起来，造成一个学习的高潮。"②

第四，将学习教育与党的思想、组织和作风建设联系起来。毛泽东认为，学习教育就是党的思想、组织和作风建设。党的学习教育与党的思想、组织和作风建设既相互统一又相互促进。在党的建设历史上，先有学习教育，后有整顿党的作风。把学习教育放在首位，并由此进行整党、整风，这是我们加强党的建设的好形式、好传统。

综上所述，我们可以看到，毛泽东时期已经形成了关于学习问题的系统论述。在毛泽东时期，虽没有提出"学习型政党"这个概念，但关于学习型政党的主要思想和核心精神已经具备，这些都成为以后学习型政党的理论和实践建设的重要理论来源。当然，我们也应该看到，毛泽东思想是特定历史时代的产物。毛泽东思想中关于学习的相关论述也有其时代性特征，毛泽东学习型政党思想需要随着时代的发展不断丰富、完善。

---

① 丁景森：《学习型政党研究》，人民出版社，2009年，第47-49页。
② 《毛泽东文集》第2卷，人民出版社，1993年，第179-180页。

第二章 西方学习型组织理论及其实践

他山之石，可以攻玉。寻求建设学习型政党的理论资源，我们应有全球视野和国际眼光。在西方，学习型组织理论方兴未艾，在理论建构和社会实践方面蔚为大观。学习型组织理论包含组织建设的一般原则和指导方法。政党是一种具有特定价值理念和政治目标的特殊组织形态，在政党建设中，可以也应该吸收学习型组织理论的有益因素。

一、学习型组织理论的历史发展

学习型组织理论起源于西方，先后经历了三个发展阶段，即萌芽时期（20 世纪 50—60 年代）、发展时期（20 世纪 70—80 年代）、完备成熟时期（20 世纪 90 年代至今）。

第一个阶段，上个世纪 50—60 年代，这是它的萌芽时期。这一阶段主要以佛睿思特和赫钦斯等人为代表，先后提出"学习型组织"和"学习型社会"概念。

1956 年，美国麻省理工学院的佛睿思特（Jay Forrester）教授提出，人类社会的大部分问题之所以无法解决，主要是因为思维方式与理论模型不当造成的。最初，他为解决生产管理及库存管理等企业问题而提出系统仿真方法，叫做工业动力学。随后，工业动力学应用范围日益扩大，逐渐形成一门新的学科——系统动力学（system dynamics），这是学习型组织的重要理论基础之一。系统动力学通过建立数学模型，发掘形态变化的因果关系，把结构方法、功能方法和历史方法融为一体，致力于提升组织的"群体智力"。1965年，佛睿思特发表了《一种新型的公司设计》（A New Corporate Design），首次提出了"学习型组织"的概念。他运用系统动力学原理，构想出未来的新型公司将成为一种学习型组织。这种新型组织具有层次扁平化、组织信息化、系统开放化的特征，组织成员的关系也由从属关系转向工作伙伴关系。随后，一批关于学习型组织和学习型社会的论著相继问世。1968年，美国芝加哥大学前校长赫钦斯（R. M. Hutchins）教授出版《学习型社会》一书，提出教育的根本目的不仅在于"国家繁荣、社会进步"等宏大目标，更在于使个人的潜能得到充分释放，使个人的道德人格臻于完善。教育应摆脱简单的生存教育和职业教育束缚，致力于全面提升个人和社会的文化素养和精神境界。在当代及未来，将建立能实现人持续一生学习的新社会形态——"学习型社会"。

这一阶段，佛睿思特等人提出的理论，为学习型组织理论的发展奠定了重要的理论基础。尤其是系统动力学理论，它基于系统论，吸收了控制论、信息论的精髓，成为当时新兴的前沿横断科学。遗憾的是，作为一种新兴理论，由于其强烈的学理性特征，真正能读懂他的人并不多。因此，在相当长的时间里，系统动力学等理论只是在学术圈的象牙塔中传播，没有能有效普及到企业界和社会大众。

第二个阶段，上个世纪70—80年代，学习型组织理论逐步发展，主要以埃德加·富尔、阿吉瑞斯等人为代表，提出"终身教育"和"组织学习"两个重要理念。

1970年，法国前教育部长保罗·朗格朗（Paul Lengrand）出版《终身教育引论》一书，提出学习的目的不在于获取知识，而在于个人的终身发展和自我实现，教育过程必须持续地贯穿于人的一生之中。1972年，法国教育思想家埃德加·富尔（Edgar Faure）在提交给联合国教科文组织的报告《学会生存——教育世界的今天和明天》中，进一步发展了赫钦斯和朗格朗等人的思想，将学习型社会与终身教育作为"两个基本观念"予以特别强调，预测随着教育、经济和社会的多方面发展，在走向学习化社会过程中，一种"新型的学习型组织将会产生"。

1978年，哈佛大学克里斯·阿吉瑞斯（Chris Argyris）教授与唐纳德·舍恩（Donald Schon）合作出版了《组织学习》一书（1996年，他们还合作出版了《组织学习Ⅱ》）。阿吉瑞斯的"组织学习"理论以"行动科学"理论为基础、以克服组织学习中的障碍为目的。"行动科学"（Action Science）理论认为：对行为的研究产生知识，而该知识又反作用于该行为；受该知识影响的行为又产生新的知识，新的知识又反作用于新的行为。这种行为—知识间的循环作用，不是封闭圆圈式的原地打转，而是在螺旋式上升中实现知识的更新积累和行为的改善发展。阿吉里斯将行动科学与组织发展结合起来，提出"组织学习"理论。组织学习是所有组织都应该培养的一种技能，组织学习越有效，组织就越能够突破障碍，实现创新发展。阿吉里斯认为，阻碍组织学习和创新发展的最重要因素是"组织防卫"。这种防卫是一种习惯性防卫（defensive routine），它妨碍人们勇敢面对和认真处理威胁组织发展的难题。如：出于自我保护目的，在沟通时隐藏自己的真实想法；再如，为维护自己的面子，将错误归因于别人或外部环境，等等。组织学习就是要破除这些习惯性防卫的障碍，使得组织成员能够勇敢面对错误、纠正错误，不断实现个人和组织的学习、发展。

这一阶段的理论，为第三阶段打下了坚实基础。尤其是阿吉里斯的"行动科学"理论和"组织学习"理论，对后来的彼得·圣吉等人影响很大。甚至有人认为，作为管理学理论，学习型组织的源头来自于阿吉里斯，彼得·圣吉不过是实践者而已。如果说圣吉像明星，那么阿吉里斯则更像编剧和导演。当然，前台的明星往往为观众喜闻乐见，幕后的编剧则有可能因思想的深度而不为人知。阿特·克莱纳（Art Kleiner）在《异端学说的年代》（The Age of Heretics）一书中的就这样评价阿吉里斯："他所深入研究的话题——探寻人类的本性——却令诸多有识之士敬而远之。"

第三个阶段，上个世纪90年代至今，学习型组织理论走向成熟和完善。这一阶段，学习型组织理论逐渐系统化、实践化。其中，美国麻省理工学院教授彼得·圣吉（Peter M. Senge）是集大成者，他提出的"五项修炼"成为学习型组织理论的代表理论。

自1990年以来，彼得·圣吉先后出版《第五项修炼——学习型组织的艺术与实务》、《第五项修炼·实践篇：创建学习型组织的战略和方法》、《变革之舞——学习型组织持续发展面临的挑战》等书，将学习型组织理论系统化、实践化。这一时期，以彼得·圣吉为代表的学习型组织理论在西方发达国家企业管理中得到广泛应用，并被采用到公共管理与事业单位。圣吉认为，任何组织唯一持久的优势，是有能力比竞争对手学习得更快，未来最成功的企业将是"学习型组织"的企业。要建立学习型组织，就必须掌握五项学习型组织的技能：自我超越（Personal Mastery）、改善心智模式（Improving Mental Models）、建立共同愿景（Building Shared Vision）、团体学习（Team Learning）、系统思考（Systems Thinking），它们被称为五项修炼①。

自我超越的意义在于创造。组织成员在保持自信的同时，应充分认识个人的局限。自我超越就是通过不断学习来否定自己，从而不断取得进步的创造能力。自我超越的目的在于不断冲破各种束缚，实现创新发展。自我超越的人，能够不断实现他们内心深处最想实现的愿望，他们对生命全心投入、不断创造和超越，是一种真正的终身学习。

心智模式是根深蒂固于心中，影响我们认知世界、改造世界的许多假设、成见。如果心智模式僵化，即使他有坚强的意志力和强大的执行力，也往往会失败。改善心智模式，就是要让组织成员看到自己单一假设的不足，进而改进思维模式，完善认知角度，做出正确决策。

共同愿景是组织成员心中共同的目标和价值观等。一个组织必须拥有能够凝聚并实现共同愿景的能力。组织成员每个人的愿景简单相加并不是组织的共同愿景。组织中各个个体的愿景相互沟通，交流分享，进而提炼出组织成员都能接受并共同向往的愿景。拥有共同愿景，才能为学习、发展提供了目标和精神动力。

团体学习是指发展团体成员整体协调能力与提高实现共同目标能力的过程。在现代组织中，学习的基本单位是团体而不是个人。团队学习的作用是深度交流，群策群力，发挥团体智慧，使团体智商大于个人智商，学习力迅速转化为现实生产力。

系统思考是五项修炼的核心，前四项修炼都离不开系统思考。系统思考要求人们运用系统的观点看待组织的发展，将组织看成是一个具有时间性、

---

① 参见彼得·圣吉：《第五项修炼》，中信出版社，2009年。

空间性并且不断变化的系统，思考问题时要纵观全局，认识各种因素的相互影响，进而寻找一种动态的平衡。

概言之，五项修炼是指用五条路线（理论和方法），用来开发三种核心学习能力：激发热望（aspiration），开展反思性交流（reflective conversation），理解复杂事物（complexity）。激发热望包括两项修炼，即自我超越（personal mastery）和共同愿景（shared vision）；开展反思性交流包括两项修炼，即心智模式（mental models）和团体学习（team learning）；理解复杂事物即系统思考（systems thinking）。在建设学习型组织的过程中，五项修炼是一个有机统一的整体，不可分割，更不可偏执。

二、学习型组织理论的实践运用

学习型组织理论诞生以来，在社会实践中得到广泛运用。在世界各国尤其是西方发达国家，它先是被引入企业管理中，进而在公共和政府管理中也被广泛运用。在这些国家的实践中，美国的学习型社区建设、新加坡的学习型政府建设，以及日本的学习型社会建设都积累了宝贵经验。这些实践探索，都将为我们提供有益借鉴。

（一）美国学习型社区的建设

"学习型社区"的理论研究和实践探索由来已久。早在1992年，经济合作与发展组织（OECD）就在瑞典召开了一次国际性的学习型社区会议，将学习型社区建设作为一项国际议题展开讨论。会后，欧洲六国（瑞典、丹麦、西班牙、法国、德国和英国）联合开展了学习型社区的创建计划。由此，学习型社区建设的重要性得到了越来越多国家的认同。1995年，第7届国际社区教育大会通过的《社区教育宣言》指出，没有社区建设就没有社会的可持续发展；良好的社区教育能够加强社区建设；社区教育与社区文明、社区管理共同构成未来社会发展的三大基本动力。综观西方国家学习型社区的建设，无论在理论还是在实践层面都有一些可资借鉴的成果。以美国为例，其学习型社区建设走在世界前列。美国建设学习型社区的经验，主要体现在以下三个方面。

第一，加强政府立法，优化建设学习型社区的外部环境。

为了支持和引导学习型社区建设，美国通过联邦立法以及州立法等形式，为建设学习型社区营造良好的法制和外部环境。上个世纪 90 年代以来，历届美国政府都有专门的联邦立法，对社区教育和建设学习型社区做出规定。1994 年，克林顿政府出台《目标 2000：美国教育法案》。该法案第九章专门制定了"2000 年目标'社区合作计划'"。如果说该计划的主旨是"通过增进利用教育研究和发展成果的大学、学校、企业及社会各界之间的持续的合作，以提高美国最贫困城乡社区的学习和教育质量"，而后美国在该领域的立法则力图覆盖全国范围的社区，并为学习型社区的建设给予法律支持和指导。1997 年，美国教育部提出《21 世纪社区学习中心计划》，该计划要求公立学校延长开放时间和扩大开放对象，让本社区的所有居民均可在放学后、周末和假期在其中学习和活动。2000 年，克林顿在其"学校改革之旅"中提出了《学校为社区中心：规划与设计公民抉择指南》，提出要将学校建设成社区的学习中心。2001 年，布什政府出台重大教育改革法案——《不让一个孩子掉队》(No Child Left Behind)。该法案在后来的实行中虽颇多争议，但其中关于建设"'21 世纪社区学习中心'的条款"却得到了大多数人的认同。美国关于社区教育和建设学习型社区立法的一个重要方面，就是保障社区教育的资金来源以及低教育成本。据相关资料显示，美国社区大学的办学经费中，联邦基金、州基金、地方基金占 75% 左右，各类捐赠占 10%，学费仅占 15% 左右。社区大学的学费远低于普通的四年制高校，低廉的学费为低收入家庭的子女提供了接受高等教育的机会。

第二，拓展社区资源，建立健全学习型社区的内部架构。

在建设学习型社区过程中，美国积极拓展社区资源，建立起包括社区大学、社区图书馆和社区矫正等在内的支撑学习型社区的内部架构。[①] 首先，社区大学美国教育发展进程中的一大创造，也是其建设学习型社区的主要载体。社区大学是指颁发副学士学位作为最高学位的社区高等教育院校。它既可以开办政府认可的一般大学课程，也能提供社区所需的某类专业和技能培训，还经常根据社区居民的需要和要求，举办各种研讨会、报告会和座谈会等。

---

① 参见张媛："美国纽约市的学习型社区建设透析"，《外国教育研究》2007 年第 8 期。

社区大学往往发展成为所在社区的中学后教育中心、职业教育中心、成人教育中心和就业指导中心，因而拥有"人民学院"的美称。"一切以社区为中心"是美国社区大学的指导思想和办学方针，社区大学的专业和课程设置，紧紧围绕社区经济发展的需要，这是其100多年来长盛不衰的奥妙所在。社区大学在美国的教育体系中占有十分重要的位置，据美国社区学院协会网站的资料表明：2009年美国社区大学共有在校生1170万，社区学院的学生占全美大学生总数的44%。其次，社区图书馆也是建设学习型社区重要一环。社区图书馆不仅是社区居民的精神文化活动中心，也是社区居民的信息咨询服务中心。社区图书馆的工作人员由专职人员和志愿者组成。他们经常策划组织各类活动以满足社区居民的各类需求。很多社区图书馆都设有就业信息中心、儿童及青少年服务中心、国际信息中心等。社区图书馆为社区中各个年龄段的读者提供阅读书籍。譬如，有专门的适合儿童的书籍帮助培养儿童的阅读兴趣，以使他们从小学会利用图书馆资源，为成为一名终身学习者奠定基础。此外，社区矫正在建设学习型社区中也具有不可忽视的独特作用。社区矫正针对的群体之一就是犯罪的未成年人。由于未成年人身心发展尚未成熟，更易接受改造和重塑，所以美国的司法实践更加侧重对其给予引导帮助而非严厉的惩罚。这一过程中，社区承担重要职责。在相关的社会团体和社区志愿者的协助下，犯罪者本人可通过参加社区公益活动、接受社区教育等方式，代替入狱服刑等惩罚。从实践效果来看，社区矫正有利于失足青少年改过自新，重新走上成长发展的正途。一方面，社区矫正可弱化监狱封闭性，使失足青少年免受监狱改造中其他犯罪人员的不良思想感染，塑造符合正常社会生活需要的信念和人格。另一方面，社区矫正还可使失足青少年免受拘禁之苦，与家庭保持亲情联系，并可在社区中接受教育和职业培训，为以后重回社会打下基础。

第三，发挥社区民主，提升建设学习型社区管理水平。

为了提升学习型社区的管理水平，美国各社区充分发挥社区民主。首先，各社区成立社区董事会，掌握社区管理权力。社区董事会的成员都是义务工作者，由本社区有威信的居民代表和各领域的专业人士组成。他们能够对社区的发展建设提供专业意见，并节省社区经费开支。社区董事会聘任社区主任，社区主任不受上级行政部门节制，只对社区董事会负责。社区董事会还定期举行社区会议和社区听证会,它们是社区居民参与社区建设和管理的一种最直接的方式,也是社区董事会收集、评价社区服务质量的主要渠道。此外,在社区教育方面,也充分体现了民主的特色。一方面,社区居民作为学习型社区的学习主体,可以从自我需要出发选择合适的教育资源和学习方式;另一方面,社区居民还积极参与社区学校、社区图书馆的管理。作为社区享有的珍贵学习资源,社区学校和图书馆都主动紧密加强与社区居民的联系,让社区居民积极参与其内部管理。譬如,美国各社区都建有各级教育的社区教育委员会,成员包括教师代表、家长代表,有的还包括学生代表。社区教育委员会的主要职能是对学校的各项管理工作进行监督。

(二)新加坡学习型国家的建设

新加坡是一个只有 500 万人口,国土面积仅 700 余平方公里的小国。可以说,除了人之外,什么资源也没有。因此,新加坡在发展中坚持以教育立国,以人才强国。正如新加坡总理李显龙在一次人力资本峰会上指出的那样,"我们什么都没有,只能依靠人的智慧与努力,来建设我们的经济和社会。因此,我们一直坚持不断加大在教育、终生学习和人才培养领域的投资。"正是由于意识到教育和人才对国家发展的至关重要性,新加坡在建设学习型国家的过程中不遗余力,在发展教育、吸纳人才和终身学习方面都积累了丰富经验。[①]

首先,新加坡在建设学习型国家过程中,高度重视教育,将发展教育视为立国之本。

新加坡是一个十分重视教育的国家,被誉为"新加坡国父"的内阁资政李光耀曾说:"对新加坡人来说,不论种族、宗教或语言,我们必须让有天赋、有才能的年轻一辈接受最好的教育,使他们的潜力得到充分发挥"。在教育理念上,新加坡将东方"有教无类"的普遍原则和西方精英教育的差异原则结合起来。一方面,政府保障所有适龄阶段的儿童和青少年都能得到普遍教育,以提高国民整体素质;另一方面,政府又适度引入竞争机制,旨在培养优秀人才,节约教育资源,优化教育结构。新加坡青少年的受教历程中,

---

① 参见万卫东:《新加坡建设学习型国家的基本经验》,《学习月刊》2010 年第 20 期。

从小学到高中先后要实施3次分流和筛选，分流的时间分别在小学三年级结束时、小学毕业时、中学毕业时。经过3次分流后的学生初步具备了"精英"人才的雏形，被纳入精英人才的培养体系之中，使之进入高等大学和出国深造，将其培养为行业领袖和精英。其他学生则接受大众化的普遍教育，进入理工学院和职业技术学校，将其培养为各行业的熟练劳动者。在教育投入方面，新加坡投入巨额资金，以确保所有未成年人都有接受正规教育的机会。目前，新加坡的教育预算仅次于国防预算，达年度预算总额的25%左右。在教育经费中，有大批专项资金用来保障贫困和低收入家庭的子女完成学业。譬如，为贫困家庭子女提供如幼稚园资助计划、学生托管费用资助计划等，为低收入家庭提供教育补贴如社区关怀基金等。在教育视野上，新加坡非常重视利用优质国际教育资源，并为我所用。在南洋大学与新加坡大学合并为新加坡国立大学时，李光耀向两校的教职员讲话，谈到国大未来的水平与发展方向时，他强调国大要有国际眼光，要在世界范围内聘请更多优秀教师来国大任教。另外，新加坡政府每年都提供专项奖学金将优秀学生送到国外一流大学学习，但要求学生学成后必须回国服务。现任政府总理李显龙和多位政要都是通过这种方式培养出来的精英。

其次，新加坡在建设学习型国家过程中，非常重视人才，将从全球吸纳人才视为强国之要。

早在1989年的国庆大会讲话中，李光耀谈到了新加坡的竞争力、人才外流及移民问题。他指出，新加坡政府吸收外国移民，是为了国家的经济、社会及政治利益，不会有任何新加坡人在攀登社会阶梯时吃亏。新加坡前总理、国务资政吴作栋在一次讲话中直接指出："从全世界搜罗人才对新加坡的持续发展至关重要，如果我们不面对挑战，新加坡将成为一个只有几百万人口的无足轻重的城市。"为了网络世界优秀人才，新加坡成立了专门的人力部（劳工部）。新加坡人力部是负责外籍劳动力管理的政府部门，下设劳工关系、劳工福利、劳工政策和行政服务四个处和中央公基金局、全国工资理事会。人力部统一对人才引进进行全面协调和管理，对新加坡发展急需的人才，优先从速引进。为了强化人才引进工作，新加坡人力部还与新加坡经济发展局联合成立了"联系新加坡"（Contact Singapore）这一组织。"联系新加坡"旨在吸引国际人才到新加坡工作、投资和生活。"联系新加坡"在全球各国设有多个分支机构，这些分支机构通过开展各种活动来吸引具有经验的专业人士、学生、投资人和海外新加坡人。这些活动中，较有影响的有"职业新加坡"（Careersasingapore），这个活动定期在全球的一些大城市举办。活动旨在为有志于到新加坡工作的专业人士和新加坡企业间牵线搭桥。这个活动既可为求职者提供丰富的新加坡工作资讯，还可以让其与新加坡雇主进行沟通、互动。还有"体验新加坡"（Experienceasingapore），这个活动旨在为吸引一些国家尤其是中国优秀大学的本科生及研究生到新加坡留学。在这个活动中，学生可以体验新加坡丰富多样的生活方式，可以参观新加坡发展中至关重要的规划建设项目，还可同新加坡公司高管和政府人员直接交流。除直接吸引海外人才来新加坡学习、工作外，新加坡政府还鼓励本国企业招纳外国优秀人才，并予以政策支持。新加坡政府规定，本国企业在培训外来人才方面的支出，以及为外来人才提供高薪和住房等福利待遇的支出可以享受减免税。

再次，新加坡在建设学习型国家过程中，大力提倡再学习和终身学习，将提高全民的创新能力视为国家发展的不竭动力。

新加坡政府充分认识到，人才是唯一的资源，通过终身学习，加强培训，提高人才的创新能力，对新加坡的可持续发展具有重大战略意义。李光耀治国的重要观点之一，即坚信人才和人力资源开发是新加坡成功的关键，只有不断培育人才，开发人力资源，才能使新加坡这个岛国屹立不倒。因此，新加坡政府一贯重视人才培养和人力资源的开发，提倡终身学习的理念。新加坡政府明确提出，要把新加坡建成全球性的教育和培训中心。在这一过程中，政府通过政策制定和巨额财政支持，发挥了主导作用。以2010年新加坡财政预算为例，新加坡政府提出将在未来五年里投入55亿新元，加强企业与个人的技能培训。新加坡政府还成立了一个由副总理领导的全国生产力与延续教育理事会，成员包括劳、资、政三方的代表。理事会的任务之一就是开发一套高效的延续教育和培训机制。政府将在未来五年内，投入25亿新元打造这个机制。此外，新加坡政府还设立一个全国生产力基金，并在2010年先投入10亿新元，这个基金规模的目标是20亿新元。除了政策和财政支持外，新加坡政府还着力建设完善的培训体制，并将两部分重点人群纳入国家的培训规划。一是公务员的培训。对政府工作人员进行培训和提升至关重要，李光耀深信劣币驱逐良币的道理，认为拙劣的领导人会拒优秀人才于门外。在公务员培训中，政府对培训经费、培训时间以及培训效果考核等，都制定了严格细致的政策和法规。新加坡政府专门成立了负责培训工作的新加坡民事学院，相当于我国的行政管理学院，隶属"总理公署"。政府规定每个公务员的每年培训时间不得少于工作时间的5%，也就是说一年要在13天左右。公务员培训的内容也别具匠心，除与工作相关的内容外，全年还有近40小时的培训内容与工作无直接关系，而是一些有助于其发展身心健康和家庭生活的课程，如摄影、家庭关系、健康保健等，以此增强公务员个人和家庭的幸福感，进而有助于激发其工作活力。另一个重点培训的群体则是企业就业员工。2003年，新加坡政府成立了专门的劳动力就业局。该局的主要工作之一就是通过培训规划，提升在职与求职人士的受雇能力和竞争力。对企业员工的培训经费，由新加坡政府和企业共同承担。政府方面，新加坡设立了终身学习基金（LLF）、技能发展基金（SDF）、技能再发展基金（SRP）等。企业方面，则须为企业员工定期交纳培训基金。培训经费的使用，主要通过提供培训补贴的方式，并向低收入员工倾斜。低收入员工的培训补贴比例更高，甚至可以享受免费培训。2010年，新加坡政府为进一步帮助年长和低收入员工提升职业技能，推出为期三年的"就业培训补助计划"，为雇主提供90%至95%的缺勤补贴和课程费用，受训后的员工也能在完成培训后获得现金津贴。除常年的法定培训任务外，新加坡职工总会和劳动力就业局还根据经济形势需要，提出各种临时性的培训，如职工总会的教育与训练基金（NETF），劳动力就业局的中小型企业表现提升计划（SUPER），还有短期的工作援助计划（WSP）、自力更生计划（SP）等。通过这些措施，企业的任何员工只要觉得有需要，在任何时候都能找到合适的培训机会。新加坡在人力资源培训、开发方面颇有成果，为新加坡的经济发展和社会进步提供了不竭的动力。

（三）日本终身学习型社会的建设

在日本，终身学习不仅是一种先进的教育理念，更是一种切实可行的教育实践。自从1965年联合国教科文组织的成人教育发展国际会议上正式提出"终身教育"的思想以来，终身学习已成为国际社会的普遍共识。但是，由于各国对终身学习的重视程度及其发展程度不一，其实践水平存在较大差异。在世界各国中，对终身学习的重视程度、政策的执行力度以及措施的完备程度等方面，日本均走在其他国家的前列。经过几十年的探索，日本终身学习型社会的建设依据不同时期的形势进行着不断的调整和完善，业已形成一套行之有效的举措。这些举措主要包括制定政策法律保障、设置专门机构、加大财政支持等方面。

首先，制定相关政策和法律，为终身学习型社会的建设提供法制保障。在世界发达国家中，以终身学习为名制定法律的国家并不多，日本是其中之一。上个世纪 70 年代以来，随着终身学习理念在日本的不断传播和发展，日本政府出台了一系列相关的政策法规，为终身学习体系的建立提供法制保障。1971 年，日本中央教育审议会发表《关于适应社会结构急剧变化的社会教育》的报告，强调日本必须适应形势发展需要，实行终身教育，并要求以此调整教育体制，使社会教育系统化。1976 年，日本文部省发表《我国的教育水准》白皮书，提出终身教育体系化策略。1981 年，中央教育审议会发布《关于终身教育的报告》，建议日本社会要树立终身学习的观点，并按照时间标准将终身教育划分为成人前教育、成人教育和高龄期教育三个阶段。1990 年，日本颁布推进终身学习的专项法律——《终身学习振兴法》。日本成为继美国之后世界上第二个为终身学习立法的国家。《终身学习振兴法》共由 12 条和附则组成，分别就立法目的、推进体制、中央和地方政府责任、实行日期等，做出相应的法律规定，这为日本开展终身学习活动提供了坚实法律依据。1996 年，日本发布《日本白皮书》，明确提出构建"每个人无论在任何时候都能自由选择学习机会并使其成果得到适当评价"的终身学习型社会的重要性。2004 年，根据《终身学习振兴法》而设立的终身学习审议会就《关于今后终身学习的振兴政策方案》进行了审议，在继续坚持振兴终身学习的基础上提出了今后发展的基本意见。这些关于终身学习的法律，再加上日本的其他基本教育法律，如《教育基本法》、《社会教育法》、《文部省设置法》等，日本已经建立起了较为完善的终身学习法律体系。这些政策法规，为终身学习型社会的建设提供了法制保障和发展方向。

其次，积极推进建立、健全保证终身学习的相应行政机构和教育设施。就行政机构而言，日本目前已经形成了从中央到地方相对完善的终身教育行政体系。在中央，1987 年日本把国立教育研究所由文部省的学术国际局移交至大臣官房管辖，并在其下设立"终身学习研究部"等部门。1988 年，日本文部省为推进向终身学习体系过渡，进行了组织机构的调整。将原有的"社会教育局"改组为"终身学习局"，并将该局提升为文部省内的首局，作为推动终身学习体系建设的组织机构。终身学习局主要从终身学习的角度制定有关政策，并直接负责有关社会教育的规划、支援等事务。为终身学习的建设而专门设立国家级行政管理机构，日本的这个做法开了世界的先河。2001年，日本进行中央行政机构改革，实行1府12省厅制。其中，一个重要举措就是把原文部省和科学技术厅合并成为文部科学省，并将终身学习局改名为终身学习政策局，该局位列文部科学省各局之首。在中央一级建立终身学习行政机构的同时，地方各级也都设立了推进终身学习的行政机构。依照法律规定，日本都、道、府、县一级都设有相应的地区性终身学习审议会，负责向该地区地方行政长官提出政策建议。在文部省的统一推动下，很多都、道、府、县及市、町、村都作了关于本地区有关终身学习的规划，即"终身学习振兴与计划"。除了相应行政机构的建设外，日本还大力推动建立、健全保障终身学习的各级教育机构设施，为建设终身学习型社会提供硬件保证。除了依靠正规的各级各类学校、图书馆、博物馆等机构或设施之外，日本还建立、发展了独特的包括终身学习中心、广播电视大学和专修学校在内的实施终身教育的教育设施机构。终身学习中心是一种地方性的终身学习设施，中心采取定期讲座、讲演会、公演会等形式来推进终身学习，并根据居民学习需求开发制定各种学习计划等。广播电视大学则利用电视及收音机等媒体以提供大学教育的机会。由于它没有时间和空间的限制，因而在开展终身学习方面具有独特的优势。专修学校是因应社会的需求，提供专门职业教育和技术教育为目的的教育机构。专修学校的修业年限视学习者的需要而定，因而在终身学习型社会的建设中也发挥着重要作用。

最后，加大对终身学习的财政支持。终身学习型社会的建设不仅需要政策法律保障、行政机构的指导，还需要教育财政的大力支持。这些财政支持措施包括：第一，加大对终身教育的经费支出。1982年，日本文部省在预算中设置"终身教育推进事业费补助"，开始对终身教育进行专门的经费支持。政府"终身学习局"成立后，其财政预算逐年增加，预算项目包括"完善振兴终身学习的基础"、"扩充学校的终身教育的功能"、"振兴社会教育"、"完善青少年社会教育设施"等。在以后的发展过程中，政府的教育经费支出呈现出学校教育经费在教育经费总额中所占比率下降，社会教育经费的比率上升的趋势。例如，从文部科学省公布的《社会教育调查》数据可以看出，2002 年日本教育经费总额是 1981 年时的 1.875 倍，其中社会教育经费是 1981 年时的 2.46 倍。由于终身学习涉及众多部门，所以文部科学省以外的省厅和经济界也投入了大量的资金，有力地支持了终身学习体系的建立。第二，中央为了支持地方政府开展终身学习活动，完善终身学习体系，特别设立了"地方终身学习振兴费补助金"。这项资金在建立终身学习推进体制，开展终身学习事业，支持学校设立公开讲座事业，设置社会教育指导员，建立终身学习信息提供体系，促进地区性国际交流，妇女终身学习事业，青少年自然体验活动，老龄社会学习事业，振兴家庭教育及学习事业奖励等方面，对地方进行了有力的资助。第三，对终身学习事业实行税收减免优惠。日本的相关税法规定，对作为公共法人的终身教育团体及有关设施，实行所得税免税；对作为公益法人的终身教育团体及有关设施，实行所得税减免；对赢利事业以外的所得免除法人税，对赢利事业实行法人税减免；对捐赠、遗赠给终身教育团体及设施的资金免除赠与税和遗产税，而且对捐赠人实行所得税或法人税减免。此外，终身教育团体还在一些关税、居民税、不动产税、固定资产税、城市规划税等许多方面享受税收优惠。

三、建设学习型政党应吸收、借鉴学习型组织理论的合理要素

西方学习型组织理论，对我们今天建设马克思主义学习型政党具有重要借鉴意义。建设学习型政党，是中国共产党根据世情、国情和党情的变化，提出的政党建设的目标和要求。世情、国情和党情变化的新特点，要求我们在建设学习型政党的过程中，吸收、借鉴学习型组织理论的有益因素。

就世情而言，今天我们正处于世界历史的转折点：一方面是过去两个多世纪以来工业时代主导的经济与社会发展模式出现重大危机，另一方面是刚刚萌动兴起，力图超越工业文明时代危机的尚未冠名的新时代正在分娩。这个时代面临的危机极其深重和复杂，这些危机"不能只由处在等级体系高层的总统和总理们单独解决，而必须激发社会各个阶层人群中的集体智慧和才

能，以及承诺和投入。简言之，新一代领导者的培养，与学习型组织和学习型社群的开发，是同一块硬币的两面：把新的领导力和新的组织文化有力地联系在一起的正反馈过程，将给未来的各种社会变革注入强大动力"。① 这是一个大变革、大发展的时代，任何一个组织、政党要想永立时代潮头，就必须加强学习，与时俱进。

就国情而言，今天的中国也正处于发展变革的转折点：一方面中国在改革开放以来发生了巨变，取得了重大成功，另一方面中国也面临改变难以为继的发展方式的迫切要求。21世纪上半叶，将成为中国变革发展的关键时期。中国在这一时期里，将成为真正学习型创新体系的创造者之一。我们需要"进行系统思考的实践、自我超越的实践、建立共同愿景的实践、深度会谈的实践和反思心智模式的实践。这样，我们就不仅在学习如何建设学习型组织，而且学习建设学习型社群和学习型社会。只有通过这些实践，才能找出培育社会和生态的健康与福祉之路"。在这样的历史时刻，《第五项修炼》等学习型组织理论所"描述的基本理念和能力开发，比以往任何时候都更重要。对正在崛起的全球领导者，如中国和印度，尤其如此"。②

就党情而言，我们党的历史传统和组织特点具有建设学习型组织的文化氛围和组织基础。首先，就党的历史传统而言，我们党历来就有加强自身教育和学习创新的习惯，这就为学习型组织理论的运用提供了良好的文化氛围。重视学习、善于学习是我们党夺取事业胜利的一条重要历史经验。在每一个历史发展的关键时期，我们党都能够根据时代特点和历史任务的变化，掀起一轮又一轮学习的热潮，在推动党的建设的同时，创造性地推动党和国家事业的发展。其次，就党的组织特点而言，我们的党和企业一样也是一个社会组织，这为学习型组织理论的运用提供了组织基础。党与其他组织一样，也存在一般组织的结构要素，在组织内部也存在着等级结构与权利层次。党有自己的奋斗目标与价值追求，并以此来教育党员，统一思想，凝聚力量，共同为实现党的最高纲领和最低纲领而奋斗。这些共产党所具有的与其他组织的相似性，为把学习型组织理论运用到党的建设提供了组织基础。

---

① 彼得·圣吉：《第五项修炼》，中信出版社，2009年，全新扩充修订版中文版序。
② 同上。

在世情、国情、党情发生深刻变化的背景下，我们提出"建设学习型政党"，其实质就是我们党（组织）系统审视世情、国情、党情（系统思考）的变化，对全体党员进行教育（团体学习），进一步改善党员的思想作风和工作态度（改善心智模式），不断提高为人民服务的能力（自我超越），巩固党的执政地位、提高党的执政能力（共同愿景）的过程。从这个意义上讲，建设学习型政党的过程，也就是把学习型组织理论运用到党的建设的过程。

具体而言，我们需要特别注意以下几个环节：第一，转变学习理念，使学习成为一种需要，一种乐趣。学习型组织理论认为，要构建学习型组织，必须要使组织成员在学习理念上努力达到下面几个转变：由"要我学"转向"我要学"；由"获取知识"转向"提高能力"；由"阶段学习"转向"终生学习"；由"工作学习化"转向"学习工作化"。第二，建设有利于学习的组织架构，建立有弹性的扁平组织结构。学习型组织对组织结构有两方面的要求：一是强调组织结构的扁平化，应尽量减少党组织内部管理层次，将党的集中统一领导同充分发挥基层党组织的主观能动性结合起来，增强基层党组织的决策权和主动性；二是强调组织结构的弹性化，应尽量避免党组织的结构和功能僵化，要增强党组织的应变能力，面对新形势、新任务和新挑战，能够及时做出相应的调整，以适应形势的变化。第三，要建立党员学习的评估和激励机制。学习型组织理论的研究表明，当组织成员在受到充分激励时，其潜能更能得到充分发挥。要记录和跟踪学习活动，制定考核指标，建立合理的评估方法和有效的评估体系。还应该建立合理的激励机制，激励机制应以奖惩为核心，转向"以自我实现为中心，绩效待遇相结合"，并根据不同的学习类型、学习对象，设置与之相适应的激励办法。

在此过程中，我们还要注意纠正几种可能的错误。首先，学习型组织理论起源、发展于西方，其理论背景和现实基础与我国的情况差异很大。若生搬硬套，就会水土不服，重犯"教条主义"的错误。我们必须结合中国国情和党情，做到"有的放矢"、"洋为中用"。革命战争年代，毛泽东就提出中国人学习马克思主义，必须联系中国革命实际，使马克思主义中国化，使之"具有中国作风和中国气派"。"怎样互相联系呢？拿一句通俗的话来讲，就是'有的放矢'。'矢'就是箭，'的'就是靶，放箭要对准靶。马克思列宁主义和中国革命的关系，就是箭和靶的关系。有些同志却在那里'无的放矢'，乱放一通，这样的人就容易把革命弄坏。"① 今天，我们学习西方的学习型组织理论，也要联系中国实际，使之中国化。譬如，彼得·圣吉提出的"五项修炼"虽代表了一种先进的学习理念，但我们在吸收其理论精粹的过程中，必须结合中国人的思维方式和心智模式，从中国实际出发，创建有中国特色的学习型组织和学习型政党，这是我们学习借鉴西方学习型理论的基本立场。

其次，要深入领会学习型组织的内涵。一些人对学习型组织的内涵把握不够准确，因而对学习型政党的理解也存在诸多误区。这种认识误区集中体现在两个方面：一是关于学习的形式，二是关于学习的时间。就学习形式而言，一些人对学习型政党的理解还停留在"政党的学习教育"层面上，认为建设学习型政党就是要多看书、多培训，甚至以看书、培训的多少来衡量是不是学习型组织。我们要认识到，建设学习型政党与过去开展的运动式学习不同，不是简单地把大家集中起来，集体培训、集体读书。当然，以往运动式的学习曾经起到了很好的效果。例如，上个世纪50年代中国的扫盲运动，通过大规模的全民学习运动大大降低了文盲率。但是，今天的情况不一样了。一方面，国人的文化素质不断提高；另一方面，各类组织面临的问题具体而复杂。想通过整齐划一的运动式学习来解决问题，只能陷入形式主义的泥潭。就学习时间而言，一些党组织在工作计划中提出要在某个年度建成学习型组织，这种提法极其浮躁，没能领会学习型组织理论的实质。我们建设学习型政党，切忌追求一蹴而就、立竿见影。创建学习型组织是一个持续、渐进的过程。"学习型组织"的英文为 learning organization，直译为"学习中的组织"，从字面上看，它并不包含静态意义上的"型"或"式"的含义，它更强调动态的未竟含义。从某种意义上讲，建设学习型政党没有终点，我们永远处在不断迈进的路上。

此外，还要实现政党文化的转型与创新。建设学习型政党，既要变革学习理念与学习行为，还要重塑组织结构和管理，更要建立与之相应的学习型政党文化。在学习型理论的背景下重塑政党文化，应结合中国和共产党的政治文化传统。中国的文化传统存在悖论式的双重影响，就积极方面而言，中国人的生存智慧中存在着"知行合一"的哲学文化传统，这种智慧对"学

---

① 《毛泽东选集》第3卷，人民出版社，1991年，第819页。

习"有恰当深刻的理解。譬如,从"学习"的辞源学分析来看,"学习"二字包含"学"和"习"两个层面:前者意指从周围吸纳知识,即"获知";后者意指小鸟离巢展翅飞行,即"践行"。中国传统儒学宣示的《大学》八条目(格物、致知、诚意、正心、修身、齐家、治国、平天下)中,分别涉及"学"和"习"两个方面的内容,其中更强调"习"层面的践行,这与学习型组织理论中要求的试验、反思和实践创新不谋而合。就消极方面而言,中国传统文化尤其是儒学在后来的发展中,无论是"学"还是"习"都越来越要求尊奉经典、继承道统、效法权威,严厉约束、惩罚"离经叛道"之举,这使得中国传统社会缺乏独立的政治文化人格。新中国成立后,建立的集中式政治体制也造就了政治人的依附型人格。对此,邓小平曾尖锐地指出:"许多重大问题往往是一两个人说了算,别人只能奉命行事。这样,大家就什么问题都用不着思考了","书上没有的,文件上没有的,领导人没有讲过的,就不敢多说一句话,多做一件事"。① 这种政治文化传统,使得很多建设学习型政党的行为打上了"专家灌输"和"权威指派"的烙印。这种政党文化将成为建设学习型政党的障碍,阻碍我们建立通过反思、行动而达成真正的学习型组织的学习模式。因此,重塑学习型政党文化,要求我们在对传统文化的创造性发展中,保持"被动性"获得知识的学习模式和"主动性"追求创新的学习模式的平衡。

---

① 《邓小平文选》第 2 卷,人民出版社,1994 年,第 147 页。

第三章 中华民族的学习型理论：从孔夫子到孙中山

今天我们在创立现代新型马克思主义学习型政党理论的时候，当然首先是到马克思、恩格斯和列宁那里，到毛泽东思想那里寻找理论来源和思想指南；同时，还要借鉴世纪之交彼得·圣吉倡导的学习型组织理论等世界各国最新思想成果；不仅如此，还有一个重要的思想源头活水不可忽视，那就是"从孔夫子到孙中山"，中国特色学习型组织建设的历史经验与思想成果。

正是毛泽东1938年10月在具有重要历史意义的中国共产党六届六中全会上，在起画龙点睛作用的《学习》一节中，特别明确地指出这一点：

"学习我们的历史遗产，用马克思主义的方法给以批判的总结，是我们学习的另一任务。我们这个民族有数千年的历史，有它的特点，有它的许多珍贵品。对于这些，我们还是小学生。今天的中国是历史的中国的一个发展；我们是马克思主义的历史主义者，我们不应当割断历史。从孔夫子到孙中山，我们应当给以总结，承继这一份珍贵的遗产。这对于指导当前的伟大的运动，是有重要的帮助的。共产党员是国际主义的马克思主义者，但是马克思主义必须和我国的具体特点相结合并通过一定的民族形式才能实现。马克思列宁主义的伟大力量，就在于它是和各个国家具体的革命实践相联系的。对于中国共产党说来，就是要学会把马克思列宁主义的理论应用于中国的具体的环境。成为伟大中华民族的一部分而和这个民族血肉相联的共产党员，离开中国特点来谈马克思主义，只是抽象的空洞的马克思主义。因此，使马克思主义在中国具体化，使之在其每一表现中带着必须有的中国的特性，即是说，按照中国的特点去应用它，成为全党亟待了解并亟须解决的问题。"①

"从孔夫子到孙中山"，这是一个经典提法，指出了中华民族传统从古代到近代的主要代表、精华所在及其在当代的两大生长点。在学习型组织建设上，"从孔夫子到孙中山"，同样是我们应当继承发展的优秀民族传统。

一、孔子学习方法论十大原则

过去我们常讲，孔子首倡中国私学——私人教育机构，时间甚早，影响巨大。孔子开创的儒家学派，号称"弟子三千，贤人七十二"，其中还包括特别杰出的十大弟子。用今天的流行术语来说，孔子在那个时代，开创了一个非官方的民间学习型组织，并且产生了相当重大、相当长远的社会影响。

在中国古代历史长河上，还留下了专门的、经典的历史文献，来记载孔子的教学活动与教育活动、学习理论与教学方法。其中流传最广的，首推包含20来篇、500来章的《论语》；还有就是西汉时代，司马迁《史记》中的两篇重要历史文献，《孔子世家》与《儒林列传》。

《论语》第一篇第一章，就是《学而篇》，开门见山地说明了孔子办私学——学习型组织的宗旨与法则："子曰：'学而时习之，不亦说乎？有朋自远方来，不亦乐乎？人不知而不愠，不亦君子乎？'"②

司马迁《史记》除了《孔子世家》之外，还专门写了《儒林列传》，论述了孔子开创的儒家学派及其学习型组织。

他先描述了孔夫子带头学习、整理文献、学以致用的历史过程：

"太史公曰：余读功令，至于广厉学官之路，未尝不废书而叹也。曰：嗟乎！夫周室衰而关雎作，幽厉微而礼乐坏，诸侯恣行，政由强国。故孔子闵王路废而邪道兴，于是论次诗书，修起礼乐。适齐闻韶，三月不知肉味。自卫返鲁，然后乐正，雅颂各得其所。世以混浊莫能用，是以仲尼干七十余君无所遇，曰'苟有用我者，期月而已矣'。西狩获麟，曰'吾道穷矣'。故因

---

① 《毛泽东选集》第2卷，人民出版社，1991年，第533、534页。
② 金良年：《论语译注》，上海古籍出版社，1995年，第1页。

史记作《春秋》，以当王法，以辞微而指博，后世学者多录焉。"①

司马迁还描述了孔子儒家教学组织的基本内容与弟子盛况：

"孔子以四教：文，行，忠，信。绝四：毋意，毋必，毋固，毋我。所慎：齐，战，疾。子罕言利与命与仁。不愤不启，举一隅不以三隅反，则弗复也。"

"孔子以诗书礼乐教，弟子盖三千焉，身通六艺者七十有二人。如颜浊邹之徒，颇受业者甚众"。②

司马迁《史记》在《儒林列传》中，还描述了孔子儒家学派诸多弟子的后世传承，产生的重大影响：

"自孔子卒后，七十子之徒散游诸侯，大者为师傅卿相，小者友教士大夫，或隐而不见。故子路居卫，子张居陈，澹台子羽居楚，子夏居西河，子贡终于齐。如田子方、段干木、吴起、禽滑釐之属，皆受业于子夏之伦，为王者师。是时独魏文侯好学。后陵迟以至于始皇，天下并争于战国，儒术既绌焉，然齐鲁之闲，学者独不废也。于威、宣之际，孟子、荀卿之列，咸遵夫子之业而润色之，以学显于当世。"③

在《孔子世家》结尾处，司马迁指出了孔子及其教学组织的崇高历史地位：

"太史公曰：诗有之：'高山仰止，景行行止。'虽不能至，然心向往之。余读孔氏书，想见其为人。适鲁，观仲尼庙堂车服礼器，诸生以时习礼其家，余只迴留之不能去云。天下君王至于贤人众矣，当时则荣，没则已焉。孔子布衣，传十余世，学者宗之。自天子王侯，中国言"六艺"者折中于夫子，可谓至圣矣！"④

这就说明，孔夫子与孔门弟子，开创了原生形态的儒家学派、不仅构成了那个时代有一定影响的社会集团，而且堪称中国历史、乃至世界历史上起源最早、影响最大的民间学习型组织。

孔子首倡的教学方法论十大原则，则是这个中国古典学习型组织的灵魂，

---

① 司马迁：《史记·儒林列传》第10卷，中华书局，1980年，第3115页。
② 同上，第6卷，第1938页。
③ 司马迁：《史记》第10卷，第3116页。
④ 同上，第6卷，第1947页。

至今对于我们建构马克思主义学习型政党,仍有不可忽视的借鉴意义。

孔子教育方法论:十大原则和三大支点。

教育的方法是什么?在教育理论与实践中,这是与教育目的紧密相联的又一基本问题。

在中国教育史,世界教育史上,孔子不仅首倡教育目的论,而且首倡比较系统的教育方法论,在毕生长达五十年的教育实践中,创造了一整套独具特色的教育方法。然而,孔子本人对他的教育方法论,并没有做出直接的系统论述,他的教育方法论多半散见于《论语》中,在五百来章的《论语》中,有三百多章是讲教育的,其中大部分是专讲教育方法的,这些思想闪光,如一堆散乱的珍珠。为了找到一条思想红线,把这些散散乱的珍珠串联起来,我们概括总结出孔子教育方法论的"十大原则",作为贯穿其中,统摄全局的骨骼系统。

孔子教育方法论之所以能够构成系统整体,因为其中贯穿着三个统一的哲学观念:一曰"仁"——仁者爱人的互主体性观;二曰"中"——反对各执一端的中和中庸观;三曰"易"——阴阳交合、二元一体的辩证发展观。

(1)有教无类的普及教育原则

这一条讲的是招生方法、教育对象,要求不分高低贵贱,实行平民教育、普及教育。

这一原则的提出,针对的是"学在官府"的特权制度,贵族制度、世袭制度,教育完全掌握在国家官府手中,只有少数贵族子弟凭借世袭特权享受教育权利,绝大多数平民百姓被排斥在学校教育大门之外。

在中国教育史上,孔子首倡民办教育,首开私学之风,首次为平民子弟打开学校教育大门。

他的招生办法,不分高低贫贱,只要拿着"束脩"(干肉)一类的微薄学费,都可以入学受教,"自行束脩以上,吾未尝无诲焉"。[①]

孔子讲的"有教无类",还不能说已经达到了现代的全民教育、普及教育的高度,但他确实从理论与实践的统一之中,首倡了教育的平民性、普及性、开放性,打破了前人的许多界限。

[①] 杨伯峻编著:《论语译注》,中华书局,1958年,第72、177页。

第一是打破了贵族平民界限——孔子的"三千弟子、七十二贤人",只有少数几位是贵族子弟,绝大多数都是平民子弟。

第二是打破了穷人富人界限——孔子的学生只有少数人有钱有势,大多数人像颜回一样安贫乐道。

第三是打破了夷夏民族界限——孔子不仅招收中原华夏民族子弟,也招收当时被视为野蛮落后的夷狄民族子弟入学。

第四是打破了域邦国家界限——孔子办的私学不仅向所在的鲁国开放,而且向其他城邦国家广泛开放。

在当时历史条件下,还很难真正实现面向平民的普及教育,但从理论上提出这一理想目标,堪称孔子一大首创。

(2) 举一反三的启发教育原则

这一条讲的是教育方法、教学方法,是怎样处理"教与学"、"师与生"这一教学过程基本矛盾的基本原则。

在中国教育史、世界教育史上,孔子首倡启发式教育原则,针对的是官学教育中,长期普遍存在的注入式、灌输式、挤压式教学方法。

孔子本人的提法已经十分接近于启发式的科学概念,并成为这一概念最早,最重要的辞源之一:"不愤不启,不悱不发。举一隅不以三隅反,则不复也。"①

在对《易经》蒙卦的解释中,他提出启发式教育的本质特征,在于学生的主体性,主动性、能动性,并与教师的主导作用结合在一起:"'匪我求童蒙,童蒙求我',志应也。""蒙以养正,圣功也。"②

更重要的是,启发式教学法在孔子这里已不是一个抽象的理论原则,在上下五十年的教育实践中,他创造了一整套丰富多彩的启发教学法具体形式,至少包括以下十种:

1. 提出问题启发法;

2. 相互对话启发法;

3. 生动直观启发法;

---

① 杨伯峻编著:《论语译注》,中华书局,1958 年,第 73 页。
② 苏勇点校:《易经》,北京大学出版社,1989 年,第 38 页。

4. 形象比喻启发法；

5. 诗歌音乐启发法；

6. 创设情境启发法；

7. 典型引路启发法；

8. 现身说法启发法；

9. 注重方法启发法；

10. 基本概念启发法。

(3) 教学相长的合作教育原则

这一条讲的是教师与学生之间的关系，强调二者之间不是主客关系，而是平等合作，相互启发、共同追求真理的互主体性关系。

孔子以前的教育传统是学在官府，以吏为师，师生之间等级分明，是一种主客关系。

孔子把"仁学"中"仁者爱人"，平等互助的互主体性原则，贯穿到教学过程的师生关系中来。教师与学生不是主客关系，二者都是能动主体，教学过程的客体是师生共同追求的知识真理。教学过程中，师生构成独特的二元主体，相互启发，相互作用。教学过程是师生之间，思想感情的双向交流，互相传递，互相促进，而不是单向线性的"教——学"，"灌输——承受"、"传递——接受"的被动教学模式。

孔子多次肯定学生对教师的启发作用："起予者商也！始可与言《诗》已矣。""回也非助我者也，于吾言无所不说。"①

孔子还提出"当仁不让于师"的原则，鼓励师生之间平等争论。众所周知，宰予、樊迟、子路先后就守丧三年，学习稼圃、正名为先三大原则问题，和孔子展开争论，却并不影响师生亲密关系。

孔子提出的基本思想，《学记》做出了更为明确的理论概括："学然后知不足，教然后知困。知不足，然后能自反也，知困，然后能自强也。故曰：教学相长也。《兑命》曰：'学学半'，其此之谓乎！"②

这种教学相长、师生合作关系，包括方方面面：

---

① 杨伯峻编著：《论语译注》，中华书局，1958年，第27、117页。
② 高时民编著：《学记评注》，人民教育出版社，1982年，第1页。

互教；互学；互习；互启；互动；互问；互难；互敬；互争；互监。

以赫尔巴特为代表的西方近代传统教育片面强调"教师中心主义"，以杜威为代表的美国与西方现代教育则转向片面强调"儿童中心主义"；中国孔子首倡的教师学生二元一体的教学主体论和师生平等合作的教育原则，却根本超越了上述两种各执一端、好走极端的片面性，应当说是世界教育史上的一大首创。

(4) 因材施教的个性教育原则

这一条讲的是教育方法中的个性、特殊性、多样性问题，要求根据每个学生先天禀赋与后天发展中的个性差异，选择不同的教育方式与培养目标，要像做艺术品那样追求个性。

在孔子以前的官学教育中，很少注意学生个性，教学模式千篇一律、简单划一，一个模式、一样对待。

孔子把他的人性观与晚年学《易》的发展观相结合，为个性教育奠定了哲学基础："生生之谓易"；"性相近也，习相远也"。

孔子创办的民间私学教育中，要根据每个学生不同的天赋习惯、个性差异，选择不同的培养目标，采用不同的教育方法、教学方法。

孔子在教学实践中，创造了一整套因材施教的个性教育方法：

因人施教法——考虑每个人的个性差异；

因赋施教法——照顾天赋的个人特性；

因能施教法——根据能力决定方法特殊性；

因习施教法——充分注意后天习惯特殊性；

因长施教法——充分发挥学生特长的教育；

因短施教法——注意弥补学生弱点的教育；

因异施教法——根据每个学生的个性差异，进行有针对性的教育；

因志施教法——根据每个学生的志向抱负、理想目标，进行不同方式的教育；

因易施教法——根据学生不同年龄阶段、发展水平、心理变易，选择适当教育方式；

因时施教法——根据每个学生发展变化的关节点和最佳期，适时及时地进行教育。

"因材施教"的提法，是程颐、朱熹根据《论语》作出的；而这种个性教育原则的基本思想，是由孔子奠定的，由三个基点支撑：

出发点，承认并发现每个学生的个性差异；

上升点，采用因人而异、丰富多彩的教育方法；

归宿点，选择多样化、个性化的培养目标，造就多样化、个性化的人才。

教育究竟是科学还是艺术？孔子的独特回答是：教育不仅是有规律性、共性、可重复性的科学，更是具有个性、特殊性、不可重复性的艺术。

(5) 情理并重的全面教育原则

这一条讲的是情感与理性在教育中的关系问题，孔子强调在教育过程中与培养目标上，都应当体现情感理性、二者并重，情理和谐、全面发展。

这一特点，深深植根于中国文字特征、文化特征、思维方式特征：中国方块汉字的显著特点是"象形表意，气象生动"，由此造成中华民族思维方式上的重要特点是，把生动直观的形象思维与抽象深刻的逻辑思维，有机地结合在一起。孔子由此开创了情感理性和谐发展，今天从内在机制来看即左右脑共同开发的全面教育，这是中国教育传统的一大民族特色，迥然有别于苏格拉底开创的理性主义、重智主义，单纯重视左脑抽象逻辑思维开发的西方教育传统。

在情感开发教育方面，孔子主张，"以情感人"、"以情动人"、"以情化人"、"以情育人"，倡导了情感教育的六种形式：

诗教——孔子编纂整理《诗经》305篇，作为诗教的专门教材，这实际上是中国特色的"民族史诗"、"荷马史诗"。"诗，可以兴，可以观，可以群，可以怨。迩之事父，远之事君；多识于草木之名。"这里讲的七项功能，则是孔子诗教的一个总纲。

乐教——孔子乐教包括"古典六乐——《诗经》配乐——音乐欣赏理论"三个组成部分。最后达到"游于艺——成于乐"的情感升华、思想境界。

射教——通过射箭训练，不仅提高军事体能，而且锻炼意志，培养文明竞争，讲求礼让的君子风度。

御教——通过驾驭马车的技术训练，培养人重仁、重德、重礼、重和的思想感情、意志品德。

情教——通过观察生活，创设一定情境，进行情感教育，"岁寒知松柏之后凋也"，观水感"逝者如斯夫"。

游教——师生出游，浴乎沂水，风乎舞雩，乃至周游列国，边游边学，增长见识、情感、意志。

19世纪西方哲人黑格尔，曾贬低孔子缺少哲学概念和思辨能力："我们看到孔子和他的弟子们的谈话，里面所讲的是一种常识道德，这种常识道德我们在哪里都找得到，在哪一个民族里都找得到，可能还要好些，这是毫无出色之点的东西。孔子只是一个实际的世间智者，在他那里思辨的哲学是一点也没有的。"①

实际上，孔子不仅重视情感教育，而且重视理智教育，其中包括哲学思辨的教育：

早年孔子的中心概念，是从周公那里继承来的"礼"，仅《论语》中记载60次，注重怎样做人的外在行为规范；中年孔子的中心概念，是孔子首倡的"仁"学范畴，是孔子特有、中国特有的古典人道主义——仁道主义，仅《论语》记载87次，紧紧围绕"什么是仁——怎样行仁"两大焦点问题展开。

晚年孔子的中心概念，是从《易经》中发掘出的"易"，阴阳交合、二元一体的辩证发展观，《易传》中反复从哲学思辨高度深入探讨了"易之义"、"易之理"、"易之道"、"易之要"、"易之蕴"、"易之门"、"易之用"。

孔子的教育是情理结合，双线一体的全面发展教育：

情感教育的思想主线是："兴于《诗》，立于礼，成于乐。"

理智教育的思想主线是："志于道，据于德，依于礼，游于艺。"②

这两条线结合到一起，造成情感教育与理智教育的结合，"情感人"与"理性人"的结合。

(6) 学思结合的重能教育原则

这一条讲的是学习与思考、知识与能力、积累知识与发展思维智力的关系问题。

古今中外教育史上，在这个问题上始终存在两大学派：强调以学知识为重点的重知学派，强调以发展能力为主的重能学派。

---

① 黑格尔：《哲学史讲演录》第1卷，三联书店，1956年，第119页。
② 杨伯峻编著：《论语译注》，中华书局，1958年，第87、72页。

孔子的特点是把"叩其两端，求其中和"的中庸辩证法和二元一体的易学发展观，贯穿于学与思、知与能的关系之中，超越了单纯重知或重能学派的局限性、片面性，首倡学思结合、知能并重，而以增长能力为重心归宿的教学方法。

他以"学思结合"为主线，提出了教学过程论、教学目的论的基本思想，要求以学习知识为基础和前提，以发展能力为重心和目标，抓住以下四个基本点：

要以原有知识、特别是能力为出发点。要注意学生能力有"上智——中人——下愚"三个层次，因材施教，从原有基础出发。

要以学习掌握新的知识为上升点，孔子反复强调，我非生而知之者，好古，敏以求之者也，"敏而好学，不耻下问"，"少而不学，长无能也。""好学近乎智。"①

要以学习知识基础上的深思精思为主要着力点。《论语》中讲："博学而笃志，切问而近思，仁在其中矣。""君子有九思：视思明、听思聪、色思温、貌思恭、言思忠、事思敬、疑思问、忿思难、见得思义。""学而不思则罔，思而不学则殆。"②

要以提高智力能力为最终归宿点。能否让知识转化为能力，举一反三，闻一知十，是学习效果的最终尺度。孔子与子贡对话，集中反映了这一点：子谓子贡曰："女与回也孰愈？"对曰："赐也何敢望回？回也闻一知十，赐也闻一知二。"子曰："弗如也；吾与女弗如也。"③

西方教育史，世界教育史的论著普遍认为只有西方近代夸美纽斯、赫尔巴特，才提出了教学论和教学过程论。实际上，早在此之前 2000 年，孔子就提出了独具特色的教学论与教学过程论的基本思想，尽管表述形式不够系统，但有些闪光思想却很有活力，甚至今天看来更有活力。

（7）学用一致的实践教育原则

这一条讲的是学与用，学习与实践的关系问题。

---

① 杨伯峻编著：《论语译注》，中华书局，1958 年，第 50、77 页；章诗同注：《荀子简注》，上海人民出版社，1974 年，第 331 页。

② 同上，第 19、184、207 页。

③ 同上，第 48 页。

孔子提出了学用结合，学习与实践相统一，而特别重视实践的教育原则，其中包括以下七个要点：

学以致用目的论——学习的目的首先在于应用，而且完全在于应用。一是应用于做人之道，二是应用于做事之道。他说："不学诗，无以言。""不学礼，无以立。"① 学习六艺，为的是把握做事之道；学习六德，为的是把握做人之道。

学用结合过程论——学习的过程，本质上是"学与习"这两个方面结合起来，多次反复循环上升，螺旋式前进的发展过程。《论语》第一篇第一章第一句话，就开宗明义地提出这一点："学而时习之，不亦说乎？"这里的"习"，不仅是温习复习的意思，而且有实习、实践的意思。

实践见闻起点——学习过程从哪里开始呢，在生活实践中多闻、多见、多问、多思，这就是学习过程的最初起点，其重要性不亚于从书本上学习。《论语》中提到"见"字71次，提到"闻"字57次，二者相加128次。"子入太庙，每事问。""盖有不知而作之者，我无是也。多闻，择其善者而从之；多见而识之；知之次也"。②

实践效果标准论——学习成绩好坏的标准，不单要看课堂上的效果，更重要的是要有实践效果。"诵《诗》三百，授之以政，不达；使于四方，不能专对；虽多，亦奚以为？"③

以习为主重点论——学习过程是"学与习"两个方面的对立统一，"学"固然是前提，而"习"更复杂、更困难，更需要反复实践，因而"时习之"成为学习过程的重点所在、难点所在。

道德实践重心论——孔子讲的学习实践、学以致用，虽然也包括做事之道，而更主要的却是做人之道，是指导自己的道德实践。"君子每日三省吾身"，主要内容还是道德实践。

教师身教优先论——为了引导学生学用一致，首先要求教师言行一致，这是无声之令、无言之授、无形之教。

---

① 杨伯峻编著：《论语译注》，中华书局，1958年，第185页。
② 同上，第31、79页。
③ 同上，第142页。

孔子不重视农业劳动实践，科学技术实践，尤其是探索新科学技术的科学实验实践，在这方面不及墨子，更不及古希腊的亚里士多德等人，这是一个带根本性的历史局限和思想局限。

（8）好学乐学的快乐教育原则

这一条讲的是学习过程中的苦乐关系问题。

学习过程本身有艰苦与快乐的二重性，人的天性中本身也有好奇与畏难这两方面。

孔子在中国教育史、世界教育史上首倡的乐学原则，就是教师采取循循善诱的启发方式，把学生引入以学为乐的精神境界。

怎样利用学生的好奇性、好强心、好胜心，把学生引入以学为乐，以苦为乐的乐学境界呢？孔子创造了循序渐进的一整套方法：

诗乐陶冶法——通过诗歌音乐创设情境，引导学生爱上学习；

游学结合法——通过室外旅游与校内学习结合的方法，使学习变得情趣盎然；

典型引路法——通过不断树立像颜回这样的乐学典型，引导学生向这个方向前进；

身教感染法——孔子自己以学为乐，超越死生，以这种人格力量，感染学生；

循循善诱法——根据每个学生的年龄特征、心理特征、个性特征，潜移默化地引导他们乐学；

内心升华法——把外在的学习动机、动力，设法转化为内在的学习动机、动力；

理想激励法——通过各言其志，树立理想，追求仁学大道，给好学乐学注入持久动力源泉。

孔子采用循循善诱的方式，循序渐进地引导学生向乐学境界升华：

第一，一开头就先入为主地提出"学而时习之不亦说乎"的学习快乐论，与西方鼓吹的感官快乐论形成对照；

第二，区分为学的三种境界，引导学生不断攀升，自我超越，"知之者不如好之者，好之者不如乐之者。"①

第三，把像颜回那样好学乐学的品质，作为培养学生素质的最高目标；

第四，把安贫乐道，专心学习，超越自我，作为人的高尚情操；

第五，把以学为乐，作为人生最大快乐、最大幸福；

第六，把好学乐道，超越死生，乐而想忧，不知老之将至，作为乐学人生的最高境界。

孔子是首倡乐学精神、乐学方法、乐学原则的第一人。

(9) 温故知新的创造教育原则

这一条讲的是学习前人与独立创新的关系问题。

在这个问题上，孔子晚年前后有思想上的重大转折、重大变化：

孔子晚年以前，是主张"述而不作，信而好古"的②。

孔子晚年思想有大变化、大发展，第一是由于"晚年好易"，树立发展观，"日新之谓盛德，生生之谓易"；③ 第二是出鲁开阔眼界，亲身感受世道变迁；第三是归鲁之后，潜心研究，学术上确有超越前人的重大创新。

孔子晚年的新提法、新思想是："温故而知新，可以为师矣。"④

在这里，继承前人为主的"温故"，是前提，是基础，是途径；超越前人为主的"知新"，才是重点，才是目标，才是升华。

怎样把握温故知新之道——通过温故之途，达到创新目标？

第一，温六艺之技，达到创新把握；

第二，温六经之道，达到创新理解；

第三，温六艺之事，达到创新应用；

第四，温仁学之道，在成为君子之儒上有所创新；

第五，温易学之道，在把握天命，做事成人上有所创新；

第六，温志学之道，在各尽其材，各展其志上有所创新；

第七，温成人之道，在完善成人"六德六行"上有所创新。

因为孔子自己说过"述而不作，信而好古"，并提出过"吾从周"的政

---

① 杨伯峻编著：《论语译注》，中华书局，1958年，第65页。
② 同上，第71页。
③ 苏勇点校：《易经》，北京大学出版社，1989年，第82页。
④ 杨伯峻编著：《论语译注》，中华书局，1958年，第18页。

治主张，因此多年以来孔子在政治上被当成复辟倒退主义者，在学术思想上被当成古典主义、保守主义者。

这种看法只是一种似是而非的历史表象，实际上孔子思想发展，经历了有重大变化的三个阶段：

早年孔子，以继承周公"礼"的概念为主，以古典文献研究为主，确有"述而不作"的文化倾向；中年孔子，以独立倡导仁学为主，逐步走向温故知新；晚年孔子，进而从仁学转向以易学为重心，在教育上进一步主张温故知新，在文化上进一步主张综合创新，"知新创新"成了孔子思想主流。

(10) 学而不厌的终身教育原则

这一条讲的是学习教育与人的一生的关系问题。

古今中外的大多数教育理论，通常认为教育与学习只是人生中间的一个短暂阶段，只是学校教育阶段的事，是一次完成、一劳永逸的事情，上学以前的早期阶段不会学习，毕业之后的成年晚年阶段不必学习。

在中国教育史、世界教育史上，孔子都是首倡终身教育、终身学习观念的第一人。他反对把教育仅仅局限于学龄时期、学校阶段，认为对于君子成人来说，自强不息的人生与学而不厌的过程，是一而二、二而一的事情，如形影不离、水乳难分、终生相随。他认为，学校教育只是打基础，终身学习才是目标。

孔子是古代形态的终身教育论者，他的思想固然不同于当代西方学者所讲的现代终身学习理论，从终生教育观念形成发展历史来看，他有六个独特贡献，其中蕴藏的闪光思想至今仍未丧失活力。

第一，与黑格尔断言孔子没有哲学思辨相反，正是孔子首先为终身教育奠定了深层次的哲学基础：从教育哲学的高度来看，成人过程不是一个单纯自然过程，而是一个不断接受仁、礼道德规范，诗、乐文化陶冶的终生学习过程；从人生哲学高度来看，"天行健，君子以自强不息"，"地势坤，君子以厚德载物"，做人之道是学无止境的学习奋斗过程；从宇宙哲学高度来看，"富有之谓大业，日新之谓盛德，生生之谓易"，宇宙人生都是一个生生不息的发展过程。

第二，孔子为古代形态的终身学习理论奠定了一系列基本观点，其中特别突出的是以下四个要点：一是孔子结合自身体验提出的终生学习六段论：

十有五志于学——三十而立——四十不惑——五十而知天命——六十而耳顺——七十而从心所欲不逾矩；二是孔子提出坚持终生学习，不断超越自我的"君子三戒论"："君子有三戒：少之时，血气未定，戒之在色；及其壮也，血气方刚，戒之在斗；及其老也，血气既衰，戒之在得"；三是学习与工作循环上升的继续教育论："仕而优则学，学而优则仕"；四是在《易传》中提出了学无止境的，"教思无穷论"："君子以教思无穷，容保民无疆。"①

第三，孔子提出了早期教育，早期开发的闪光思想，他提出的"性相近也，习相远也"的习性论，为早期教育奠定了重要的理论基础；他提出早期学习与能力开发问题："少而不学，长无能也"；他提出养成教育、习惯教育必需抓早抓小；"少成若天性，习惯之为常"；在《易传》对蒙卦的解释中，他强调教育要从早期及时启蒙做起："蒙以养正，圣功也。"

第四，孔子从自己亲身体验出发，倡导活到老，学到老、做到老；他五十学《易》，韦编三绝，"居则在席，行则在囊"；七十而整理六经，学术思想又有大发展；他自云"发愤忘食，乐以忘忧，不知老之将至"。

第五，孔子为适应终身学习、终身教育的需要，创造了一整套启发式、民主式的教学方法；师生平等、互教互学、教学相长，注重提出问题、解决问题的乐学精神与能力；注重培养独立自学的精神与能力；注重培养终身学习的精神与能力。

第六，孔子以自己毕生的理论与实践，树立了终身学习、终身教育的光辉典范，其基本精神就是：对自己"学而不厌"；对别人"诲人不倦"。

在孔子倡导的十大教学法原则中，有三条原则起着特别重要的作用，可以称之为孔子教学法的三大基本原则，这就是，有教无类的普及教育原则——举一反三的启发教育原则——学而不厌的终身教育原则。

孔子教学法的这三大基本原则，成为贯穿整个教学过程的一根红线，自始至终地统摄整个教学过程，包括"出发点——全过程——归宿点"。

这三大基本原则，成为孔子教学法的三大支撑点，其他教学法原则乃至整个教学法体系，都建立在这个基点之上。

---

① 杨伯峻编著：《论语译注》，中华书局，1958 年，第 13、189、209 页；苏勇点校：《易经》，北京大学出版社，1989 年，第 52、53、82 页。

孔子教学法十大原则，特别是三条基本原则，也是孔子教育方法论在当代的主要生长点。

孔子虽然也是哲学家、思想家、政治家、但综观他一生的思想重心与活动重心，主要还是一位教育家。他不愧是中国历史上，第一个把毕生主要精力心血都投入教师工作的专业教育家。

孔子是中国历史上最大的专门教育家，这个问题可能是一个争论不大的学术话题。那么能不能进一步把这个问题提到世界历史范围内，说孔子是世界历史上最大的教育家呢？说孔子是世界历史上的伟大教育家之一，可能是争论不会太大的；而说孔子是世界历史上头号伟大的教育家，这就是仁者见仁、智者见智的争论问题了，需要认真深入地做一番中外教育史乃至东西方教育史的比较研究，"古代——近代——现代"世界教育史的比较研究。

具有世界历史性意义的伟大教育家，当然绝不仅限于孔子一人；中国范围内暂且不论，进入世界大教育家行列，可以与孔子相比的，屈指数来至少也有十来位：

古希腊乃至整个西方教育理论的主要奠基人苏格拉底、柏拉图、亚里士多德，我们在这里简称之为"古希腊三杰"；16、17世纪欧洲文艺复兴时期捷克的伟大教育家夸美纽斯；17、18世纪启蒙运动时期的英国伟大教育思想家洛克、法国自然主义的伟大教育思想家卢梭；18世纪为世界近代教育史打开新篇章的伟大瑞士教育家裴斯泰洛齐；19世纪为德国近代教育奠定理论基础的伟大教育思想家康德和赫尔巴特；20世纪开创实用主义教育理论先河的美国教育家杜威。

他们每个人的教育思想与教育实践，在西方教育史乃至世界教育史上的重要历史地位，都是不可低估的；然而，就其教育理论的普遍性、深刻性来说，就其教育实践的持续性、丰富性、有效性来说，比起孔子来说，还是稍逊一筹的。

应当说，孔子是世界历史教育史上的最大教育家，孔子开创的原始儒家学派堪称是古代世界史上最大的学习型组织。

今天，我们要把中国共产党建成马克思主义学习型政党组织，孔子开创的学习方法论与学习组织论，仍是一个不可忽视的、具有民族原创性的源头活水。

二、孙中山的发愤学习、综合创新精神

孙中山先生不仅是中国民主革命与现代化的伟大先行者,而且是中华民族学习精神、学习方法的当然继承者与伟大发扬者。孙中山发愤学习、综合创新精神,应当视为我们今天建设马克思主义学习型政党的源头活水之一。

(一)最早接触马克思、恩格斯《共产党宣言》的中国第一人,是1896—1897年伦敦蒙难之后的孙中山,其特点是把《共产党宣言》、马克思主义,与他首倡的三民主义思想真谛——即人民主体论的中国现代化新道路结合起来,初步显示了中华民族的原创性与首创精神。

这个问题解决起来难度较大,一个主要原因是缺少直接证据。

这里列举出7个证据,试图比前人更充分地证实孙中山是接触马克思《共产党宣言》的中国第一人。

第一个证据,是孙中山本人的两次回忆与追述。

第一次追述,见之于1918年《建国方略之一:心理建设(孙文学说)》最后一章"有志竟成":"伦敦脱险后,则暂留欧洲,以实行考察其政治风俗,并结交其朝野贤豪。两年之中,所见所闻,殊多心得。始知徒致国家富强、民权发达如欧洲列强者,犹未能登斯民于极乐之乡也;是以欧洲志士,犹有社会革命之运动也。予欲为一劳永逸之计,乃采取民生主义,以与民族、民权问题同时解决。此三民主义之主张所由完成也。"①

第二次论述,见之于1924年孙中山最后一次系统讲演三民主义、民生主义,他非常生动具体地讲述马克思在伦敦大英博物馆工作情景,看来并非道听途说,而是以1896年自己伦敦蒙难后的亲身体验为基础,才讲出这番话的:

"至于马克思所著的书和所发明的学说,可说是集几千年来人类思想的大成。所以他的学说一出来之后,便举世风从,各国学者都是信仰他,都是跟住他走;好像卢骚发明了民权主义之后,凡是研究民权的人都信仰卢骚一样"。"所以他一生研究社会主义,便在科学方法上去做工夫。他研究社会主

---

① 《孙中山全集》第6卷,中华书局,1985年,第232页。

义的工作,更是很辛苦的。当他亡命在英国的时候,英国是近代世界上顶文明的国家,没有那一国可以驾乎英国之上的,所以英国在当时关于文化的设备也是很齐备。有一间图书馆,其中所藏的书籍总有好几百万种,无论关于什么问题的书籍都是很丰富的。马克思便每天在那间图书馆内去研究,用了二三十年的功,费了一生的精力,把关于社会主义的书籍——不管他是古人著作的,或者是时人发表的——都搜集在一处,过细参考比较,想求出一个结果。这种研究社会问题的办法,就是科学方法。故马克思所求出解决社会问题的方法,就是科学的社会主义。"①

第二个证据,当时营救孙中山的英国人康德黎的回忆录《孙逸仙和中国的觉醒》,可以对于孙中山的回忆,作出较为有利的佐证。

康德黎博士,英国人,1887－1892 年间,曾在香港参与开办西医书院,并担任教务长,那时曾帮助孙中山入学。1896 年,孙中山伦敦蒙难被囚,恰好康德黎在伦敦,全力营救,上下疏通,才得以转危为安。1900 年,康德黎在美国纽约出版回忆录,对于孙中山这段时间的经历,作出了真实的描述。实际上,孙中山在大半年的时间里,大多数的时间是在伦敦大英博物馆中,博览群书,其中就包括以马克思为重镇的经济学。

据康德黎记叙:"和我们一起住在伦敦的时候,孙逸仙从不在玩乐上浪费时间,他总是不停地工作,新闻记者关于政治、外交、法律、陆海军等方面的书籍,矿山及开采、农业、畜牧、工程、政治经济学等也为他所注意。他坚持不懈地仔细加以研究。他所涉猎的知识领域很少有人达到。"②

第三个证据,1934 年,美国学者莱恩·夏曼在斯坦福大学发表《孙逸仙生平及其思想》,更为明确具体地提到孙中山对马克思思想的最初接触。

莱恩·夏曼说:"在图书馆里他从书籍中接触到其它革命家,著名的如亨利·乔治和卡尔·马克思。《资本论》已被摩尔和安维林翻成英文于 1887 年出版。《学生们的马克思》,这是 E. A. 安维林（Aveling）所作《资本论》介绍,出版于 1892 年。1897 年亨利·乔治在纽约市再次竞选市长时逝世,引起

---

① 《孙中山全集》第 9 卷,中华书局,1986 年,第 362、363 页。
② 康德黎·琼斯:《孙逸仙与中国的觉醒》,纽约英文版,1900 年,第 202 页;见陈锡祺主编《孙中山年谱长编》,中华书局,1991 年,第 136、137 页。

世界对他的理论重新加以注意，这个理论给孙逸仙永难磨灭的印象。与社会主义运动的联系在其形成时期对他的思想产生了深远的影响。"①

第四个证据，1902年就曾提到过马克思名字的梁启超，也曾肯定孙中山是倡导社会主义最早的中国人。

1902年9月15日，在日本出版的《新民丛报》第18号上，梁启超发表《进化论革命学者颉德之学说》一文，主要推崇颉德的进化论与社会学，也提到了马克思，并称之为"社会主义之泰斗"。

而在《近百年学术史》中，梁启超讲："孙逸仙，他不是一个学者，但眼光较敏锐，提倡社会主义，以他为最先。"②

第五个证据，是宋庆龄1956、1962、1966年先后发表的3次纪念孙中山文章，越来越清晰地描绘出孙中山最初接触马克思思想的过程。

第一次是在1956年，纪念孙中山诞辰100周年时，宋庆龄发表了长篇文章《孙中山——中国人民伟大的革命的儿子》，就已经指明了这个基本事实，孙中山最早接触马克思社会主义思想，是在1896年蒙难伦敦之后："一八九六年他在伦敦被中国公使馆绑架，他们企图把他偷运回国处死。可以说，完全由于幸运，他偷送了一张字条给他的老师和旧友康德黎先生，经过康德黎先生的竭力营救，他才获得释放。

"此后几年，孙中山在欧洲的中国留学生和侨胞间宣传革命思想，同时对动荡中的资本主义世界进行研究和考察。在这个时期，出现了他最初的"平均地权"的学说。他企图以此解决中国农民的贫困问题，并为整个国家的发展奠下基础。虽然，如列宁所指出，这个学说是实行'纯粹资本主义的，十足资本主义的土地纲领'，但是它仍然击中了中国忧患的根源——罪恶的封建地主制度。也就是在这个时期，孙中山开始发展了他的社会主义观点，虽然他还没有能够区别马克思和恩格斯的真正的社会主义和西方某些资产阶级改良主义理论家所主张的'社会主义'。尽管如此，他心里已逐渐明白，资本主义解决不了中国的问题。"③

---

① 参见陈锡祺主编：《孙中山年谱长编》，第137页。
② 参见宋仁堂：《孙中山宋庆龄社会主义思想论》，红旗出版社，1994年，第11、12页。
③ 《宋庆龄选集》，人民出版社，1966年，第370、371页。

第二次是在 1962 年，为了纪念孙中山诞辰 96 周年，宋庆龄发表了重要文章《孙中山和他同中国共产党的合作》，更加明确地提到，1896－1899 年间，孙中山在周游各国过程中，已经接触到马克思的社会主义思想：

"孙中山是从拯救祖国这样一个简单的前提出发开始他的革命活动的。他周游世界时就抱有两重目的：寻求最先进的思想；引导中国学生和华侨参加他的运动。在一八九六年到一八九九年这个期间，孙中山曾到过欧洲各个主要首都。根据听过他讲话的一些人的回忆，我们知道，他十分了解在那个时代在世界上起作用的那些力量。在那个时代，工人阶级正在取得革命运动中的领导地位，在当时的世界上，帝国主义已成为各国人民的最凶恶的敌人。孙中山知道卡尔·马克思和弗里德里希·恩格斯以及他们的活动，他已经听说过列宁和俄国的革命运动。听过他演讲的人们记得，他常常预言，在二十世纪，社会主义将取代资本主义，他当时预言，在他本人在中国取得成功以前，列宁所作的努力就会成功，虽然他认为他很快就能推翻腐朽的清朝。"①

第三次是在 1966 年，为纪念孙中山诞辰 100 周年，宋庆龄以《孙中山——坚定不移、百折不挠的革命家》为题，发表了重要文章，更为明确清晰地点出了这个基本事实，即孙中山最早接触马克思思想，是在 1896－1899 年伦敦蒙难之后："从一八九六年到一八九九年，他（孙中山——笔者注）访问了有中国人在那里生活和学习的一切欧洲中心城市——伦敦、巴黎、布鲁塞尔、日内瓦、柏林。""就在这一海外活动时期，孙中山根据他当时的理解，制定了他的民族主义、民权主义和民生主义。他知道马克思和恩格斯，他也听到了关于列宁和俄国工人革命活动的消息。早在那个时候，社会主义就对他发生了吸引力。他敦促留学生研究马克思的《资本论》和《共产党宣言》并阅读当时的社会主义书刊。"②

第 6 个证据，1903 年 8、9 月间孙中山在日本会见了《社会主义神髓》作者幸德秋水，二人商讨了社会主义的实行问题，同年 12 月 17 日孙中山在书信中明确提出自己思想与社会主义密不可分。

幸德秋水（1871－1911），是日本社会主义运动的早期先驱者之一，日本

---

① 《宋庆龄选集》，人民出版社，1966 年，第 462、463 页。
② 《宋庆龄选集》下卷，人民出版社，1992 年，第 487 页。

平民社领导人，1903年发表其代表作《社会主义神髓》，与片山潜同年发表的《我的社会主义》，1907年森近运平、堺利彦合作发表的《社会主义纲要》在一起，并称为明治时代日本社会主义理论的三大重要文献。其中幸德秋水《社会主义神髓》一书先后有三种中译本，是中国最早介绍社会主义思想的译著之一。

恰好在发表该书的这一年八九月间，孙中山与幸德秋水，商谈了社会主义如何实行的问题。

1903年12月17日，孙中山复友人信中，第一次留下了充分赞同社会主义的文字材料，而自云已进入极思境界，须臾不离，远非初步接触状态：

"所询社会主义，乃弟所极思不能须臾忘者。弟所主张在于平均地权，此为吾国今日可以切实施行之事。近来欧美已有试行之者，然彼国势已为积重难返，其地主之权直与国家相埒，未易一蹴改革。若吾国，既未以机器施于地，作生财之力尚恃人功，而不尽操于业主之手，故贫富之悬隔，不似欧美之富者富可敌国，贫者贫无立锥，则我之措施当较彼为易也。夫欧美演此悬绝之惨境，他日必有大冲突，以图实剂于平。""故弟欲于革命时一齐做起，吾誓词中已列此为四大事之一。今将誓词录鉴，以见一斑……"①

第7个证据，1905年5月中旬，即在同年8月创立中国同盟会之前，孙中山再度到比利时首都布鲁塞尔时，专门走访了国际社会党执行局（第二国际常设执行机构），与该局主席王德威尔德、书记胡斯曼进行了晤谈，郑重其事地代表他要创立的新型政党（即同年8月在日本创立的中国同盟会），提出了加入第二国际的申请。

这不是出于一时冲动，而是孙中山自1896年伦敦蒙难之后，上下求索十年的思想成果与政治意向。只可惜，这些第二国际的领导人囿于死板教条，未能像后来列宁那样对待孙中山。

（二）从孙中山开始，采取了"移花接木"的巧妙方式，试图把《共产党宣言》、科学社会主义，与孔子在《礼记·礼运篇》中所讲的"大道之行，天下为公"，也就是中华民族思想主流、价值观念、社会理想，有机地结合在一起，使之扎根于中华民族主流传统的大地之中。

---

① 《孙中山全集》第1卷，中华书局，1981年，第228页。

第一个记载了这一思想轨迹的，就是孙中山早年的日本友人宫崎寅藏（滔天）先生1902年发表的《三十三年落花之梦》。

1897年9月，宫崎与孙中山先生相遇，畅叙良久，宫崎问以革命宗旨及其方法手段。孙中山先生回答时，就把人民自治、共和主义，与中国治世真髓、先哲遗业，有机地统一起来加以理解，综合创新："余以人群自治为政治之极则，故于政治之精神，执共和主义。夫共和主义岂平手而可得，余以此一事而直有革命之责任者也。""人或云共和政体不适支那之野蛮国，此不谅情势之言耳。共和者，我国治世之神髓，先哲之遗业也。我国民之论古者，莫不倾慕三代之治，不知三代之治实能得共和之神髓而行之者也。勿谓我国民无理想之资，勿谓我国民无进取之气，即此所以慕古之意，正富有理想之证据，亦大有进步之机兆也。"①

无独有偶，中文刊物中，最早记载马克思《资本论》的，是1899年2月，上海《万国公报》第121期，由英国传教士李提摩太翻译、蔡尔康笔述，题目就用了一个中国传统语汇《大同学》。

后来，孙中山常用《礼记·礼运篇》中记载的孔子天下为公、大同理想，来表达他自己所理解马克思社会主义、共产主义的社会理想。

孙中山晚年，一方面接受了马克思列宁主义、共产国际的一些革命主张，另一方面，又试图同中华民族传统文化的源头活水，结合在一起。

1923年1月29日，他讲《中国革命史》，开宗明义就讲："革命之名词，创于孔子。中国历史，汤武之后，革命之事实，数见不鲜矣……余之谋中国革命，其所持主义，有因袭吾国固有之思想者，有规抚欧洲之学说事迹者，有吾所独见而创获者……"②

（三）孙中山把"大道之行，天下为公"，三民主义，人民主体，进一步与西方近现代时代潮流、民主观念、民主制度、民主精神，有机地结合起来，特别是同美国平民总统、林肯激进的民主主义"民治、民享、民有"的价值观念的制度保证，结合在一起。

---

① 参见宫崎滔天著：《三十三年落花之梦》，首次发表于1902年，见于广州花城出版社，1981年，第116-124页；见《孙中山全集》第1卷，中华书局，1981年，第172、173页。
② 《孙中山全集》第7卷，中华书局，1985年，第59、60页。

这种思想倾向，特别明显地显于他的晚年创新之作中，1921年3月6日，《在中国国民党本部特设驻粤办事处的演说》中，他特别详尽地讲到了这一点："我们抱三民主义的革命党，又与各国的革命党不同。各国的革命党，只有抱一个主义，或是两个主义的，向来没有抱三个主义的。有，就算我们国民党是第一了。""兄弟底三民主义，是集合中外底学说，应世界底潮流所得的。就是美国前总统林肯底主义，也有与兄弟底三民主义符合底地方，原其文为 The government of the people, by the people, for the people, 这话苦没有适当底译文，兄弟把他译作'民有'、'民治'、'民享'。Of the people 就是民有，by the people 就是民治，for the people 就是民享。他这'民有'、'民治'、'民享'主义，就是兄弟底'民族'、'民权'、'民主'主义。由是可知，美国有今日底富强，都是先哲底主义所赐。而兄弟底三民主义，在彼海外底伟人已有先得我心的。兄弟回想从前在海外底时候，外人不知什么叫三民主义，常来问我的，兄弟当时苦无适当底译语回答他，只好援引林肯底主义告诉他，外人然后才了解我底主义。由此可知，兄弟底三民主义，不但是有来历，而且迎合现代底潮流。"①

孙中山把"大道之行，天下为公"的价值观念、社会理想，又进一步同马克思的社会主义观念，列宁开创的俄国社会主义道路结合起来，晚年进一步提出了超越资本主义民主制度、国家制度，开创新型民主制度：新型国家制度的理想目标。

在他晚年的三民主义讲演中，讲到了资本主体化的西方弊端和马克思的社会主义观念："现在欧美的工商业进步得很快，资本发达到极高，资本家专制到了极点，一般人民都不能忍受。""实业革命以后，研究社会问题的人，不下千百家，其中研究最透彻和最有心得的，就是大家所知道的马克思。马克思对于社会问题，好像卢骚对于民权问题一样。"②

1922年1月4日，在同列宁派遣的共产国际代表马林会谈后，孙中山进一步把希望的目光转向俄国开创新社会主义新式国家、新式民主，视之为"大道之行，天下为公"的新尝试、新制度："法、美共和国皆旧式的，今日

---

① 《孙中山全集》第5卷，中华书局，1985年，第475页。
② 《孙中山选集》第789页，第770页。

惟俄国为新式的。吾人今日当造成一最新式的共和国。新式者何？即化国为家是也。人人当去其自私自利之心，同心协力，共同缔造。国家者载民之舟也，舟行大海中，猝遇风涛，当同心互助，以谋共济。故吾人今日由旧国家变为新国家，当铲锄旧思想，达［发］发［达］新思想。新思想者何？即公共心。"①

孙中山以身体力行的实践精神，体现着"立身行道"的人生追求、人生价值、人生理想，并且与人的三大主体活动有机结合起来，通过语言符号的学习活动以习道——通过社会交往活动的传道——更主要的是通过革命与劳动实践活动以行道。

我们打开《孙中山全集》第1卷第1页，1890年，当年孙中山仅仅24岁，世界观、人生观、价值观初步定型之时，他写的《致郑藻如书》，开门见山的第一句话便是："窃维立身当推己以及大，行道贵由近而致远……道在鼓励农民，如泰西兴农之会，为之先导……"②

学以立身，而行大道——这是孙中山的一大特点，他一生都在学习之中，而这种学习的目的，不在于获得个人名利，升官发财，而在于为"大道之行"作出努力。"要立志做大事，不要立志做大官"——孙中山的这句名言；集中体现了他的人生之道。

不仅要知道，而且要行道，要通过自己的实践活动，尤其是改造中国、改造世界的实践活动，努力使"天下为公"的大道，行之于中国，行之于天下，这更是孙中山理想追求、最高境界。

孙中山在"立身行道"过程中，如何处理自我与他人，尤其是国家、民族、人类的关系，就成了一个不可回避的基本问题，孙中山的交往之道体现了"严于律己，宽以待人"的做人之道。

有一个题联，相当集中地展现了孙中山的交往之道："修身岂为名传世，作事惟思利及人。"这也许就是孙中山一生交友甚多，深得众人爱戴的奥秘吧？

孙中山一生特别关心青年，他是生命最后时刻积极倡办广东大学——今

---

① 《孙中山全集》第6卷，中华书局，1985年，第56页。
② 《孙中山全集》第1卷，中华书局，1981年，第1、2页。

天中山大学前身,1924年11月11日为之题写授训:"博学、审问、慎思、明辨、笃行"。①

在交往之道中,特别注重国际交往,真诚、平等、热情对待各国友人,以开放的眼光看待世界——这也扬成孙中山交往之道的一大特色。

孙中山以自己的人生之道、做人之道,体现了"大道之行,天下为公",贯穿于他一生的三个阶段之中,早年立志成人之道——中年革命救国之道——晚年创新中国之道,而一以贯之的思想红线则是"中国创新——创新中国"。

孙中山早年立志、学习成人,最关键的还是立下了"振兴中华"的远大理想;

孙中山中年在辛亥革命前后主题推翻帝制,解放中国,为中国现代化大道奠定前提;

孙中山晚年,通过总结历史经验与历史教训,思想上更有一个新的飞跃,要求更大胆、更彻底、更公平正义地推进中国创新,中国国家制度的根本创新。

这就是孙中山的人生之道,集中体现了"天下为公"的"中山大道"。

在孙中山生命最后一息,1924年底发表的最后两个宣言书,《北上宣言》与《入京宣言》中,他都最终强调了"国民革命要道"与"强国之道",作为他的核心思想、核心理念。

1924年11月10日,孙中山先生不顾疾病痛苦与生命危险,为了中华民族的和平统一,革命振兴,毅然决定北上京城。在《北上宣言》中,又有一个非常精到的新提法,成为孙中山晚期的一个闪光思想,就是提出了"国民革命要道"的新提法、新概念、新思想:"惟本党深信国民自决,为国民革命之要道。"② 这句话,言简意明,底蕴无穷。

1924年的12月31日,孙中山又抱病发表《入京宣言》,画龙点睛,再次昭示自己的思想主旨,在求救国之道:"文此次来京,曾有宣言,非争地位权利,乃为救国。十三年前,余负推倒满州政府、使国民得享自由平等之责任。

---

① 陈旭麓、郝盛潮主编:《孙中山集外集》,第660页,第656页。
② 《孙中山选集》,中华书局,1956年,第883页。

惟满清虽倒，而国民之自由平等早被其售与各国，故吾人今日仍处帝国主义各国殖民地之地位；因而吾人救国之责，尤不容缓。至于救国之道多端，当向诸群缕述；惟今以抱恙，不得不稍俟异日。"①

（四）在孙中山历史遗产中，最可宝贵的首先是孙中山精神——中山精神，其中的一个重要层面，就是为了振兴中华，发愤学习、综合创新精神。

孙中山先生留下的一切，可总称为"孙中山遗产"，包括三个层面，逐步提升高度：

第一个初级层面，是孙中山生平事业的具体事实，弄清这些复杂过程是研究的出发点；

第二个中级层面，是孙中山的"主义"，他的基本理论、思想体系、三民主义，这是研究的上升点；

第三个更高层面，则是贯穿三民主义、三大主义后面的一个精髓，一条红线，也就是"孙中山精神"，简称"中山精神"，这才是我们学习与研究、继承与发扬的制高点与归宿点，也是难点所在，正如古人所说的，"丹青难写是精神"。

其实，孙中山的精神，海内外的前人研究中已经多有论及，只是未能把它作为一个明确概念，独立地突出出来。

如果让我们今天做出评价的话，那么这三个层面，是各有特点，明显不同的：

孙中山先生做的具体事情，可以说有对有错、对错参半，甚至于实事求是地如实说，时常失败多于成功，成败几乎可以说是"三七开"；

孙中山先生的主义，他倡导的三民主义，在那个时代是中国现代化起步时代的伟大旗帜，今天看来基本内容也是应当肯定的，也有一些未能很好解决的问题，至今仍需我们继续探索解决之道，理论上是"七三开"；

孙中山精神，则是中华民族的伟大精神，我们今天仍是应当高度评价、充分肯定的，是需要我们继承发展的，至今仍是 21 世纪中国现代化创新之道的源头活水！

在这里，对于"孙中山精神"，不是什么"三七开"、"七三开"的问题，

---

① 《孙中山选集》，中华书局，1956 年，第 917 页。

而是应当百分之百的充分肯定。甚至可以说，谁怀疑抛弃孙中山精神，谁就是中华民族的不肖子孙！谁就是中华民族的败家子！

那么，到底什么是"孙中山精神"呢？

所谓"孙中山精神"，就是在那个时代，以孙中山特有的方式，集中体现的中华民族精神，世界走向现代化、全球化、社会化的时代精神；就是这二者有机综合在一起，熔铸生成的"振兴中华"的现代革新的民族精神；就是集中表现出来的综合创新的"中国精神"，体现为人民主体论的中国现代化新道路，不仅超越君主主体论的古代封建专制，而且超越国家主体化的现代化苏联模式，超越资本主体化的欧美模式、西方模式。

"大道之行，天下为公；人民主体，振兴中华"——这就是"中山精神"的核心内容，集中体现了孙中山孜孜以求的价值理念，中华民族的社会理想，孙中山身上展现的民族精神与时代精神。

为什么我们要特别注重提炼与弘扬"孙中山精神"？我们主要依据孙中山本人思想轨迹，列出10条论据：

1. 1894年，当孙中山早期创立第一个革命组织兴中会时，《兴中会宣言》中的主旨就是"振兴中华"、"以申民志"，不仅包含解决国计民生的迫切问题，而且包含着呼唤民族精神的深层问题：

"有心人不禁大声疾呼，亟拯斯民于水火，切扶大厦之将倾。用特集会众以兴中，协贤豪而共济，抒此时艰，奠我中夏。仰诸同志，盍自勉旃！谨订规条，胪列如下：

一、是会之设，专为振兴中华、维持国体起见。盖我中华受外国欺凌，已非一日，皆由内外隔绝，上下之情罔通，国体抑损而不知，子民受制而无告。苦厄日深，为害何极！兹特联络中外华人，创兴是会，以申民志而扶国宗。"①

2. 1905年，中年孙中山创立第一个近代中国资产阶级政党同盟会，《同盟会宣言》特别强调近代国民革命，不同于古代英雄革命，即古代李自成起义、太平天国等农民革命的本质特征恰恰在于，方方面面的全面变革后面要贯穿一种追求自由、平等、博爱的时代精神："惟前代革命如有明及太平天国，只

---

① 《孙中山选集》，第19页。

以驱除光复自任,此外无所转移。我等今日与前代殊,于驱除鞑虏、恢复中华之外,国体民生,尚当与民变革,虽经纬万端,要其一贯之精神,则为自由、平等、博爱。故前代为英雄革命,今日为国民革命。所谓国民革命者,一国之人皆有自由、平等、博爱之精神,即皆负革命之责任,军政府特为其枢机而已。"①

3. 1912 年,辛亥革命首义成功之后,孙中山发表《临时大总统宣言》,进一步提出生当革命时代、发扬革命精神、方能完成革命使命的重要思想:"夫民国新建,外交内政,百绪繁生,文顾何人,而克胜此。然而临时政府,革命时代之政府也,十余年来以至今日,从事于革命者,皆以诚挚纯杰之精神,战胜其所遇之艰难。即使后此之艰难,远逾于前日,而吾人惟保此革命之精神,一往无阻,必使中华民国基础确立于大地。"②

为什么孙中山就任中华民国临时大总统的重要时刻,没有重新强调自由、平等、博爱的时代精神,而特别强调了"革命精神"的重要支柱作用呢?后来,孙中山在 1919 年《建国方略之——心理建设(孙文学说)》中,揭破了谜底。原来讲"自由、平等、博爱"精神,多半借鉴于欧美各国。孙中山当年在辛亥革命爆发后,曾特别留意于美、英、法、德、俄、日六国反应如何,并试图沿途向美、英、法等国及银行借款,以支持革命,然而却处处碰壁,无一成功,全部吃了闭门羹。在对西方博爱精神深表失望的绝境之中,孙中山转而求诸呼唤革命精神:"予离法国三十余日,始达上海,时南北和议已开,国体犹尚未定也。当予未到上海之前,中外各报皆多传布谓予带有巨款回国,以助革命军。予甫抵上海之前,同志之所望我者以此,中外各报馆访员之所问者亦以此。予答之曰:'予不名一钱也,所带回者革命之精神耳! 革命之目的不达,无和议之可言也。'"③

4. 1917-1919 年,孙中山在上海退居书斋,反思辛亥革命虽首义成功、推翻帝制,却后来遭受失败的历史教训,进一步强调革命精神、民族魂魄,在中国现代化创新之道中的重要精神支柱作用。

---

① 《孙中山选集》,第 68 页。
② 同上,第 83 页。
③ 同上,第 185 页。

《建国方略之一》，首先从《心理建设（孙文学说）》讲起，就包涵了这层深意："兵法有云：'攻心为上'，是吾党之建国计划，即受此心中之打击者也。夫国者人之积也，人者心之器也，而国事者，一人羣心理之现象也。是故政治之隆污，系乎人心之振靡。吾心信其可行，则移山填海之难，终有成功之日；吾心信其不可行，则反掌折枝之易，亦无收效之期也。心之为用大矣哉！夫心也者，万事之本源也。满清之颠覆者，此心成之也；民国之建设者，此心败之也。"①

正基于此，孙中山提出"建国之基，发端心理，必先革心，昭苏国魂"的精神革新先行方略："夫国者，人之积也，人者，心之器也，国家政治者，一人羣心理之现象也，是以建国之基，当发端于心理。""国民！国民！当急起直追，万众一心，先奠国基于方寸之地，为去旧更新之始，以成良心上之建设也。予请率先行之。""其所以百折不回者，不过欲有以振起既死之人心，昭苏将尽之国魂，期有继我而起者成之耳。及乙巳之秋，集合全国之英俊而成立革命同盟会于东京之日，吾始信革命大业可及身而成矣。于是乃敢定立中华民国之名称，而公布于党员，使之各回本省，鼓吹革命主义，而传布中华民国之思想焉。"②

5. 1921年，在反思辛亥革命失败教训的历史经验基础上，孙中山开始筹谋重建国民党的探索工作，在《〈国民党恳亲大会纪念册〉序》中，孙中山呼唤中国现代化创新大道，重在要有两大精神支柱——中华民族文化精神与正义公道时代精神。

他说："吾国今日既曰五族共和矣；然曰五族，固显然犹有一界限在也。欲泯此界限，以发扬光大之，使成为世界上有能力、有声誉之民族，则莫如举汉、满等名称尽废之，努力于文化及精神的调洽，建设一大中华民族。

更进一步言：吾人既抱此建设大中华民族之志愿矣，尤当以正义公道之精神，为弱小者之援助，或竟联络引进之，使彼脱离强权，加入于自由民族，同受人类之平等待遇，如威尔逊之所谓'民族自决'，与新俄宪法之所谓'民

---

① 《孙中山选集》，第105页。
② 同上，第160页，第161页，第176页。

族解放'然。能如此,方得谓达民族主义之极境矣。"①

6. 从1921年10月起,孙中山先后在广西、广州,准备北伐,其两大支柱,一是军队力量,二是精神力量,二者集中表现与升华为中国革命军人精神。

1921年11月29日,孙中山在山水甲天下的桂林阳朔各界欢迎会上,提出人民主体论的"真精神":"改造真正之民国,乃全体国民之责任,尤为中华国民党员应负之责任。责任维何?即实行民族、民权、民生三民主义,即近代所谓之国为民有,国为民治,国为民享之真精神也。盖中国为中国人之中国,决不能为非中国人所宰制。人为万物之灵,知识之高下,身体之强弱,虽有不同,原无阶级之不平等,何容受他人不平等之待遇?且'民为邦本,本固邦宁',简而言之,即民为国主,主安即国治,何能容强权家行乱国之政治,酿成亡省、亡国之痛苦?"

"中国在亚洲首创共和,本总统欲将中国造成新世界……"②

1921年12月7日,孙中山《在桂林军政学七十六团体欢迎会的演说》,不仅提出"三民主义便是民国的精神",而且特别呼唤大家"提起精神",开创超越欧美、克服贫富不均的新中国、新世界:"我们因为看到了这种弊病,要想一个方法预防他,所以在解决政治问题的时候,同时也要解决人民生计问题。欧美从前解决的方法,还是不彻底,所以便有今天的痛苦。我们想造成一个完完全全的新世界,一定要用三民主义来做建设这个新世界的工具。大概的讲,就是要把民有、民治、民享三个主义一齐实行,人民的生计权利才有真正的自由平等,才能够免去资本家的压制,才能够享永久的幸福。民生问题不解决,社会上的贫富总是不平均。从前孟子说,'不患贫而患不均'。如果有了不均,三十年之后不革命,五十年一百年之后一定是要革命的。我们要防止永远不再革命,一定要实行三民主义,那末,才可以替子子孙孙谋永久的幸福。

"本大总统这次的来意,是要把中国造成一个新世界。三民主义就是本大总统拿来造新世界的工具。诸君今天欢迎本大总统,本大总统所要求诸君的,

---

① 陈旭麓、郝盛潮主编:《孙中山集外集》,上海人民出版社,1990年,第29页。
② 《孙中山全集》第5卷,第636页。

是望诸君提起精神来，一齐同心协力建设这个新世界的新中国！"①

1921年12月10日，孙中山发表《在桂林对赣粤军的演说》，共讲5课，第一课就是"精神教育"，开宗明义地指出了精神教育的特殊重要意义：

"今日集诸君于一堂，讲授军人精神教育，乃欲使诸君得有充分之军人精神，而共任前途非常之大业也。诸君本属军人，固曾受军人教育，亦曾受军人之精神教育。惟诸君前此所受者，不过寻常军人之教育，而非非常军人之教育也。今在诸君之目前，有非常之事业，必待非常之军人以成之，诸君欲身任非常之事业，则必受非常之教育乃可。此非常之教育为何？即军人之革命精神教育是也。""解决此问题，先问有无革命精神，有革命精神，成功必矣！但革命精神，何自来耶？是在精神教育。"②

接下来，孙中山以武昌首义成功为例，从哲学高度讲了革命党人精神力量决胜作用。

"精神与物质相辅为用既如前述，故全无物质亦不能表现精神，但专恃物质，则不可也。""自余观之，武器为物质，能使用此武器者，全恃人之精神。两相比较，精神能力实居其九，物质能力仅得其一。何以知其然也？试以武昌革命为例：当日满清之武器，与革命党人之武器，以物质能力论，何啻千与一之比较。""后由熊秉坤向其友之已退伍者，借得两盒子弹，分授同志，革命之武器所恃者，仅有此数。枪声一响，炮兵营首先响应，瑞徵〔澂〕、张彪相继逃窜，武汉遂入革命党人之手。""彼满清方面军队非不多也，枪弹非不备也，当革命风声传播之时，瑞澂且商诸某国领事，谓若湖北有事，请其拨兵舰相助。布置如此周密，兵力如此雄厚，乃被革命党人以两盒子弹打破之。诸君试想，两盒子弹，至多不过五十颗，即使一一命中，杀敌不过五十人，能打破武昌乎？余以为打破武昌者，革命党人之精神为之。兵法云，先声夺人。所谓先声，即精神也。准是以观，物质之力量小，精神之力量大，可于武昌一役决之。"③

7. 1924年1月，中国国民党第一次全代表大会召开，孙中山反复强调的

---

① 《孙中山全集》第6卷，中华书局，1985年，第2页，第8页。
② 同上，第9页。
③ 同上，第13页。

一个思想主旨,就是发扬国民革命真精神。

1924年1月20日,孙中山发表大会演说《国民党改组问题》,特别指出,"这个宣言,系此次大会之精神生命"。①

1月23日,孙中山再次论述《中国国民党宣言的旨趣》,进而提出了"国民革命真精神"的提法:"我们从前革命,均未收到好结果,就是因为革命没有彻底成功,其原因大都是我们同志负担责任没有始终如一,所以不能贯彻革命主义。现在本党召集此次代表大会,发表此项宣言,就是表示以后革命与从前不同。""以后袁世凯自毙,总算我们反对袁世凯的成功;但是按之革命的真精神,仍是失败。从来护法之役,也没把革命旗帜竖起……"②

8. 1924年1月至3月,孙中山最后一次系统论述三民主义,作为中国国民党创新与北伐革命战争的理论创新奠基,对于民族精神、革命精神、时代精神的呼唤,仍是贯穿其中的一条思想红线。

第一讲,是讲民族主义,上来就提出了用民族精神救中国、强中国、富中国的问题:"我们这种民族,处现在世界上是什么地位呢?用世界上各民族的人数比较起来,我们人数最多,民族最大,文明教化有四千多年,也应该和欧美各国并驾齐驱。但是中国的人,只有家庭和宗族的团体,没有民族的精神,所以虽有四万万人结合成一个中国,实在是一片散沙,弄到今日,是世界上最贫弱的国家,处国际中最低下的地位。人为刀俎,我为鱼肉,我们的地位在此时最为危险。如果再不留心提倡民族主义,结合四万万人成一个坚固的民族,中国便有亡国灭种之忧,我们要挽救这种危亡,便要提倡民族主义,用民族精神来救国。"从日本道路来看,"因为他们有民族主义的精神,所以便能发奋为雄,当中经过不及五十年,便由衰微的国家,变在强盛的国家。我们要中国强盛,日本便是一个好模范。"③

孙中山还特别强调,要把中华民族固有的道德与价值观,作为民族精神的题中应有之义,加以恢复,加以继承,加以发展:"所以中国从前的忠孝仁爱信义种种的旧道德,固然是驾乎外国人,说到和平的道德,更是驾乎外国

---

① 《孙中山选集》,第515页。
② 同上,第532页。
③ 同上,第593、594、595页。

人。这种特别的好道德,便是我们民族的精神。我们以后对于这种精神,不但是要保存,并且要发扬光大,然后我们民族的地位才可以恢复。

我们旧有的道德,应该恢复以外,还有固有的智能,也应该恢复起来。我们自被满清征服了以后,四万万人都是睡觉,不但是道德睡了觉,连知识也睡了觉。我们今天要恢复民族精神,不但是要唤醒固有的道德,就是固有的知识也应该唤醒他。中国有什么固有的知识呢?就人生对于国家的观念,中国古时有很好的政治哲学。我们以为欧美的国家,近来很进步,但是说到他们的新文化,还不如我们政治哲学的完全。中国有一段最有系统的政治哲学,在外国的大政治家还没有见到,还没有说到那样清楚的,就是大学中所说的'格物、致知、诚意、正心、修身、齐家、治国、平天下'那一段话。把一个人从内发扬到外,由一个人的内部做起,推到平天下止。像这样精微开展的理论,无论外国什么政治哲学家都没有见到,都没有说出,这就是我们政治哲学的知识中独有的宝贝,是应该要保存的。这种正心、诚意、修身、齐家的道理,本属于道德的范围,今天要把他放在知识范围内来讲,才是适当。我们祖宗对于这些道德上的功夫,从前虽然是做过了的,但是自失了民族精神之后,这些知识的精神,当然也失去了。"①

焕发民族精神,要从每个人的修身——加强学习、完善自我做起,最高境界、最高目标则是反对帝国主义、殖民主义,实现人类一家,大同之治。他在讲演的最后,画龙点睛,又回复与升华到民族精神与天下主义、时代精神的统一上来:"我们现在要能够齐家、治国,不受外国的压迫,根本上便要从修身起。把中国固有知识一贯的道理先恢复起来,然后我们民族的精神和民族的地位,才都可以恢复。""我们今日在没有发达之先,立定扶倾济弱的志愿,将来到了强盛时候,想到今日身受过了列强政治经济压迫的痛苦,将来弱小民族如果也受这种痛苦,我们便要把那些帝国主义来消灭,那才算是治国平天下。我们要将来能够治国平天下,便先要恢复民族主义和民族地位。用固有的道德和平做基础,去统一世界,成一个大同之治,这便是我们四万万人的大责任。诸君都是四万万人的一分子,都应该担负这个责任,这便是

---

① 《孙中山选集》,第653页。

我们民族主义的真精神。"①

9. 1924年底，1925年初，孙中山在最后的一系列遗言中，反复强调的首先还是主义与精神。

1924年，孙中山《在韶关庆祝武昌起义十三周年纪念会上的演说》，这是孙中山最后一次发表纪念辛亥革命讲话，也是北伐革命战争的战斗动员会，孙中山留下的一句名言就是："十三年前革命党所恃者，仅有精神"。②

1924年11月25日，孙中山在东京、大阪、神户国民党欢迎会上发表题为《中国内乱之原因》的讲话，进而提出"振作国民精神"，作为"振兴中华"的精神支柱："我们中国人的地位，堕落到了这个地步，如果还不想振作国民的精神，同心协力，争回租界、海关和领事裁判权，废除一切不平等的条约，我们中国便不是世界上的国家，我们中国人便不是世界上的国民。"③

孙中山最后遗嘱，乃至他在昏迷之中，反复呼唤的"和平、奋斗、救中国"，正是对精神的呼唤，对民族精神的呼唤，对时代精神的呼唤。

10. 列宁评价孙中山，孙中山评价列宁，最为重视、最为突出、最为强调的，都是蕴涵其中的精神。

列宁与孙中山——这是20世纪初期，两位东方巨人、世界历史巨人。孙中山生于中国，而列宁生于俄罗斯。孙中山生于1866年，死于1925年；列宁生于1870年，死于1924年。

不仅他们生存空间、生存年代联系紧密，而且二者精神契合、千古知音。把他们的相互评价，作一番比较研究，颇有意味。我们会意外发现一个共同点：他们最注重的，首先是思想事业后面的精神。

列宁评价孙中山在前，这就是，1912年7月15日，在辛亥革命推翻帝制、实现共和之后，列宁看到1912年4月1日孙中山发表《在南京中国同盟会会员饯别会的演说》，迅速作出反应，发表《中国的民主主义和民族主义》一文，高度评价孙中山，最为强调的首先是孙中山精神："孙中山的纲领的字里行间都充满了战斗的、真诚的民主主义。它充分认识到'种族'革命的不

---

① 《孙中山选集》，第656页，第660页。
② 陈旭麓、郝盛潮主编：《孙中山集外集》，第112页。
③ 《孙中山选集》，第909页。

足,丝毫没有忽视政治问题,或者说,丝毫没有轻视政治自由或容许中国专制制度与中国'社会改革'、中国立宪改革等等并存的思想。这是带有建立共和制度要求的完整的民主主义。它直接提出群众生活状况及群众斗争问题,热烈地同情被剥削劳动者,相信他们是正义的和有力量的。

"我们现在看到的是真正伟大的人民的真正伟大的思想;这样的人民不仅会为自己历来的奴隶地位而痛心,不仅会向往自由和平等,而且会同中国历来的压迫者作斗争。

"人们自然可以把亚洲这个野蛮的、死气沉沉的中国的共和国临时大总统与欧美各先进文明国家的共和国总统比较一下。那里的共和国总统都是受资产阶级操纵的生意人、是他们的代理人或傀儡……

"这位亚洲的共和国临时大总统则是充满着崇高精神和英雄气概的革命的民主主义者,这种精神和气概是一个向上发展而不是衰落下去的阶级所固有的;这个阶级不惧怕未来,而是相信未来,奋不顾身地为未来而斗争……"①

对于孙中山的具体理论、具体主张,在有些问题上列宁是有所保留、有所分析,甚至有所批评的;然而,对于孙中山"革命民主主义内核"中蕴涵的孙中山精神,列宁却是毫无保留,高度评价,满腔热情,溢于言表。

无独有偶,1924年1月正当中国国民党召开第一届全国代表大会的关键时刻,传来列宁不幸逝世的噩耗。孙中山立即组织由大会发出唁电,并且在大会上发表《列宁逝世演说》,在高度评价列宁事业成功的基础上,更充分强调"列宁精神"的不朽命运:

"大家都知道,俄国革命在中国之后,而成功却在中国之前,其奇功伟绩,真是世界革命史上前所未有,其所以能至此的缘故,实全由其首领列宁先生个人之奋斗及条理与组织之完善。故其为人,由革命观点看起来,是一个革命之大成功者,是一个革命中之圣人,是一个革命中最好的模范。""此次大会之目的也是在此。现在俄国的首领列宁先生去世了,于俄国和国际上会生出什么影响来,我相信是决没有的。因为列宁先生之思想魄力,奋斗精神,一生的工夫,全结晶在党中;他的身体虽不在,他的精神却仍在。此即为我们最大之教训!""从前在日本,虽想改组,未能成功,就是因为没有办

---

① 《列宁选集》第2卷,人民出版社,1995年,第291、292页。

法；现在有俄国的方法以为模范，虽不能完全仿效其办法，也应仿效其精神，才能学得其成功。本党此次改组，就是本总理把个人负担的革命重大责任，分之众人，希望大家起来奋斗，使本党不要因为本总理个人而有所兴废，如列宁先生之于俄国革命党一样。这是本总理的最大希望。"①

1924 年 2 月 24 日，孙中山出席国民党追悼列宁大会，亲自手书"国友人师"祭幛，主祭列宁，献上祭文："中华民国十三年二月，俄国苏维埃政府领袖列宁先生之丧，孙文即与同人追悼，乃述哀词曰：茫茫五洲，芸芸众生，孰为先觉，以福齐民？伊古迄今，学者千百，空言无施，谁行其实？惟君特立，万夫之雄，建此新国，跻我大同。并世而生，同洲而国，相望有年，左提右挈。君遭千艰，我丁百厄，所冀与君，同轨并辙。敌则不乐，民乃大欢。邈焉万里，精神往还。天不假年，与君何说？亘古如生，永怀贤哲"。②

值得注意的是，在祭文最后，在讲授孙中山本人与列宁关系时，突出了"邈焉万里，精神往还"这个提法，实在是意味深长，与辛亥革命当年列宁对孙中山精神的高度评价，遥相呼应，相得益彰。

---

① 《孙中山选集》，第 535 页，第 536 页。
② 陈锡祺主编：《孙中山年谱长编》下册，中华书局，1991 年，第 1846、1847 页。

中 篇
建设马克思主义学习型政党的历史经验

第四章　马克思主义学习型政党创建的历史源头

——北京大学作出的五大准备

北京大学与中国共产党创立的关系——这是一个亟待深入研究的重大问题。

中国共产党创立和北京大学究竟有什么关系？在迎接党的创立 90 年之际，这的确是一个值得我们，尤其是北大人、北大学者、北大马克思主义学者，作出深入研究、认真回答的重大问题。

以下四种情况，使这个问题的研究显得特别突出：

一是毛泽东在《新民主主义论》这篇名著中，留下了一句脍炙人口的名言，"五四运动是在思想上和干部上准备了 1921 年中国共产党的成立"，[①] 为我们深入分析这个问题提出了方向，提供了一把钥匙，具体解答这个问题还有待我们作出细致努力。

二是现有的党史著作，包括一些影响较大的重要著作，多半只是在谈到个别人物、个别事件、个别问题时，零散地论及中国共产党成立与北京大学关系，大都没有专门回答过这个问题，有的还有意或无意地回避或淡化这个问题。

三是萧超然、沙健孙、梁柱等北大学者，也包括笔者在内，曾先后在不同程度上研究或论及了这个问题，然而或者理论概括不够，或者未能产生应

---

① 《毛泽东选集》第 2 卷，人民出版社，1991 年，第 700 页。

有的重大影响。

四是国际思想界对于中国共产党及其马克思主义理论研究中提出的两个挑战性问题。一种看法认为，中国共产党及其马克思主义不过是舶来品，先是移植日本的一些思想和语言，后是照搬共产国际、实乃苏联模式的一些僵化教条，并没有什么中国人自己的东西；另一种看法，如柯拉科夫斯基的三卷本《马克思主义的主要流派》，认为中国共产党的马克思主义，尤其是毛泽东思想，本质上是"农民的社会主义"、"山沟里的马克思主义"，根本背离了人类近代工业化文明大道，最终必然走向崩溃，这是一种在劫难逃的历史命运。近几年来，尤其是2007年十七大前后，谢韬等人鼓吹民主社会主义的一系列文章，其实不过是对这种国际思潮的回应而已。

正是这些问题汇总到一起，促使笔者近十来年一直关注北京大学与中国共产党创立的关系问题，先后发表与此相关的两篇论文、两本专著：《世界最古老又最具特色的国立综合大学——北京大学定位寻根问题新探》（1998）、《北京大学——马克思主义传统最深厚的大学》（2008）、《北京魅力——北京文化与北京精神新论》（2008）、《五四精神新论》（2009）。

然而，北京大学与中国共产党创立究竟关系何在这个问题，仍谈得不够集中、不够明确，不够透彻。今年恰逢中国共产党创立90周年，也是北京大学走向21世纪科学发展、创新发展的重要历史机遇期、关键期，科学地回答这个问题，至关重要。

这个问题的答案，可以更明确而言简意赅地概括为"一个主要发源地，五个方面的准备"：五四时代的北京大学，是1921年中国共产党创立的主要发源地，从"思想基础——理论基础——组织基础——群众基础——人才干部基础"这五个方面，为建党作了重要准备；这种在中国历史乃至世界历史上都独树一帜的特殊关系，使北京大学成为中国历史、世界历史上马克思主义传统最深厚的现代创新型大学，更使中国共产党成为国际共产主义运动乃至世界历史上历史文化底蕴最深厚的马克思主义学习型创新型政党；也就是说，使中国共产党与北京大学双双成为世界历史上的东方奇葩，至今仍是21世纪中国创新的重要源头活水。

一、《新青年》和北大教育创新：
中国共产党创立的重要思想基础

中国共产党虽说是 1921 年 7 月在上海秘密创立的，然而其创立却离不开一定的社会环境、文化氛围、思想基础、社会共识，辛亥革命后陈独秀从 1915 年开始创立《新青年》、倡导民主科学的思想解放运动，1917 年蔡元培到北大倡导的大学教育创新，为中国共产党创立提供了重要的思想基础。

1911、1912 年孙中山先生领导的辛亥革命、推翻了流行中国两千年之久的封建专制主义，为后来的思想解放、党的创立，提供了不可或缺的社会前提、政治保证。以往在讲到 1911 年孙中山领导的辛亥革命时，固然也讲成功与失败这两个方面，重心却多半偏重于后来的失败这一面上。讲辛亥革命两面性并没有错，今天我们应当补充说明的是，辛亥革命后来固然失败了，而正是由于辛亥革命推翻了压在中国人民头上两千多年的皇权体系、封建专制、思想蒙昧，也就冲破了封建专制主义思想统治的罗网，打开了思想解放的闸门，以雷霆万钧、排山倒海之势，昭示着中国思想解放的春天必然到来！

也正是在孙中山领导的辛亥革命风雷呼唤下，1915 年陈独秀在上海创办《新青年》杂志，树起德先生与赛先生、民主与科学两面大旗，反对封建专制、封建礼教，从而使倡导中国现代化、走出中世纪的思想解放，蔚然成风。陈独秀固然后来在中年、晚年犯了大错误，但在早年青年时代，倡导思想解放、创建中国共产党过程中，还是功不可没的。他的特点是革命思想家与革命组织家，一身而二任焉。在辛亥革命与反袁革命失败后，他再次东渡日本。在总结辛亥革命成败历史经验的基础上，他痛感解放思想、观念变革的极端重要性，因而毅然回国，1915 年 9 月在上海创立《青年》杂志，翌年 9 月 1 日更鲜明地更名为《新青年》。从 1917 年起陈独秀偕同他主办的《新青年》，一起来到北京大学，扎根于这块新的土壤。1919 年 1 月，陈独秀在《新青年》罪案之答辩书中，旗帜鲜明地阐明了自己创办《新青年》、倡导思想解放的主旨：

"这第二种人对于本志的主张，是根本上立在反对的地位了，他们所非难本志的，无非是破坏孔教，破坏礼法，破坏国粹，破坏贞节，破坏旧伦理

（忠、孝、节），破坏旧艺术（中国戏），破坏旧宗教（鬼神），破坏旧文学，破坏旧政治（特权人治），这几条罪案。

"这几条罪案，本社同人当然直认不讳。但是追本溯源，本志同人本来无罪，只因为拥护那德莫克拉西（Democracy）和赛因斯（Science）两位先生，才犯了这几条滔天的大罪。要拥护那德先生，便不得不反对孔教、礼法、贞节、旧伦理、旧政治。要拥护那赛先生，便不得不反对孔教、礼法、贞节、旧伦理、旧政治。要拥护那赛先生便不得不反对旧艺术，旧宗教。要拥护德先生又要拥护德先生，便不得不反对国粹和旧文学。大家平心细想，本志除了拥护德、赛两先生之外，还有别项罪案没有呢？若是没有，请你们不用专门非难本志，要有气力、有胆量来反对德、赛两先生，才算是好汉，才算是根本的办法。

"西洋人因为拥护德、赛两先生，闹了多少事，流了多少血，德、赛两先生才渐渐从黑暗中把他们救出，引到光明世界。我们现在认定只有这两位先生，可以救治中国政治上、道德上、学术上、思想上一切的黑暗。若因为拥护这两位先生，一切政府的压迫，社会的攻击笑骂，就是断头流血，都不推辞。"①

从 1917 年起，蔡元培担任北京大学校长，力倡大学教育创新，也为解放思想、创新中国共产党作了重要铺垫。

从 1917 年 1 月开始，蔡元培出任北京大学校长，借鉴洪堡在柏林大学倡导的新人文主义，首倡与推进北大的教育革新、教育创新。

蔡元培担任北大校长伊始，立即聘任陈独秀担任北大文科学长，并支持他"把杂志带到（北大）学校里来办好了"。从此陈独秀主办的《新青年》倡导的思想解放运动与蔡元培倡导的北大教育革新运动，就有机地结合在一起，为五四爱国救亡运动奠定了重要的思想基础与人才基础。

蔡元培先生身为翰林学士，深谙北京大学古老太学传统的功过得失，不惑之年又留学德法等西方国家，特别注重吸收 19 世纪世界教育思想的潮头——德国洪堡在创办柏林大学时首倡的新人文主义教育思想。在此基础上，他把注重价值的中国古典人文主义教育思想，与立足科学的西方近代新人文

---

① 《陈独秀文章选编》上卷，生活・读书・新知三联书店，1984 年，第 317、318 页。

主义教育思想，综合创新为一种东西合璧的新型科学人文主义教育思想，努力倡导一种富于时代精神与中国特色的新教育观、新大学观，努力在北大创办一所极富中国特色的现代世界新型大学。这既是蔡元培先生在五四新文化运动中开创的北大传统，又是新中国成立近60年来、尤其是改革开放30年来的发展趋势，更是北大跨向21世纪的科学发展、创新发展目标。

长期以来，我们未能对蔡元培在五四新文化运动中的历史作用给以充分估价。今天，我们应当对他的思想精髓、历史地位、现代意义，给予新的评论：

蔡元培倡导的北大教育革新运动和陈独秀在《新青年》上倡导的思想解放运动，同是五四新文化运动的两大主要支柱；蔡元培、李大钊、鲁迅是五四时期综合创新论文化观的主要代表，这一思潮具有不同于陈独秀、胡适的全盘西化论文化观的显著特征；蔡元培应当视为五四新文化运动的主要思想领袖之一，他所倡导的融会中西文化的综合创新论应当视为五四新文化运动的主要理论旗帜之一；过去常说陈独秀是"五四运动时期的总司令"，今天或许可以更确切地说，蔡元培是五四新文化运动的总司令，陈独秀是一员主将或急先锋。

以蔡元培为代表的五四时代北大校方，对于李大钊等人传播马克思主义，筹建共产党的活动，采取了包容甚至同情的态度，这是北大的一大特色，在世界教育史上独树一帜，别开生面：蔡元培积极支持李大钊先后担任北大图书馆主任（1917）、教授（1920）、校长室秘书（1922）；正是在蔡元培支持下，1921年11月北大马克思学说研究会成立启事，得以在《北京大学日刊》上完全公开地正式发表；1921年11月马克思学说研究会是在蔡元培校长办公室，召开举行的成立大会，蔡元培亲自出席了会议；在蔡元培支持下，北京大学还专门把西斋宿舍中的两间宽敞房子，作为马克思学说研究会办公会址，并作为保存马克思主义、社会主义进步书籍的图书资料室——"亢慕义斋"。

支持研究马克思主义，不仅是李大钊等人个人行为，而且是蔡元培校长领导的北大校方行为。这是那个时代、各国大学中独一无二的。

二、马克思学说研究会：中国共产党创立的重要理论基础

在这里，我要澄清一个基本事实、基本问题：李大钊在北京大学最早创立马克思学说研究会，是在1918年冬，而不是现在流行的说法，"1920年秘密创立，1921年公开成立"，这是五四运动的精神砥柱与领导核心。

李大钊于五四前夕的1918年冬，在北大创立马克思学说研究会，开始传播马克思主义。在这里，我为此列出9个证据。

通常认为，北大马克思学说研究会，是1920年3月成立，1921年11月正式公开。而当年与李大钊一起发起组织北大马克思学说研究会的两个当事人——北大教授高一涵和北大学生朱务善提供的珍贵史料表明，李大钊在北京大学首创马克思学说研究会，时间应提前至五四之前半年多的1918年底。

为了证实这里提出的新观点，兹列举出三位主要当事人高一涵、朱务善、许德珩提供的珍贵史料。

当年与李大钊相知甚深，过往最密，并协助李大钊，一起发起北大马克思学说研究会的高一涵教授曾回忆道："五四前不到半年，守常在北京大学组织了一个研究马克思主义的学会。我们不是用马克思，而是用马尔克斯这个名字，为的是要欺骗警察。他们回去报告，上司一听研究马尔萨斯（与'马尔克斯'相混），认为这是研究人口论的，也就不来干涉了，这个学会，先是公开的，后来就秘密起来。它的对内活动是研究马克思学说，对外则是举办一些讲演会。……1918年底我们办一个《每周评论》经常是我们几个人写稿。"①

后来，1920年参与发起马克思学说研究会，加入中国共产党，并先后担任过北大学生会主席、北京学生联合会主席的北大学生朱务善回忆道："记得还在1918年，李大钊同志为要宣传和研究马克思主义，曾与当时北大教授高一涵等发起组织一个研究马克思主义的团体。为避免当局的注意，这个团体并不叫马克思主义研究会。因为当时'马克思'有译为，'马尔格时'的，

---

① 高一涵：《回忆五四时期的李大钊同志》，见中国社会科学院近代史研究所编的《五四运动回忆录》（上册），中国社会科学出版社，1979年，第340页、341页。

与马尔萨士之音相近似,所以他们把这个团体好像是定名为'马尔格士学说研究会',以便在必要时对警厅机构说这个团体是研究人口论的而非研究共产主义的。开始这个团体并没有展开它的工作,没有吸收广大的革命青年参加。①"这说明马克思学说研究会1918年最初发起时曾使用与马尔萨士之音相近的译名,以避免当局注意。这一回忆得到了相关回忆和文献的印证。

许德珩先生回忆说:"为了对马克思主义作精深研究,1918年冬,大钊同志在北大组织了,马客士主义研究会',对外以研究马尔萨斯人口论作掩护。"② 这一说法与高一涵、朱务善的回忆基本相同。

李大钊恰恰在1918年底发生两大转变,有助于证实上述说法:一是开始发表在中国传播马克思主义的第一批文章,如《庶民的胜利》等4篇文章,从革命民主主义理论转向马克思主义理论。二是从《新青年》杂志不谈时事政治转向强调理论与实践、思想文化与政治实践的统一。这可以作为第四个证据。

第五个证据,见之于中央编译局马恩室编的《马克思恩格斯著作在中国的传播》。其中讲1917年冬,李大钊受聘任北大图书馆馆长之后,迅速在北大学生青年中开展学习和研究马克思主义的活动。他大量扩充了图书馆中马克思主义的书籍,包括许多英文、法文和德文本的马克思主义的原著,把图书馆变成学习和研讨马克思主义的主要场所。1918年底,李大钊和高一涵、朱务善等还发起组织了"马尔格士学说研究会"。它是秘密组织,对外以研究马尔萨斯人口论作掩护。为了迷惑敌人,把马克思译成与"马尔萨斯"相似的"马尔格士"。这个研究会培养了一些信仰马克思主义的青年知识分子。③

第六个证据,五四运动与中国共产党创立的重要当事人之的罗章龙,在《回忆北京大学马克思学说研究会》一文中,也这样写道:

"在关于记述五四运动的书中,我看过一本日文书《昭和八年年鉴》,书中提到,五四运动的指导者是北京马克思学说研究会(马客士主义研究会),

---

① 朱务善:《回忆北大马克思学说研究会》,载中国社会科学院现代史研究室、中国革命博物馆党史研究室编的《"一大"前后(二)》,人民出版社,1980年,第118页。
② 许德珩:《为了民主与科学——许德珩回忆录》,中国青年出版社,1987年,第38页。
③ 参见中共中央编译局马恩室编:《马克思恩格斯著作在中国的传播》,人民出版社,1983年,第247页。

该书并附有年表,我认为它的话是有根据的。

参照马克思学说研究会的酝酿、筹备、组织的经过历程,可以说以李大钊为代表的马克思主义的激进分子在五四前夕已形成一种组织力量,这种组织力量就是马克思学说研究会的前身,由他们从思想上,同时也从组织上领导和发动了五四运动。"①

第七个证据,1960年开始写作,1979年才得以问世的第一部《李大钊传》,对此作了明确记载:"对于在日本时他已开始接触到的马克思主义,大钊同志这时更深入地进行了探讨。1918年冬,他在北大组织了马尔格斯学说研究会,邀请了几个教授参加……"②

第八个证据,日本方面的有关历史记载,历史文献,也有助于证实这一点。

第九个证据,美国哈佛大学的有关研究成果,也有助于证实这一点。

1918底,李大钊在北京大学首次秘密创立马克思学说研究会,主要作用在于马克思主义在北大、在中国的最初传播,从而使五四运动有了主导思想与骨干队伍,看来当时还未直接和建党直接联系在一起。

看来,1920年初,李大钊秘密护送陈独秀离京赴沪过程中,二人对建党问题,有进一步的磋商与共识,于是就有了1920年3月,在李大钊指导下,邓中夏等19人,秘密创立"北京大学马克思学说研究会"。这时的目的,不仅是研究,更主要的是为建党做准备。

1920年12月,李大钊教授又和政治系学生郭梦良、费觉天等人,公开成立了"北京大学社会主义研究会"。

1921年11月,北京大学马克思学说研究会公开宣布成立,并在北大校方主办的《北京大学日刊》上,发表了《启事》。这份《启事》,是一份非常珍贵的历史文献,反映了追根溯源的北大精神,在马克思主义研究史上独树一帜。可惜前人多半只片段引用,现今不厌其详,原文照录如下:

---

① 中国社会科学院近代史研究所编《五四运动回忆录》,中国社会科学出版社,1979年,第410页。

② 《李大钊传》编写组《李大钊传》,人民出版社,1979年,第34、35页。

北京大学发起马克思学说研究会启事

马克思学说在近代学术思想界底价值,用不着这里多说了。但是我们愿意研究他的同志,现在大家都觉得有两层缺憾:(一)关于这类著作博大渊深,便是他们德意志人,对此尚且有"皓首穷经"的感想。何况我们研究的时候,更加上一重或二重文字上的障碍,不消说,单独研究是件比较不甚容易完成的事业了。(二)搜集此项书籍,也是我们研究上的重要任务。但是现在图书馆简单的设备,实不能应我们的要求。个人藏书,因经济的限制,也是一样的贫乏。那么,关于书籍一项,也是个人没有解决的问题。

我们根据这两个要求,所以各人都觉得应有一个分工互助的共学组织,祛除事实上的困难。上年三月间便发起了这一个研究会。现在我们已有同志19人了。筹集了一百二十元的购书费,至少要购备《马克思全集》英、德、法三种文字的各一份。各书现已陆续寄到,并且马上就要找定一个事务所,可以供藏书、阅览、开会、讨论之用。我们的意思在凭着这个单纯的组织,渐次完成我们理想中应有的希望。

现在谨致意校内外的同志们,盼望你们热心的赞助,并欢迎你们加入共同研究。今将我们暂拟的几行规约写在下面:

一、本会叫做"马克思学说研究会",以研究关于马克思派的著述为目的。

二、对于马克思派学说研究有兴味的和愿意研究马氏学说的人,都可以做本会底会员。入会手续,由会员介绍和自己请愿,但须经会中认可。

三、研究的方法分四项:

1. 搜集马氏学说底德、英、法、日、中文各种图书;
2. 讨论会;
3. 讲演会;
4. 编译刊印《马克思全集》和其他有关的论文。

四、本会设书记二人,担任购置、管理和分配书籍事务。

五、会员有分担购置书籍费的义务。

六、本会书籍,会员得自由借阅,但须限期缴还。如会外人想借阅时，须经本会特别许可，并交纳保证金。

通讯处：（一）北京大学第一院王有德君

（二）北京大学西斋罗章龙君

发起人　高崇焕　王有德　邓中夏　罗章龙　吴汝铭
　　　　黄绍谷　王复生　黄日葵　李　骏　杨人杞
　　　　李梅羹　吴容沧　刘仁静　范鸿劼　宋天放
　　　　高尚德　何孟雄　朱务善　范齐韩①

三、五四运动、六三运动：中国共产党创立的重要群众基础

五四领导骨干新论：李大钊1918年底创立的北大马克思学说研究会。

五四运动的骨干力量是什么？这个问题看似简单，实则不然，至今还是一个未能很好解决的争论问题。

在这个问题上，有三种流行观点：

（1）群众自发，没有组织，更没有任何组织的领导核心。

（2）有个人作用，无组织作用，过去多强调陈独秀是"五四运动总司令"，近年来又常讲胡适似乎是五四精神首要代表。

（3）群众组织，前有学生联合会，后有工人联合会，随聚随散，没有领导核心。

这里提出五四核心论新问题、新观点：五四时代先进知识分子四位代表，是蔡元培、陈独秀、胡适、李大钊（如果讲精神领袖还应加上鲁迅），他们代表了五四运动的四种骨干力量，并在一定程度上起了作为精神领袖的某种领导作用。

北大四位名教授；蔡元培、陈独秀、胡适、李大钊，是当时先进知识分子的四位代表——五四运动四大精神领袖。

（1）蔡元培领导的北京大学，主要代表同情马克思主义、劳动群众的左翼自由主义知识分子群，蔡元培是倡导北大教育创新第一人。

（2）陈独秀领导的《新青年》杂志编辑部，代表激进革命民主主义知识

---

① 参见罗章龙：《椿园载记》，生活·读书·新知三联书店，1984年，第59、60页。

分子群，陈独秀是创办《新青年》、倡导解放思想的第一人。

（3）胡适影响下的《新潮》学生群，包括傅斯年、罗家伦等北大青年学生在内的自由主义知识分子群，胡适是倡导白话文运动的第一人。

（4）李大钊发起的北大马克思学说研究会骨干队伍，代表中青年马克思主义先进知识分子群。

四种骨干力量比较研究：李大钊领导的北大马克思学说研究会，领导骨干作用最为突出；李大钊不仅是在中国传播马克思主义的第一人，而且是直接影响五四群众运动的第一人！

凭什么这样说？我们可以列出 10 条论据：

（1）李大钊 1918 年底创立北大马克思学说研究会，开始传播马克思主义。

通常认为，北大马克思学说研究会，是 1920 年 3 月成立，1921 年 11 月正式公开。而当年与李大钊一起发起组织北大马克思学说研究会的两个当事人——北大教授高一涵，学生朱务善、许德珩提出的珍贵史料表明，李大钊在北京大学首倡马克思学说研究会，时间应提前至五四之前半年多的 1918 年底。

（2）李大钊与北大马克思学说研究会，用全新的民主观科学观，从根本上推动思想解放走上新阶段、新水平：从自由主义思想启蒙走向马克思主义、科学社会主义思想启蒙，其中首要问题是彻底破除了对帝国主义的迷信幻想，在"中国向何处去，走什么道路"问题上照搬西方模式的空想。

在此之前，甚至直到 1918 年底在天安门广场举行的聚会上北大教授演说中，胡适等自由主义者们竭力鼓吹美国总统威尔逊的"和平十四条"，说"这一次协商国所以能大胜，全靠美国的帮助"；连当时还是激进革命民主主义者的陈独秀都说："美国大总统威尔逊屡次的演说，都是光明正大，可算得现在世界上第一个好人。"

后来历史的发展，加上李大钊等人的马克思主义观点，帮助人们破除迷信，去掉幻想，解放思想。

（3）1918 年五四运动，有两次重要的预演：一是 1918 年 5 月 20 日，2000 多名学生集会新华门，抗议（中日共同防敌军事协定）；二是 1918 年底的集会天安门——在这两次预演中，李大钊及受他影响较大的学生邓中夏、许德珩、高君宇、黄日葵等，都起了重要骨干作用。

（4）1918年10月20日，以北大爱国学生为骨干的学生救国会，为了加强联系，扩大宣传，创办了《国民》杂志，其中骨干分子主要是受李大钊影响较大的邓中夏、高君宇、黄日葵、许德珩等人，李大钊先生受聘为顾问，起了重要指导作用。

（5）五四运动还有一项重要准备，就是在李大钊的马克思主义观点影响下，由北大中文系学生邓中夏（时名邓康）在1919年3月，创办平民教育讲演团，开创了中国知识分子、知识青年到工厂去、到农村去，走与工农相结合的大道，也为从"五四"学生运动，发展到"六三"工人运动作了重要铺垫。邓中夏等北大青年学生还协助李大钊组织"少年中国协会"，团结爱国青年与马克思主义进步青年。

（6）受李大钊马克思主义思想影响较大的一批北大学生，在五四运动中起了重要骨干作用，如邓中夏、高君宇、许德珩等人。1919年5月2日最早从蔡元培校长那里听到巴黎和会消息的，主要是两批学生。一是许德珩等《国民》杂志社的北大学生，二是受胡适影响较大的新潮社学生傅斯年、罗家伦等人。9月3日晚上，讨论决定五四游行的北大学生全体会议上，经大家推选，黄日葵担任会议记录，许德珩负责起草五四宣言。后来许德珩起草了文言文的五四宣言，罗家伦起草了白话文的五四宣言。

（7）北大学生选举邓中夏、高君宇二人，担任北大学生代表，参与北京市学生联合会的组织领导工作。

（8）与其他北大著名教授相比，李大钊更直接参与指导五四运动。5月4日下午，他就与一些学生骨干座谈，提出了一些指导性意见。并且他还身先士卒，甚至不惜冒生命危险，直接参与学生游行活动。他还与蔡元培校长等人一起，积极组织营救被捕学生。

（9）1919年6月12日前后，李大钊与陈独秀、高一涵等北大教授，还直接参与《北京市民宣言》的起草与散发工作，陈独秀在散发传单过程中被捕入狱。这一条列活动，对于从"五四"学生运动，发展到"六三"工人运动，起了重要铺垫作用。

（10）北京学生联合合成立不久，决定派代表南下宣传扩大影响，其中黄日葵、许德珩等人，沿津浦线一路南下，到天津、南京、上海做广泛联系，为"五四"学生运动发展到"六三"工人运动，做了直接准备工作。

五四运动当事人、五四宣言的起草者许德珩深有感触地说："五四运动之所以能成为战斗的力量，是因为各方面的团结，首先是北京大学内部的团结，以及全国青年的团结，而把大家联合起来的，则是李大钊同志。"①

北大教授高一涵，专门写了两篇回忆性文章《五四运动中看究竟谁领导革命》、《回忆五四时期的李大钊同志》。他说："李大钊、陈独秀等人在五四运动以前，就已经取得了新文化运动的领导地位。五四运动爆发时，李大钊同志是一位亲身参加者，并且是一位运动的组织者和领导者。到了六月三日运动进入了新的阶段，参加斗争的就不以知识分子为限，广大无产阶级群众这时走上了政治斗争的舞台，形成了革命运动的骨干和主人。"②

五四时代北大先进知识分子，开始走上同工农结合道路的四大先锋：

①李大钊的倡导作用。

李大钊不仅首倡马克思主义在中国的传播，而且首倡中国先进知识分子、知识青年，应当走上同工农群众相结合的道路。

李大钊出生在河北乐亭县的农村中，一直在那里生长到16岁，以后虽曾留洋日本，执教北京大学，始终同农村、农民、农业保持着血肉联系。1919年2月写成的《青年与农村》一文，就提出："我们中国是一个农国……我们青年应该到农村去，拿出当年俄罗斯青年在俄罗斯农村宣传运动的精神，来作些开发农村的事，是万不容缓的。"③

②邓中夏等人到长辛店工人中去。

李大钊亲自到工人中做调查研究，并支持邓中夏等人到长辛店做工人运动、邓中夏与北京长辛店工人。邓中夏是北大青年学生中，率先走上与工农结合道路的先锋。1919年2月上书北大校长蔡元培，建议由北大师生带头，在全国各个乡镇普遍设立图书报室，"极力提倡于社会教育"。蔡元培则把邓中夏信函，全文发表于《北京大学日刊》。于是1919年3月，为了普及国民教育，为人民群众服务，邓中夏倡办"北京大学平民教育讲演团"，身任总干

---

① 许德珩：《"五四"运动60周年》，见文史资料选辑第61辑，文史资料出版社，1979年版，第18页。

② 中国社会科学院近代史研究所编：《五四运动回忆录》，第337页。

③ 《李大钊文集》（上），人民出版社，1984年，第648页。

事,走上街头,到闹市去,到工厂去,到郊区去,到农村去,动员群众反帝反封,蔚然成风。"五四"当天,他带领同学,发动群众。"五四"以后,他以北京学联代表身份去长沙,同毛泽东一起商讨如何实现长沙学生与各界民众的大联合,而后赴上海筹组全国学生会。1920年冬天邓中夏受李大钊领导的北京共产主义小组派遣,与张同焘等人一起到长辛店,到工人中创办了长辛店劳动补习学报,与工人同吃同住同学习。1920年5月1日,他在长辛店组织了中国工人第一次纪念五一劳动节活动,并创办长辛店工人俱乐部。

③五四先锋南下宣传。

许德珩、黄日葵"五四"之后的南下宣传,推动北京运动向上海六三运动发展。北大发动的北京学生运动如火如荼,但也遭到反动政府、反动军警的重重包围,形成对峙。5月24日,北京等校学生代表推举北大学生许德珩、黄日葵,南下天津、济南、南京、长沙、上海,呼吁援助。由于北大三院会场,被军警重重包围,许黄二人,跳墙出来,化妆出京,到天津等城市去宣传,其中最后最重要的一站,是工人阶级最集中的上海。6月3日,上海各界举行民众大会,号召全国罢工罢市,支援爱国学生。6月5日,七八万上海工人实行总罢工,标志着中国工人第一次登上中国政治舞台。6月6日,上海各界召开联合会,许德珩代表北京学生,报告五四运动经过,声泪俱下,全场动容,群情激愤……

④青年毛泽东成长道路。青年毛泽东也是在五四运动中成长起来,呼吁"民众大联合",开始走马上工农相结合的道路。毛泽东后来在延安时代先后发表《五四运动》、《青年运动的方向》等名著,正是五四时代亲身体验的理论总结与思想升华,并且深化上升到一个新的高度……

四、各地共产主义小组:中国共产党创立的组织基础

中国共产党组织创立,主要经历三个阶段,或许可称建党过程三部曲:

第一阶段,从1918年春天起,而后在1920年,最初创立马克思学说研究会等组织,作为中国共产党的预备性组织;

第二阶段,1920年,先后在上海、北京,还包括山东济南、广东广州、湖南长沙、湖北武汉、四川重庆,中国七大城市先后创立共产党组织或共产

主义小组，作为中国共产党的地方性组织，相当于过去讲的各地"共产主义小组"，历史上其实多半自称'共产党'，后来党史著作一定要改称为"共产主义小组"，可能是在一定程度上受《苏联共产党历史简明教程》影响；

第三阶段，1921年7月，在上海召开中国共产党第一次全国代表大会，正式确立党的全国性组织。

在第一阶段，主要发源地首先集中在北京，尤其是北京大学，这一点上面已经说过；而在第二个阶段，则是1920年在上海、北京、济南、广州、长沙、武汉、重庆七大城市，先后出现共产党的地方组织，有的当时就直接称之为共产党，后来党史研究中统一称之为"共产主义小组"，实际上就是中国共产党创立过程中形成的地方性党组织，后来也称之为地方支部。

在第二阶段，李大钊与北京大学所在的北京，与陈独秀带着《新青年》杂志回归的上海，成了共产主义小组、中国共产党地方性组织的南北两大中心。为什么会形成这种格局呢？难道完全出于偶然吗？

实际上，具体分析起来，1920年，中国共产党地方性组织成立、各地共产主义小组成立，既不是执行外部指令的舶来品，也不完全是自然过程，无意巧合，应当把这一过程，如实地看成有机联系的三个环节：李陈相约，南北合作，共同建党——上海北京，率先行动，建立组织——五大城市，先后行动，建立党的地方组织。在这个以中国本土为主的过程中，也穿插着列宁领导的共产国际几次派人来支持与指导。

中国共产党创立，不同于其他许多国家，甚至也不同于俄国的特点是，从1918年李大钊立足北大首创马克思学说研究之后，又经过五四运动的实践洗礼，因而已经形成了一个以李大钊、陈独秀二位北大教授为核心的共产主义先进知识分子群，并且开始走上与工农群众相结合的大道。

第一步，李陈二人，相约北大，南北合作，共同建党。

过去，萧超然先生把这一过程形象地概括为"南陈北李，相约建党"。其实，二人相约建党之时，尚没有南陈北李之分，二人都还是北大人，还处于陈独秀出狱之后，李大钊护送他出京、南下上海过程中。因而这里借鉴萧超然先生研究成果，又试图作出一点更为确切的新概括。

首先描述了这一历史过程的历史文献，首推李大钊友人、北大教授高一涵，1927年5月22日在武昌中山大学讲演《报告李守常同志事略》：李大钊

"调入北大,任图书馆主任,并授《唯物史观》及《社会进化史》;此为先生思想激变之时。时陈独秀先生因反对段祺瑞入狱三月,出狱后,与先生同至武汉讲演,北京各报均登载其演词,先生亦因此大触政府之忌。返京后则化装同行避入先生本籍家中。在途中则计划组织中国共产党事"。时光过去 36 后,1963 年 10 月,高一涵又作过一次内容相似的回忆,并对"化装同行"的情节讲得更为具体动人了。他说:"时当阴历年底,正是北京一带生意人前往各地收账的时候。李大钊同志雇了一辆骡车,从朝阳门出走南下,陈独秀头戴毡帽,身换王星拱家厨师的一件背心,油迹满衣,光着亮发,坐在车子里面,李大钊同志跨在车把上,携带几本账簿,印成店家红纸片子。沿途上住店一切交涉都由李大钊同志出面办理,不要陈独秀开口,恐怕漏出南方人口音。因此一路顺利到了天津,即购外国船票,让陈独秀坐船前往上海。"①

李大钊在此前后的相关论著,相关思想,有助于证实这段历史。

早在 1913 年 4 月 1 日,李大钊写了《大哀篇——(一)哀吾民之失所也》,痛陈民国建设中的两大悲哀:一是反动政客结党营私,二是各省都督军阀专制。政党问题,列在首位:"彼等见夫共和国有所谓政党者矣,于是集乌合之众,各竖一帜,以涣汗人间,或则诩为稳健,或则夸为急进,或则矫其偏,而自矜为折衷。要皆拥戴一二旧时党人、首义将士,标为自党历史上之光荣。实则所谓稳健者,狡狯万恶之官僚也;急进者,蛮横躁妄之暴徒也;而折其衷者,则又将伺二者之隙以与鸡鹜争食者也。以言党纲,有一主政,亦足以强吾国而福吾民。以言党德,有一得志,吾国必亡,吾民无噍类矣!"

"吾侪小民,固不识政党之作用奚似,但见吾国今之所谓党者,敲吾骨吸吾髓耳。夫何言哉!夫何言哉!"②

看来,正如李大钊《狱中自述》所云,"赴日本东京留学,入早稻田大学政治本科"③。因而,他对现代政治实质上是政党政治,可谓洞若观火,看得一清二楚。

后来他组织翻译介绍马克思主义著作,《共产党宣言》又被他当做马克思

---

① 参见萧超然:《北京大学与近现代中国》,中国社会科学出版社,2005 年,第 265、266 页。
② 《李大钊全集》第 1 卷,人民出版社,2006 年版,第 10 页,第 11 页。
③ 《李大钊全集》第 5 卷,人民出版社,2006 年版,第 226 页。

学说体系与哲学基础的主要代表作之一。他 1919 年在《新青年》上发表的名文《我的马克思主义观》，其中提到马克思主义及其哲学基础的四部代表作，《共产党宣言》占有特别重要地位。

正是在此基础上，他在少年中国学会上的两次讲话，集中回答了"为什么中国需要新型政党"的大问题，可视为筹备建党宣言。

第一次讲话，是 1920 年 8 月 19 日《在少年中国学会北京会员茶话会上的讲话》，实际上是提出超越学会组织，建立新型政党的问题：

"本会之创立，原系研究学问团体，思想须极自由，主义自不一致；惟两年以来，世界思潮既有显然之倾向，而国内应时发生之无数小团体，亦莫不各有鲜明之旗帜；本会同人已经两载之切实研究，对内对外似均应有标明本会主义之必要，盖主义不明，对内既不足以齐一全体之心志，对外尤不足与人为联合之行动也。"①

第二次讲话，是 1921 年 3 月他又发表《团体的训练与革新的呼声》，旗帜鲜明地提出建党号召，甚至相当于筹建中国共产党的呼吁与宣言：

"最近时代的劳动团体，以及各种社会党，组织更精密，势力更强大。试看各国罢工风潮及群众运动之壮烈，不难想见。俄罗斯共产党，党员六十万人，以六十万人之大活跃，而建设了一个赤色国家。这种团体的组织与训练，真正可骇。"

"中国自满清道、咸海禁大开之日，就有受些欧化洗礼的两个大党产生，一是同盟会，一是强学会。强学会的成绩是戊戌变法。同盟会的功业，是辛亥革命。他们都自有他们的价值。既入民国以来的政党，都是趁火打劫，植党营私，呼朋啸侣，招摇撞骗，捧大老之粗腿，谋自己的饭碗，既无政党之精神，亦无团体的组织，指望由他们做出些改革事业为人民谋福利，只和盼望日头由西边出来一样。"

"近二三年来，人民厌弃政党已达极点，但是我们虽然厌弃政党，究竟也要另有种团体以为替代，否则不能实行改革事业"。

"闻特来中国讲学的某大学者，尝于私下对三两学生说：'中国这样政府，设有革命党千人，便要站不住了。'然而我们竟没有那样的人，竟没有那样的

---

① 《李大钊全集》第 3 卷，人民出版社，2006 年版，第 212 页。

团体,说到这里我们只有惭愧。"

"所以我们现在还要急急组织一个团体。这个团体不是政客组织的政党,也不是中产阶级的民主党,乃是平民的劳动家的政党,即是社会主义团体。中国谈各种社会主义的都有人了,最近谈 Communism 的也不少了,但是还没有强固精密的组织产生出来。"

"中国现在既无一个真能表现民众势力的团体,C 派的朋友若能成立一个强固精密的组织,并注意促进其分子之团体的训练,那么中国彻底的大改革,或者有所附托!"①

这篇文章在《曙光》杂志上发表时的署名为 S.C,实际上是"社会主义共产党"的英文缩写,可以认为,李大钊在这里已经打出了"建立共产党"的旗帜,公开发出了建党号召。

而在创建中国共产党地方性组织——共产主义小组的过程中,陈独秀领导的上海小组,有点后来居上,走在最前面。

看来,可能是陈独秀与李大钊一起出京时有共同约定,陈独秀南下到上海的建党步骤,与李大钊在北大所走的道路如出一辙,同时还更加突出了社会实践、与上海工人运动相结合的显著特征。

陈独秀到上海后不久,就开始到工人群众中宣传马克思主义。他先到码头工人中了解罢工情况,到中华工业协会、中华工会总会等劳动团体去作调查。1920 年 4 月 2 日,陈独秀出席上海码头工人发起的"船务栈房工界联合会"成立大会,并发表《劳动者底觉悟》的演说,高度评价工人阶级在社会中的重要地位。

陈独秀除了到工人中进行调查外,还约请北大的进步学生和各地革命青年,深入工人中开展调查,了解工人的状况,并在此基础上编辑出版了《新青年》第 7 卷第 6 号《劳动节纪念号》。这个纪念专刊共发表 28 篇文章,其中大部分反映了上海、北京、天津、长沙、芜湖、无锡、南京、唐山等地工人的状况,介绍了各国劳动组织和工人运动的情况。陈独秀本人撰写了《上海厚生纱厂湖南女工问题》的文章。《劳动节纪念号》的编辑发行,是中国先进分子与工人运动相结合的产物。在陈独秀的指导下,上海各业 5000 多工人

---

① 《李大钊全集》第 3 卷,人民出版社,2006 年,第 269–271 页。

于5月1日举行集会,提出"劳工万岁"等口号,通过了《上海工人宣言》。此后,陈独秀又主持创办《劳动界》、《伙友》等刊物,向工人宣传马克思主义,以启发工人的觉悟,组织真正的工会。

为开展建党的准备工作,陈独秀于5月组织了一个秘密团体——马克思主义研究会,负责人是陈独秀,成员有李汉俊、沈玄庐、邵力子、陈望道、施存统、俞秀松、沈雁冰、杨明斋等。戴季陶、张东荪起初也参加研究会的活动,不久退出。

6月间,陈独秀、俞秀松、李汉俊、施存统、陈公博等5人开会,筹备成立共产党。7月19日举行筹备会议。8月,由陈独秀、李汉俊、沈玄庐、陈望道、俞秀松、施存统(时在日本)、杨明斋、李达8人发起,正式成立上海共产党组织。11月,上海共产党组织制定了《中国共产党宣言》。[①]

1920年底,陈独秀由沪赴粤,参与孙中山领导的国民革命政府工作;李达、李汉俊这"二李"授命负责党的筹建工作,甚至比陈独秀本人更加注重思想建党、理论奠基——马克思主义著作的翻译出版工作。

在创建中国共产党地方组织——共产主义小组过程中,与陈独秀领导的上海小组并驾齐驱,共同起发起组作用的,还有李大钊创立并领导的北京小组,其主要根据地就在北京大学,时间稍晚于上海小组,大体上是前后脚。

北京的共产党早期组织是在李大钊的直接指导和筹划下成立的,主要依托于北京大学。1920年3月成立的北京大学马克思学说研究会的成员,邓中夏等大多是五四运动中的骨干和积极分子。这个研究会通过收集宣传马克思主义的书籍、举办座谈讨论、组织出版工作等,把活动开展得有声有色,其成员也发展很快。它既是中国最早学习和研究马克思主义的团体,也为建党作了重要准备。李大钊在介绍维经斯基一行去上海后,与陈独秀通信相商,一致认为需要加快建党的进程,并同时在北方和南方从事建党的筹备工作。[②]

1920年8月16日,少年中国学会、人道社、曙光社、青年互助团及天津觉悟社的代表20余人,在北京陶然亭举行茶话会。李大钊、周恩来、邓颖

[①] 中共中央党史研究室《中国共产党历史》第1卷上册,中共党史出版社,2002年,第72、73页。

[②] 同上,第75、76、77页。

超、张申府在会上发言。李大钊认为各团体有表明本会主义的必要,更明确地提出建党准备。

经过一系列准备工作,北京的共产党早期组织于1920年10月在北京大学图书馆李大钊的办公室正式成立。当时取名为"共产党小组"。党组织的最初成员有李大钊、张申府、张国焘三人。不久,张申府经上海去法国。党组织吸收一批新的成员。内部分工是:李大钊负总责,并主持马克思学说研究会;张国焘担任职工运动的发动工作;黄凌霜、陈德荣编辑并发行《劳动音》周刊;罗章龙、刘仁静等负责建立社会主义青年团组织。

1920年底,北京党组织召开会议,决定成立"共产党北京支部",由李大钊任书记,张国焘负责组织工作,罗章龙负责宣传工作。随后,又陆续发展一些成员。到1921年7月,北京党组织的成员有李大钊、张国焘、邓中夏、罗章龙、刘仁静、高君宇、缪伯英、何孟雄、范鸿劼、张太雷、宋介、李梅羹、陈德荣等。他们大多是北京大学的进步师生。

1920年,中国共产党建党准备过程的第三个环节,是以陈独秀、李大钊领导的上海、北京两个共产主义小组,或叫南北两个建党发起组,核心组织为酵母,先后在武汉、长沙、广州、济南四大城市,建立起党的地方组织。

中国共产党创立过程中的这6个地方性组织,固然并没有垂直隶属关系,但也不是简单平列关系,这个过程,大体如图所示,有点近似于老子《道德经》所说的"一生二,二生三,三生万物"的发生模式:

为了帮助大家更好地通过这个图示,了解这段建党过程,尤其是与北大关系,下面简要作出说明。

武汉的共产党早期组织,是在上海的共产党早期组织直接指导下成立的,而当选为书记的包惠僧曾是北大人。1920年夏,李汉俊从上海写信给董必武和张国恩,后又亲自到武汉面见董必武,商议在当地建立共产党组织的问题。同时,陈独秀也派刘伯垂到武汉筹建共产党组织。刘伯垂从上海带回了一份手抄的中国共产党党纲和一些新青年社出版的丛书。同年8月,在武昌抚院街董必武寓所,由刘伯垂主持召开会议,成立武汉的共产党早期组织。当时取名为"共产党武汉支部"。参加成立会议的人除刘伯垂外,还有董必武、张国恩、陈潭秋、郑凯卿、包惠僧、赵子健等。刘伯垂在会上介绍了上海的共产党早期组织成立的有关情况,与会者传阅了上海党组织起草的党纲草案,

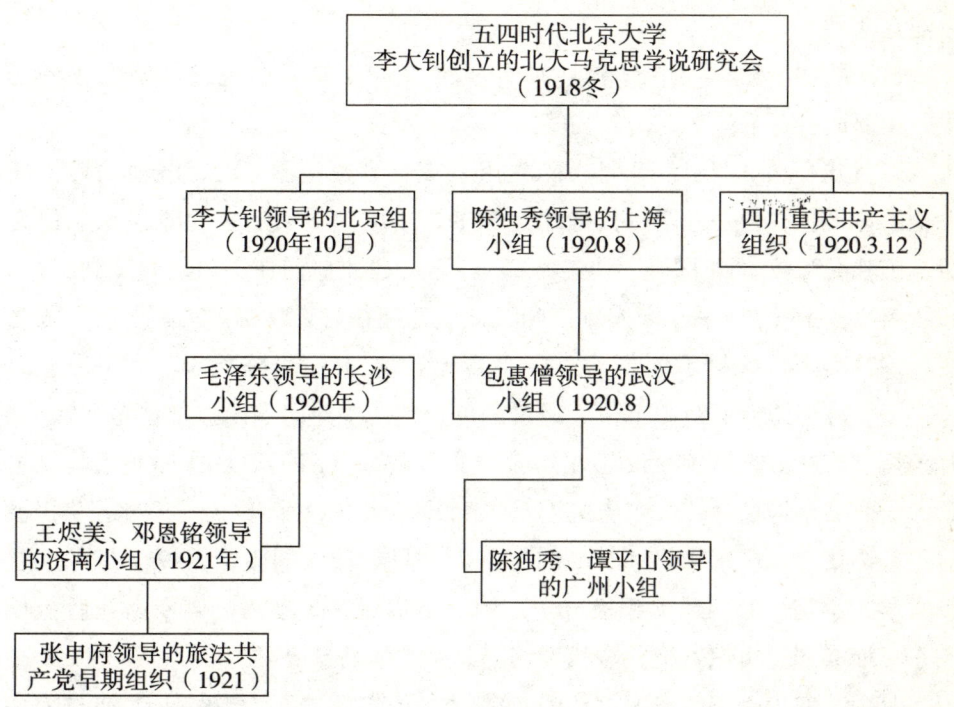

研究武汉党组织日后的工作安排。由刘伯垂提议,会议推选包惠僧任书记。

包惠僧,湖北黄冈县人,1917年毕业于湖北省立第一师范学校,曾任记者,1919年五四时代在北京大学文学系肄业,投身五四群众运动。可以说,武汉党的最初组织创立,上海小组影响固然是重要的直接因素,北大马克思主义传统影响同样不可忽视,首任书记包惠僧是一个主要中介。

长沙的共产党早期组织是在毛泽东的筹划下建立的,显然受到北大李大钊与上海陈独秀双重影响。1920年夏,在酝酿筹备建党期间,毛泽东先后在北京、上海与李大钊、陈独秀有了直接的接触和联系。这两个地区马克思主义传播的状况和共产主义者的活动,对毛泽东产生很大影响。蔡和森从法国来信,提出必须建立中国共产党,"因为他是革命运动的发动者、宣传者、先锋队、作战部。以中国现在的情形看来,须先组织他,然后工团、合作社,才能发生有力的组织。革命运动、劳动运动,才有神经中枢"。毛泽东回信说:我对"和森的主张,表示深切的赞同"[1];同时通告说陈独秀已在国内开

---

[1] 中共中央党史研究室《中国共产党历史》第1卷上册,中共党史出版社,2002年,第77、78页。

始建党活动。

长沙的共产党早期组织于1920年初冬在新民学会的先进分子中秘密诞生,主要成员有毛泽东、何叔衡等人。

广州共产党早期组织,是在陈独秀直接指导推动创立的,继他之后担任书记的谭平山,曾是五四时代的北大学生。1920年8月,上海党组织创建之后,陈独秀写信给谭平山、谭植棠、陈公博,建议他们在广州发起建党工作。1920年12月陈独秀从上海来到广州,促使他们在与无政府主义者划清界限之后,1921年春天,着手创立了"广州共产党"。其后由陈独秀、谭平山先后任书记,陈公博负责组织工作,谭植棠负责宣传工作。这四位都曾是北大人。陈公博、广东人,早年就读于北京大学文学院,五四运动后参加北大马克思学说研究会。谭植棠,广东省高明县人,1917年入北大读书,五四运动积极分子。谭平山、广东高明(今高鹤)县人,早年加入同盟会,1917年考入北京大学文学院,五四运动积极分子。因而可以说,陈独秀、谭平山先后担任广东早期共产党组织书记,显然说明了北京大学的重要影响。

其中,四川重庆的情况多少有些特殊,他们是在不太清楚李大钊与陈独秀,北京与上海建党筹备工作的情况下,相对独立地、开展建党准备工作的,时间上甚至更早些,早到1920年3月12日。

山东济南,在王烬美、邓恩铭等人带领下,1920年秋建立马克思学说研究会,作为公开的学术组织,1921年春天成立了共产党早期组织,看来受到李大钊领导的北京组织与陈独秀领导的上海小组的双重影响。

纵观中国共产党创立过程三部曲,多少有点像老子《道德经》所说的发生模式:"一生二,二生三,三生万物"。这里所说的"一",就是五四时代北京大学传播的马克思主义;"二"就是李大钊领导的中国共产党北京小组和陈独秀领导的上海小组;"三"就是其他大城市的党的地方性组织。

五、五四时代北大创新型人才:
中国共产党创立的重要人才基础、干部基础

五四时代实行大学教育创新的北京大学,在相当程度上,可以称之为中国共产党创立的人才基地,或叫人才库,把中华民族优秀子孙、先进知识分

子，送上了与工农群众结合的大道，送进了中国共产党创立时期早期组织的大门。

以下分六个层面，来回答这个问题。

第一层，"建党时期北大双星"。中国共产党创立时期的两个最主要领袖，或许可称之为"建党双星"——建党时期的双子星座，李大钊与陈独秀，都是北京大学著名教授。

对于李大钊的历史贡献与历史地位，我们历来常常讲到，但包括国内外学术界的认识并不真正到位。在《五四精神新论》一书中，我试着概括为六个要点：

①李大钊哲学思想核心实质，不是照搬俄国民粹派、日本河上肇，而是马克思主义哲学中国化的独特创造；

②李大钊不仅是马克思主义哲学在中国的最早传播者，而且是马克思主义哲学中国化的最早探索者；

③在"马克思主义观——国情观——中国革命道路观——文化观"四大层面，李大钊都有马克思主义哲学中国化的最初探索；

④毛泽东思想、邓小平理论是马克思主义中国化两次飞跃的两大成果，五四前后李大钊的最初探索则是其重要铺垫；

⑤毛泽东思想、邓小平理论不仅有马列主义作为国际理论来源，而且有李大钊哲学思想作为民族的理论来源；

⑥从李大钊到毛泽东思想、邓小平理论，乃至科学发展观、和谐社会论，马克思主义中国化是一以贯之的思想红线。

陈独秀固然在后期犯了重大错误，脱离了党的组织，但他在建党时期，功不可没，应当肯定他作为中国共产党创建的两个主要创始人之一的历史地位。

从五四时期，到建党时期，陈独秀的历史功绩，主要是6条：

第一，他从1915年起创办《新青年》，倡导反帝反封，科学民主、思想解放，1917年又受北大校长蔡元培之约，将《新青年》移入北大，与五四时代北京大学教育创新相结合，解放了一代人思想，为培养一大批创新人才，奠定了思想基础。

第二，1920年初，在李大钊护送出狱后的陈独秀离京赴沪路上，二人相约，南北合作，共同建党。中国共产党的创建道路，具有不同于其他国家、其他政党的两个鲜明特征。

它不是简单按照共产国际意旨，从外到内、从上到下地建立的。早在共产国际代表（1920年四五月间），到达中国北京、上海之前，尤其是1920年1月，北大李大钊教授亲自雇了骡车，护送陈独秀出京时，已经初步商定共同创立中国共产党相关事宜。

李大钊与陈独秀都是北大著名教授，他们的建党工作都是从建立马克思主义研究会入手，从翻译出版马克思主义著作入手，思想建党和理论建党为先，这是中国共产党创建之道的一个最大特色。

第三，陈独秀继李大钊之后，在1920年至1921年间，举起了马克思主义旗帜、产生了重大影响。

通常，人们谈到五四时期、建党初期，马克思主义在中国的传播，都较多地谈到李大钊的马克思主义观，尤其是他在1919年第六卷第5号，即通常称之为"马克思号"上的《我的马克思主义观（上）》一文。殊不知，继李大钊之后，陈独秀也在《新青年》等报刊上，公开、系统、简明扼要地阐明了自己的马克思主义观，主要见之于1922年5月的《马克思的两大精神》、1922年7月《马克思学说》两篇文章。

第四，陈独秀从1920年北京大学重返上海，借鉴五四运动北大经验，开始把马克思主义传播与上海工人阶级运动结合起来，使中国共产党创立有更为坚实先进的阶级基础。

第五，陈独秀在1920年8月，1921春，先后创立"上海共产党"、"广州共产党"地方性组织，并直接或间接地参与了武汉、山东等地方性党组织的创建，为中国共产党创立，奠定了重要的组织基础。

第六，自1921年中国共产党创立的1921年7月"一大"起，直到1927年5月"五大"为止，一直当选为党中央重要负责人。

第二层，从党的"一大"时党员状况、13名代表、主持人、选举的中央机构这四个方面，看北京大学为中国共产党创立提供的人才基础，干部基础。

①1921年7月，党的"一大"召开时，全国共有党员53人，其中北大人，或与北大有密切关系的人，共21名，约占40%，几近一半。

在这方面，萧超然教授有深入研究与精辟论述①。

中国共产党成立时，共有党员 53 人，其成员除主要来自上海共产主义小组外，另一主要来源就是北京共产主义小组。北京小组是 1920 年 10 月在北大图书馆主任室成立的，第一批成员是三人：李大钊（教授）、张申府（讲师）、张国焘（学生）。随后，一批又一批北大进步学生相继加入。到 1921 年 7 月党的第一次全国代表大会召开前，北京党组织成员有李大钊、张国焘、邓中夏、罗章龙、刘仁静、高君宇、何孟雄、缪伯英、范鸿劼、朱务善、李骏、张太雷等 12 人。这 12 人中，除去缪伯英是北京女高师学生外，全是正在北大工作和学习、或曾在北大学习过（如张太雷）的"北大人"，而缪伯英由于是何孟雄的恋人，常随何一起在北大活动，可算是半个"北大人"。如果我们再加上外地小组中曾在北大学习或工作过的成员，如上海小组的陈独秀、沈雁冰、李季、袁振英，长沙小组的毛泽东，广州小组的谭平山、谭植棠、陈公博，武汉小组的包惠僧，巴黎小组的张申府，计共有 21 人，占了当时全国党员总数 53 名的几近一半。而在这 21 名"出身"北大的党员中，陈独秀、李大钊、毛泽东是党的主要创始人；像邓中夏、高君宇、张国焘、刘仁静、罗章龙、何孟雄、范鸿劼、张太雷、沈雁冰、谭平山等，则是党在早期的重要领导骨干。由此可见，北大为中国共产党输送了多少风流人物，它为中国共产党的成立准备了多么重要的组织基础。

②1921 年 7 月召开的中国共产党第一次全国代表大会，全国各个地方性党组织推选出 13 名代表，参加这次大会，其中在北大学习工作过的 5 人——毛泽东、张国焘、刘仁静、陈公博、包惠僧，同样约占 40% 的比重。

③从中共"一大"主持人来看，如果李大钊、陈独秀到会的话，几乎可以肯定会被会议推选为主持人，在他们二人因故未能到会的情况下，推选了张国焘主持会议；其实主要不是基于他个人作用特别突出，而是李大钊、陈独秀开创的北京大学马克思主义传统龙头作用、历史地位特别突出、大家公认，无可争议，最后选举与后来二大、三大的情况，完全可以证实这一点。

④1921 年 7 月，中国共产党第一次全国代表大会选出的中央领导机构，称之为中央局，主要由陈独秀、张国焘、李达三人组成，其中北大人占三分

---

① 萧超然：《漫谈北大历史定位问题》，载《北京大学学报》，1998 年第 2 期，第 68 页。

之二。

"一大"选举结果如下：

"中共中央局"委员：陈独秀　张国焘　李　达

书记：陈独秀

组织部：主任　张国焘

宣传部：主任　李　达

第三层，1922年7月党的"二大"代表与中央机构，北大人的作用甚至比"一大"时更为突出。

1922年7月16日至23日，中国共产党在上海举行第二次全国代表大会。出席大会的有中央局成员、党的地方组织的代表和参加远东各国共产党及民族革命团体第一次代表大会后回国的部分代表。他们是陈独秀、张国焘、李达、杨明斋、罗章龙、王烬美、许白昊、蔡和森、谭平山、李震瀛、施存统等12人（尚有一人姓名不详），代表着全党195名党员。

大会的第一次全体会议在上海原公共租界南成都路辅德里625号举行。陈独秀主持大会，并代表中央局向大会作一年来的工作报告；张国焘报告出席远东各国共产党及民族革命团体第一次代表大会的经过以及第一次全国劳动大会的情况

在"二大"的12名代表中，明显有北大背景的4人——陈独秀、张国焘、邓中夏、高君宇，在12名代表中，占三分之一。

"二大"的一个重要历史特点，是党的历史文件、纲领草案起草更完备了一些，在这个过程中，北大人起了重要的历史作用。大会推举陈独秀、张国焘、蔡和森组成起草委员会，负责起草《中国共产党第二次全国代表大会宣言》和其他决议案。在这三人起草委员会中，北大人占了三分之二——陈独秀、张国焘。

而在"二大"选出的中央领导机构——中央执行委员会中，5名中央委员中，北大人占了4名——陈独秀、张国焘、高君宇、邓中夏，高达百分之八十。

党的二大依据《中国共产党章程》的规定，选举产生了中央执行委员会。陈独秀、张国焘、蔡和森、高君宇、邓中夏被选为中央执行委员，另选出三名候补执行委员。陈独秀被选为中央执行委员会委员长，蔡和森、张国焘分

别负责党的宣传、组织工作。

"二大"还选举了中央执行委员会3名候补委员,其中就包括这时期担任北大教授,蔡元培校长办公室秘书的李大钊。

1922年京江铁路工人举行的"二七"大罢工,成为继五四时代六三运动之后,中国工人阶级运动的又一次高潮。据有些党史文献讲,原在上海的中央领导机构,在1922年10月至1923年2月,一度北移到北京,北大作用更加彰显。

第四层,1923年6月召开"三大",在大会上及其选出的中央领导机构,北大培养出的人才,起了特别突出作用。

在"三大"前后,以李大钊为代表的北大人,在倡导国共合作,建立统一战线,并保持中国工人阶级独立自主领导权方面,起了特别突出的历史作用。

众所周知,1939年毛泽东在《〈共产党人〉发刊词》中,总结中国共产党建党以来18年的奋斗历史与奋斗经验,把"统一战线——武装斗争——党的建设",当做中国新民主主义革命中,关系全局而又不可分割的"三个基本问题"、"三大主要的法宝。"①

比较而言,鲜为人知的是"三大法宝"的最初探索者,不是别人,正是作为党的主要创始人之一的李大钊。他从理论与实践的高度,初步探讨了现代中国民主革命的特殊道路,初次提出一套初具特色的"中国民主革命道路观",在"统一战线——武装斗争——党的建设"这三个方面,都有把马克思主义中国化的最初宝贵探索。

这里专讲李大钊对统一战线的最初探索。

李大钊是统一战线的最早倡导者,并且在"三大"前后是正确解决了领导权问题的主要代表者,是反左防右的正确路线代表者,今天我们应当拂去历史浮尘,恢复这一历史真实面目。

在领导五四爱国民主运动实践的过程中,李大钊很早就独立萌生了"大联合"的思想,1919年12月28日,他就公开发表了题为《大联合》的短文:

---

① 《毛泽东选集》第2卷,人民出版社,1991年,第605页,第606页。

"'五四'、'六三'以来，全国学生已成了一个大联合。最近北京各校教职员也发起了一个联合，对于全国教育的根本和个人的生存权，有所运动。我很盼望全国的教职员，也组织一个大联合。更与学生联合联络起来，造成一个教育界的大联合。我很盼望全国各职业各种团体，都有小组织，都有大联合，立下真正民治的基础。"①

正是李大钊与孙中山这两位历史巨人联手，在1922年–1925年间，努力排除共产党内"左"的干扰与国民党内右的干扰，带头并倡导实现了第一次国共合作，为中国民主革命统一战线的建立奠定了最初基础。

1922年8月23日，从北京南下的李大钊，代表中国共产党，在上海会见了从广州北上的孙中山，专门讨论了实现国共合作，"振兴国民党以振兴中国之问题"。

李大钊生前留下的最后宝贵文献《狱中自述》，真实生动地讲述了他与孙中山第一次会见时的历史情景，这两位历史巨人、思想知音，联手推动了第一次国共合作实现的历史过程：

"大约在四五年前，其时孙中山先生因陈炯明之叛变，避居上海。钊曾亲赴上海与孙先生晤面，讨论振兴国民党以振兴中国之问题。曾忆有一次孙先生与我畅论其建国方略，亘数时间，即由先生亲自主盟，介绍我入国民党。是为钊献身于中国国民党之始。翌年夏，先生又召我赴粤一次，讨论外交政策。又翌年一月，国民党在广州召集第一次全国代表大会，钊曾被孙先生指派而出席，被选为中央执行委员。前岁先生北来，于临入医院施行手术时，又任钊为政治委员。"

在描述二人第一次见面时，自述的第一次草稿还十分生动地描述道："先生与我等畅谈不倦，几乎忘食。"②

经过1922年8月底"西湖会议"，乃至1923年6月的第三次代表大会，李大钊代表的正确思想终于战胜了张国焘、陈独秀等人的"左"倾思想苗头，才得以确立了建立统一战线的正确路线。陈独秀和李大钊都因故未能参加1921年7月召开的第一次党的代表大会，张国焘主持了这次会议。这次会议

---

① 《李大钊全集》第3卷，人民出版社，2006年，第140页。
② 《李大钊全集》第5卷，人民出版社，2006年，第227页，第524页。

选出的中央局,陈独秀任书记,张国焘任组织委员,李达任宣传委员。张国焘在思想上是有点偏"左"的,他起草的"一大"的决议中甚至规定"不同其他党派建立任何关系"。为了扭转这种"左"的苗头,1922年8月29日、30日,中国共产党在杭州西湖召开会议,参加者为七人:李大钊、陈独秀、张国焘、蔡和森、高君宇、张太雷、马林。其中马林是共产国际代表,他按照共产国际指示,提出应以共产党员个人参加国民党的方式,实现国共合作,建立统一战线。在会上,李大钊力排众议,坚决赞成建立统一战线的这种主张。张国焘等多数与会者起初都表示反对,经过反复讨论后,陈独秀表示改变意见,在个别问题有所保留的前提下,服从共产国际决议。1923年6月在广州召开党的第三次代表大会,会上张国焘仍然坚持他的"左"的主张:"发展共产党唯一途径是独立行动,而不是在国民党内活动。""我们宁可保持左,左的错误比右的错误容易改正","希望这次会议通过略左一些的决定。"① 会上,李大钊、毛泽东、瞿秋白、邓培等人批评了这种"左"的主张,阐发了建立统一战线的正确主张。陈独秀在代表中央执委会所做的总结报告中,也转向支持建立统一战线,6月20日,马林在向共产国际的汇报中写道:以陈独秀为首贯彻国际指示的意见"占主导地位","李大钊教授和他们最好的助手年轻的瞿秋白同志与他看法相同"。②

李大钊在这方面的一个独特历史贡献还在于,早在1923年6月党的三大上以及在此前后,他就最先敏锐提出,在统一战线问题上不仅要反左,而且要防右,必须坚持无产阶级及其政党在统一战线中的领导权问题。当时,在党的三大前后,共产国际代表马林,还有党的主要领导者陈独秀,在积极倡导国共合作、建立统一战线的初期,在克服张国焘左的关门主义苗头的同时,走向另一个极端即右的苗头,也开始有点露头了。那就是走向"一切通过国民党"、"一切依靠国民党",忽视无产阶级及其政党在统一战线中政治思想上的独立性和领导权问题。按照党史学界多年流行的主流看法,提出统一战线中的无产阶级领导权问题,最早是在接到共产国际指示后,1923年9月,瞿

---

① 《共产国际、联工(布)与中国革命文献资料选辑(2)》,北京图书馆出版社,1997年,第475—476页。

② 《李大钊全集》第4卷,人民出版社,2006年,第479页。

秋白的论文《自民治主义到社会主义》①。一份1989年才第一次以中文发表的新发现的历史文献，却使我们对这个问题刮目相看。这份新发现的历史文献，是共产国际代表马林用俄文记录的李大钊《在中共第三次代表大会上关于国共合作问题的意见》要点，那里旗帜鲜明地提出无产阶级在统一战线中的领导权问题，比瞿秋白论文还早三个月，也在接到共产国际相关指示之前：

"一、过去和将来国民运动的领导因素都是无产阶级，而不是其他阶级。

"二、由于这个原因，我们不要害怕参加国民运动，我们应站在运动的前列。

"三、我们已加入国民党，但还没有工作。没有迹象表明我们没有希望。"②

李大钊是不是真的早在1923年6月党的三大期间就明确提出了统一战线中的领导权问题？上述材料是不是一个孤证呢？否。还有一份1986年才在荷兰皇家科学院国际社会历史研究所新发现的历史文献，正好和上述文件相互印证，相得益彰，那就是1923年6月25日，陈独秀、李大钊、蔡和森、谭平山、毛泽东五人，以国民党员身份写的《致孙中山的信》，那里同样提出了统一战线的领导权问题，并且用两个词、八个字，"居于首位"、"重要任务"，来强调这个问题的极端重要性："如果我们这样做，我们就不会丧失我们在国民革命运动中的领导地位。这是居于首位的重要任务"。③

这里还留下一个有待考证的复杂微妙问题：从署名来看，陈独秀排在第一位，李大钊排在第二位，这里表述的统一战线领导权问题的思想，主要是陈独秀的思想，还是李大钊的思想？实际上基本可以判定，尽管陈独秀排名在前，而其基本思想却非李大钊莫属。根据至少可以列出三条：

第一，对比党的三大前后，李大钊与陈独秀二人的思想轨迹，可以证实这一点；

第二，这封信一开头就讲"北方的政治危机"，"最近的北京危机"，有助于证实信件主要执笔起草者是李大钊，而不是陈独秀；

---

① 中共中央党史研究室：《中国共产党历史》第1卷上册，中共党史出版社，2002年，第94页。
② 《李大钊全集》第4卷，人民出版社，2006年，第182页。
③ 《李大钊全集》第5卷，人民出版社，2006年，第386页。

第三，从共产国际代表马林致共产国际领导季诺维也夫、布哈林、越飞和达夫谦的信，可以看出，熟知整个事件信件内幕的马林，在介绍上述信件时，非常明确地把李大钊放在第一位，而不是把陈独秀放在第一位：

"李大钊和陈独秀同志仍在设法同孙谈一次话，尽快做出一个决定。关于这件事，我早已经同国民党左派领导人谈过。如果这些人和孙一道不能同意朝新的方向前进，因为他们至今还不相信能建成一个现代化的有群众基础的党，李大钊在北京和其他城市的其他同志就要着手去把国民党的地方支部争取过来，采取党的这个新策略。"①

看来，瞿秋白可能是在党的三大期间，听李大钊讲到统一战线中的领导权问题，"三大"结束后一个月，又从马林那里看到共产国际强调领导权的指示。加上他精通俄文，更了解列宁的有关观点，促使他在三个月后发表了谈论这一问题的论文。这一观点形成的具体过程尚有进一步研究，但首倡权属于李大钊，功不可没，则已是确定无疑的历史事实。问题是许多流行的党史著作，却只字未提李大钊的这一独特重大的理论贡献和历史贡献。

第三次全国代表大会选举了中央执行委员会。

中央执行委员九人：

陈独秀，蔡和森，李大钊，毛泽东，王荷波，朱少连，谭平山，项英，罗章龙。

候补中央执行委员五人：

邓培，徐梅坤，邓中夏，瞿秋白，向警予（女）。

"三大"还选举了中央执行委员会5名候补委员，其中北大人或与北大关系密切者2人。邓中夏是五四时代北大人。邓培1901年到京奉铁路的唐山当工人，1920年与李大钊创立的北大马克思学说研究会、北京共产主义小组，建立密切联系，并且是其成员之一。

"三大"选出的中央执行委员与候补委员，总共14人，其中北大人或与北大有密切关系者7人，正好占一半。

在中央执行委员会9名成员中，北大人或与北大有密切联系、受过北大直接培养教育者5人：陈独秀、李大钊、毛泽东、谭平山、罗章龙。这就占

---

① 《李大钊全集》第5卷，人民出版社，2006年，第387页。

了中央执行委员会的半数以上。

第六层,建党初期,北大青年十杰。

五四时代,蔡元培校长倡导教育创新,陈独秀倡导思想解放,特别是李大钊倡导马克思主义与中国实际相结合的北大传统,培养了一大批年青才俊、创新型人才,在中国共产党建党初期,形成一个中华英雄群体,写下了动人篇章。其中最为突出者,或许可称之为建党初期"北大青年十杰":毛泽东,邓中夏,高君宇,朱务善,许德珩,范鸿劼,何孟雄,刘仁静,张太雷,谭平山。

关于毛泽东青年时代成立与北大关系,我们后面专门要讲,这里把其他几位北大青年英烈,一一做点简要介绍:①

邓中夏,即邓康,又名邓仲澥,湖南宜章人。1917–1920年在北大国文系学习,结业后又转入哲学系学习,直至1923年毕业。他在北大六年间,进行了广泛的革命活动。曾发起成立"北京大学马克斯学说研究会"、"北京大学平民教育讲演团",担任过"讲演团"的总务干事和"少年中国学会"的执行部主任。五四爱国运动中,他是北大学生驻北京市学生联合会的代表,是北大爱国学生运动的负责人之一,担任过北大学生会评议部庶事股副主任。1920年3月,邓中夏参与发起创立北大马克思学说研究会。1920年秋天出现的北京共产主义小组,就是在李大钊领导下于北大成立的,它是马克思主义在北大传播、发展的必然结果,邓中夏是早期成员之一。我国北方现代工人运动的起点——长辛店工人俱乐部和劳动补习学校,也是由以邓中夏为代表的北大进步师生创建和开拓的。邓中夏的最大历史功绩,在于他是党领导中国工人运动的开创者。

中国共产党"一大"之后,立即派邓中夏等人创立了公开领导工人运动的总机关——中国劳动组合书记部,任主任,领导了中国工人运动的第一次高潮。1922年7月在中国共产党第二次全国代表大会上,他当选为中央委员。京汉铁路工人大罢工被镇压后,他在《中国工人》、《中国青年》等刊物上连续发表文章,指名批评陈独秀的右倾思想,明确提出工人阶级是国民革命领袖的观点。1923年6月在中国共产党第三次全国代表大会上,他当选为候补

---

① 参见萧超然:《北京大学与现代中国》,第185、186页,第210、211页。

中央委员，此时任上海大学总务长，负责培养革命干部工作，并参与领导上海的工人运动。中华全国总工会成立后，任秘书长。1925年6月初到香港，转广州，直接领导了省港大罢工，组织工人支援北伐战争。1927年4月在中国共产党第五次全国代表大会上，他继续当选为中央委员。大革命失败后，参加了中共中央八七紧急会议，被选为临时中央政治局候补委员。之后，相继任中共江苏省委和广东省委书记，并任中华全国总工会驻赤色职工国际代表。1928年6月出席中国共产党在莫斯科召开的第六次全国代表大会，当选为候补中央委员。1930年回国，任中共湘鄂西省委书记和红军第二军团政委。1933年，他被捕后英勇不屈，壮烈牺牲在南京雨花台。年仅39岁的邓中夏不仅立德、立功，而且立言，他身后留下党史上第一部中国工人阶级社会主义运动史《中国职工运动简史》。

高君宇，又名高尚德，别号君宇，1896年10月22日，生于山西静乐县南乡（今娄烦县）。1916年—1925年，即他20岁至29岁时，十年青春时代，尽在北京大学。1916年秋，他考入北大理科预科学习，1919年7月结业后升入地质系本科，1922年毕业后留北大任助教。

五四时期，他是北大驻北京市学生联合会代表，民主爱国运动先锋。1920年3月，在李大钊先生指导下，他成为"北京大学马克思学说研究会"发起人之一。

高君宇在1920年八九月间加入"少年中国学会"、1920年11月加入北京共产主义小组。北京地区社会主义青年团于1920年11月在北大成立。北京共产主义小组组员几乎又都是青年团员。团的第一次会议是在北大学生会办公室举行的，参加会议的绝大部分是北大学生。除高君宇外，还有邓中夏、黄日葵、何孟雄、罗章龙、刘仁静、范鸿劼、朱务善等约四十人。会议一致选举高君宇为书记。这以后，北京社会主义青年团在高君宇等的领导下，即以北大为据点，积极开展活动。在1922年5月5日至10日于广州召开的中国社会主义青年团第一次代表大会上，高君宇当选团中央执行委员会五个委员之一，兼任北京团地委书记。

1921年，"一大"。党成立不久，中共北京地方委员会便成立了，高君宇是它的主要负责人之一。

1922年7月16日，中国共产党第二次全国代表大会在上海召开。高君宇作为全国 12 名代表之一出席大会，并与陈独秀、张国焘、蔡和森、邓中夏一起当选为党中央执行委员。

1923 年 6 月 12 日中国共产党"三大"在广州召开，高君宇没有参加。同年 11 月在上海召开的三届一中全会决定由党中央和团中央派委员组成中共中央教育宣传委员会，他为五人委员之一；他协助主编蔡和森工作，继续任《向导》周报的编辑。

1924 年 1 月 24 日列宁逝世。北京学生联合会及"北京大学马克斯学说研究会"等团体于 1 月 26 日联合举行了千余人参加的追悼大会。其时任北京社会主义青年团地委书记的高君宇出席报告了列宁的生平。这些活动促进了中苏建交谈判，迫使北京政府与苏联建交。1924 年 1 月底，孙中山改组国民党成功，高君宇任改组后的国民党北京特别市党部总务股主任，在任国民党北方地区领导工作的李大钊的带领下，贯彻中共中央关于国共合作的一系列正确的方针、政策和策略。与此同时，他还担任中共北京地区执行委员会的委员，负责秘书工作。

1924 年 11 月 10 日，孙中山在中国共产党的支持下决定北上，争取国家的和平统一，并发表了《北上宣言》，提出召开国民会议和废除不平等条约两大主张。高君宇奉命陪同孙中山北行。

在广州的这段时间，高君宇在工作中认识了 9 月新从欧洲回到中国，到广州担任中共广东区委委员长，11 月又任区委军委书记和黄埔军官学校政治部主任的周恩来。两人一见如故，"欢谈甚深，彼此互通了各人的恋爱情报"。周恩来得知高君宇陪孙中山北上途中经过天津，便委托高君宇去看望邓颖超并带一封信给她。邓颖超在 1982 年 7 月为《石评梅作品集》写的《序》中，对此有十分亲切、生动的叙述："高君宇同志……到我任教的学校里看望我，因为，他受周恩来同志的委托来看我并带一封信给我，这样我们有缘相见，一见如故，交谈甚洽"；"于是高君宇做了我和恩来同志之间的热诚的'红娘'，而恩来同志又做了我得见君宇同志的介绍人。我和君宇同志的那次亲切会见，他给我留下了深刻的印象。他是一个温和而又沉着，内心蕴藏着革命的热情，而从外貌看上去也较为成熟的青年。"

陪同孙中山北上途中，高君宇因劳累过度，旧病复发，不断剧烈咳嗽和咯血。12 月 20 日左右，高君宇先期抵京，因病体不支住入德国医院。病中他仍带病协助孙中山、李大钊筹备国民会议促成会。住院两个月后略愈，于1925年2月出院，继续与中共北方区委会主管职工和宣传工作的负责人赵世炎，积极筹划召开国民会议促成会各项事宜。3月1日，国民会议促成会第一次全国代表大会在北京开幕。高君宇作为大会代表，带着病后虚弱的身体坚持参加。4日，突发急性盲肠炎入协和医院，抢救无效，于6日凌晨逝世，年仅29岁。

高君宇曾写下这样的诗句："我是宝剑，我是火花。我愿生如闪电之耀亮，我愿死如彗星之迅忽！"这就是他一生的鲜明写照。高君宇的伴侣是石评梅，同样是激情四射、才华横溢、英年早逝的杰出青年。后人把他们二人的墓葬合到一起，在陶然亭树碑，以示永久纪念。

朱务善，又名朱悟禅，湖南澧县人。1919年4月入北大学习，1925年于经济学系毕业。他积极参加过由邓中夏领导的北大"平民教育讲演团"的活动，又是"北京大学马克斯学说研究会"的发起人之一，是五四时期北大的先进分子。1920年10月，李大钊等创立北京共产主义小组，朱务善是最早成员之一。学习期间，他曾积极宣传俄国十月革命和马克思主义。1922年11月7日，为纪念十月革命节，由他领头，和黄日葵、何孟雄、罗章龙、陈为人、章廷谦、阮永钊、黄绍谷等一起，在《北大日刊》上登出《启事》，指出俄国十月革命"乃世界政治上、经济上一大变动"，"对之大有讨论之价值"。并定于当日下午三时在北大三院大讲堂，举行"苏俄共和纪念日讲演大会"，"敦请名流十余人讲演苏俄成功之历史及其将来"。1924年国共合作建立后，他在国民党北京特别市党部负责教育宣传工作，后去莫斯科中山大学长期工作⋯⋯⋯⋯

黄日葵，又名黄一葵，广西桂平人。1918年8月考取北大文预科，后升入英文系学习，1925年毕业。在北大七年间，他是爱国政治活动和学术活动的积极分子，曾担任"少年中国学会"评议部评议员和《少年中国》月刊编辑部副主任。五四爱国运动中，他作为北京学生代表，与许德珩一起南下上海，筹组全国学联，发挥过很大作用。他也是"北京大学马克斯学说研究会"的发起人之一。北京社会主义青年团成立后，他曾担任书记。1922年北大学生成立校庆25周年纪念会筹备会，他被推举为筹备会主席。随后编印北大成立25周年纪念册，他被校长蔡元培聘请为编辑副主任。在这本纪念册中，他发表了《在中国近代思想史演进中的北大》一文，总结了北大从五四运动以来的历史经验，指明北大校内存在着明显的"布尔什维克主义"的倾向。在北大毕业后，他即被党派去南方参加革命活动。

何孟雄，湖南酃县人。五四时期北大政治系的学生。他于1919年3月入北大学习，直至1925年才离开。在学习期间，他一度受过无政府主义思想的影响，曾组织过"工读互助团"。1920年北京纪念"五一"劳动节，他是参与示威的八个北大学生中的一个。1921年10月"北京大学马克斯学说研究会"公开成立时，他是列名发起人之一。北京社会主义青年团成立后，他曾作为团的代表被推举去参加少共国际大会。1920年10月，李大钊领导的北京共产主义小组成立，他是这个小组最早的成员之一。中国共产党建立后，1921年底，任中共北京地方委员会书记，积极领导北方职工运动。1922年10月，领导京绥铁路车务工人大罢工，取得胜利，并创建了京绥铁路工会。1923年6月，作为北京地区代表出席了中国共产党第三次全国代表大会。第一次国共合作建立后，任国民党北京特别市党部文书科主任助理，在李大钊指导下开展北方革命斗争。1925年在北京大学结业后去武汉，任中共湖北省委委员兼组织部长。1927年调上海，任中共江苏省委委员，并先后任沪东区委、沪中区委书记。1931年1月，因叛徒告密在上海被捕，立场坚定，英勇不屈，2月7日被秘密枪杀于龙华刑场。

范鸿劼，湖北鄂城人。先后在北大学习8年，在北大学习期间，积极参加和领导了五四爱国运动以及当时北方地区的各项革命斗争。1918—1920年在北大理预科学习，1920—1922年在北大化学系学习，1922-1925年在北大英文系学习。1920年"北京大学马克斯学说研究会"成立时，他是发起人之一。1920年2月，他因进行反对北洋军阀政府的斗争，曾被逮捕入狱。党的北京地委与北方区委成立后，他任宣传部长，在李大钊领导下积极战斗。1926年1月，作为国民党北京特别市党部选出的代表，参加了在广州召开的国民党第二次全国代表大会。1927年4月28日，他与李大钊一起，被奉系军阀张作霖残酷杀害。

张申府，即张崧年，河北献县人。1914—1916年在北大物理、数学系学习。结业后，入文科哲学系研究所。"五四"前后是北大校内的活跃分子。1920年任北大讲师。1920年10月，在北大图书馆（红楼）的李大钊办公室，他与李大钊、张国焘三人一起创立北京"共产党小组"。同年冬出国，去巴黎讲学，尔后成为中国留法学生共产党小组的发起人之一。在那里，他先后成为周恩来、朱德的入党介绍人。他是张岱年的哥哥，正是在他影响下，20世纪30年代张岱年成长为马克思主义哲学家，后来成为北大著名教授。

刘仁静，湖北应城人。1918年8月考取北大理预科。1918－1920年在理预科学习，1920－1923年在哲学系学习，1923—1925年在英文系学习。前后在北大八年。"六三"大逮捕中被拘留，是五四时期北大的先进分子，1920年3月，刘仁静成为"北京大学马克斯学说研究会"19名发起人之一。1920年10月，李大钊在北京大学创立"共产党小组"，刘仁静是其中最早成员之一，并与高君宇、罗章龙一起，负责创立社会主义青年团组织。1921年7月，中国共产党召开第一次全国代表大会，在李大钊未能到会的情况下，刘仁静与张国焘二人作为北京地区共产党小组的代表，参加党的"一大"。

罗章龙，即罗璈阶，又名罗仲言，湖南浏阳人。1918年9月考取北大法预科，后升入经济系学习。1924年于经济系结业。在北大前后为六年，是五四时期北大的先进分子，1920年3月，成为"北京大学马克斯学说研究会"19名发起人之一。今天应当恢复罗章龙作为中国共产党建党初期重要领导者的历史地位。1920年10月，李大钊在北京大学创立北京地区共产党小组，罗章龙是最早成员之一，并成为1921年7月"一大"召开时53名中共党员之一。1923年6月，他参加了在广州市东山召开的中国共产党第三次代表大会，成为30多名代表之一，并且是19名有表决权的代表之一。"三大"选出的中央领导机构，是由陈独秀、李大钊、蔡和森、毛泽东等9人组成的中央执行委员会，罗章龙是其中9名委员之一。而后，在1923年9月中央机构迁回上海后，罗章龙担任中共中央局会计，委员长陈独秀，秘书为毛泽东。1924年5月，罗章龙还担任了中央宣传部长。1924年，6、7月间，罗章龙还与李大钊等5人，成为中共出席共产国际"五大"代表。

在1925年1月11日至22日召开的中国共产党第四次代表大会，罗章龙是与会的20名代表之一，并被选为5名候补中央委员之一。之后先后担任中共湖北区执行委员会宣传部部长，中共汉口市委员会书记，1927年4月27日至5月9日，中国共产党第五次代表大会召开，罗章龙作为80名与会代表之一，并当选为15名大席主席团成员之一，在选举中央委员会时，当选为29

名中央委员之一。"八七"会议之后，1927年11月，罗章龙继苏兆征之后，担任中央职工运动委员会书记。1928年任湖南省委宣传部部长，并从长沙参与毛泽东领导的秋收起义。1928年6月18日至7月11日，中国共产党第六次全国代表大会在莫斯科举行，罗章龙作为34名正式代表之一，参加大会，并当选为大会副秘书长，辅佐秘书长周恩来工作。1930年9月，他担任第五届全国劳动大会选出的中华全国总工会执行委员会书记，1931年1月27日，罗章龙因严重错误，被撤销党内一切职务，并开除党籍。

谭平山（1886—1956），广东省高明（今高鹤）县人。早年加入同盟会。1917年考入北京大学，积极参加五四运动。1920年参加发起广州共产主义小组。曾任中共广东区执行委员会书记、委员。在中共第三至第五次代表大会上均当选为中央委员，并当选为第五届中央政治局委员。第一次国共合作时期，根据中共中央的指示，协助孙中山改组国民党，历任中国国民党中央执行委员会常务委员、中央组织部长、农民部长和武汉国民政府委员等职。1927年参加南昌起义，任革命委员会主席团成员。以后脱离中国共产党，参加组织中国国民党临时行动委员会。抗日战争时期，参加民主运动，反对蒋介石的独裁统治。1945年参加发起组织三民主义同志联合会。1948年参加组织中国国民党革命委员会。中华人民共和国成立后，历任中央人民政府委员、政务院监察委员会主任、第一届全国人民代表大会常务委员会委员和中国国民党革命委员会中央副主席等职。1956年4月2日在北京病逝。

许德珩，三次入北大，三次领导学生运动，最终成为党和国家领导人，中共党员。①

许德珩，字楚生，江西省九江府德代县（今九江市）人。1890年10月出生于一个小地主家庭，其父曾在九江同文书院任教，具有民主革命的思想。18岁时，考入九江中学堂；辛亥革命后一度投笔从戎。

许德珩是在1915年秋考入北京大学英文学门（即英语系）当学生的。那时他已经25岁了，转入本科国文学门（中文系），重读一年级。

1918年5月21日，为反对中日秘密军事协定，北京大学、高等师范学校

---

① 这节内容大都参见沙健孙的有关论文，见萧超然主编《巍巍上庠，百年星辰——名人与北大》，北京大学出版社，1998年，第300—316页。

等 2000 余人和少数天津学生代表结队向总统府请愿。学生推出请愿代表 8 人，许德珩是北大的 3 名代表之一。"这是中国学生第一次的游行请愿运动，为五四运动的前奏"。

在北大期间，他同李大钊、陈独秀有交往，并受到他们的思想影响。1918 年 6 月，李大钊等发起组织少年中国学会，他经大钊介绍，也成了该会的会员。

1918 年 12 月 18 日，由学生救国会筹办的国民杂志社宣告成立。蔡元培曾指出，北京学生迫于爱国之心营此杂志，其目的在"唤醒国民"。该杂志编辑委员会的成员有邓康（中夏）、黄日葵、高尚德（君宇）等，许德珩也是其中之一。他"实际上担负这个刊物的主编工作"。在《国民》第 1 至第 4 期上，他一共写了 10 篇文章，包括专论、通论等。学生救国会还于 1919 年 3 月成立了平民教育讲演团，邓中夏被选为总务干事，许德珩也参加了这方面的活动。

5 月 3 日学生大会决定：5 月 4 日，北大协同其他各校学生齐集天安门举行大示威；通电巴黎专使不得在"和约"上签字；通电各省于 5 月 7 日举行爱国示威游行；联合各界一致奋起力争。许德珩受命起草宣言。

1919 年 5 月 4 日，北大等校学生 3000 余人在北京天安门广场举行集会，高呼"外争主权，内除国贼"等爱国口号，各校代表先后发表讲演，痛斥帝国主义列强的侵华罪行。大会通过了许德珩起草的宣言。当时，许德珩是轮流出席学联会议的北大学生代表之一。学联成立后，大力加强对爱国斗争的领导，决定自 5 月 19 日起实行罢课，以抗议反动当局压迫学生运动。各校代表还在北大三院开会，决定推出代表许德珩、黄日葵到天津、济南、武汉、九江、南京、上海呼吁一致行动，以壮大声势，争取胜利。由于当时北大三院被军警重重包围，许、黄于 5 月 27 日跳墙出校，化妆离京。

五四运动发展到"六三"以后，进到了一个新阶段：斗争的主力由学生转向工人，运动的中心由北京移至上海。6 月 16 日，各地学生代表数十人齐集上海，举行全国学生联合会的成立大会。许德珩出席了大会并以北京学生代表的身分在会上发言，强调"我们学界青年应当结合起来，结成一致力量就强大，就可以外抗强权，内惩国贼"。

18 日，全国学联会召开选举职员会。他当选为《全国学联日刊》编委会主编。全国学联成立后，立即号召和组织各地学生投入拒签和约的运动。

到达上海后，许德珩、黄日葵等曾拜会孙中山，向他报告北京学生界斗争的情况，受到孙中山肯定和鼓励。1920年1月，许德珩乘船赴法。

许德珩留法前后共7年。1927年初回到广州，在中山大学当教授，讲授社会学和社会主义史。担任过黄埔军校政治教官。4月，到达武汉，担任中央军事政治学校政治教官，随后还在第四中山大学任教，讲授社会学。同年7月至8月间，一度担任国民革命军总政治部秘书长兼代主任。1931年7月抵达北平，受北平师范大学之聘，出任历史社会学系教授兼主任。不久，北京大学也聘他为法学院教授。这样，他就第二次进了北京大学，第一次当了北京大学的教师。

在来北大之前，从1928年到1930年暑假，他翻译了马克思的《哲学之贫乏》、布哈林的《唯物史观社会学》和《共产主义之路与工农联合》、拉法格的《家族进化论》等书。其中《唯物史观社会学》先后重印达10次之多。

许德珩曾去张家口为冯玉祥分析国内外形势，讲述抗日救亡的意义。回北平后，即致函北大当局请假半年。在此期间，他将历年的讲义加以整理，写出《社会学讲话》上册（约30万字），由北平大学法商学院的好望书局出版；继而着手整理他所教的中国现代经济史及社会主义史的讲义。

《社会学讲话》一书是一部以马克思主义观点写成的社会学著作与大学教材。他使五四时代李大钊开创的北京大学马克思主义传统得以基本延续，在世界各国教育史上独树一帜，功不可没。

许德珩回忆了他参与中国共产党领导"一二九"学生运动的历史过程……

1927年初，许德珩在黄埔军校时，即曾向熊雄提出过入党申请，因发生广州四一五事变，熊雄被害，未能如愿。30年代初，他曾有机会入党，但党认为他当时在党外为党工作比入党好，入党的问题仍未解决。1979年初，他向在九三学社做负责工作的一位中共党员再次表示入党的愿望。同年4月8日，由邓颖超、乌兰夫为介绍人，经中共中央直接批准，他光荣地加入了中国共产党。这时他已经是79岁的高龄了。

张太雷（1898–1927）原名张曾让，又名泰来。江苏省武进县（今常州市）人。1920年毕业于天津北洋大学。在此前后，他曾在北京大学学习一年，并于1920年10月加入北京共产党小组,与邓中夏等人创办劳动补习学校。1921年春,赴苏联伊尔库茨克共产国际东方局任中国科书记。同年6月,出席共产国际第三次代表大会。回国后,曾多次陪同共产国际代表会见李大钊、陈独秀、孙中山等人,并任翻译。1924年任中国社会主义青年团中央书记。1925年曾当选为中共第四届候补中央委员。同年秋,调广州任中共广东区委常委、宣传部长,后任中共广东区委机关报《人民周刊》主编。1927年任中共第五届中央委员。5月调任中共湖北省委书记。曾为中共临时中央政治局五人小组成员。在中共八七会议上,被选为临时中央政治局候补委员。10月,主持中共中央南方局工作兼任广东省委书记,到潮州、汕头组织群众,接应南昌起义军。旋到广州主持武装起义准备工作,组建中共广东省委军委兼任书记。12月11日领导广州起义,任广州苏维埃政府(广州公社)代理主席兼人民海陆军委员。12月12日在与国民党军作战中牺牲。在改革开放新时期的历史起点上,人民出版社出版了《张太雷文集》,1979年6月11日,党中央重要领导成员、老一辈无产阶级革命家陈云亲自题词:"向为革命牺牲的张太雷同志致敬。"

毛泽东、周恩来、邓小平,这三位20世纪中国共产党的伟大人物,在青年时代成长过程中,都曾以不同形式受到了李大钊、陈独秀开创的北大马克思主义传统熏陶。

可以说五四运动与建党时代北大传统,深刻影响了青年毛泽东、周恩来、邓小平的成长道路,由此影响到现代中国发展。他们在青年时代世界观形成关键期,都曾不同程度受到李大钊开创的北大马克思主义传统的深刻影响。

青年毛泽东和李大钊开创的北大马克思主义传统,联系最直接、最紧密。

在《毛泽东1936年同斯诺的谈话》中,无论从个人生活道路,还是从马克思主义理论研究角度讲,他都强调了李大钊对自己的先行引导作用:

"北京的生活费用对我来说太高了。我是借了朋友们的钱来到首都的,到了以后,非马上找工作不行。我从前在师范学校的伦理教师杨昌济当时是国立北京大学的教授。我请他帮我找工作,他把我介绍给北大图书馆的主任。这个人就是李大钊,他后来成为中国共产党的一位创始人,以后被张作霖杀害。李大钊让我担任图书馆的助理员,我每月可以领到一大笔钱——八块大洋。"

"1921年5月,我到上海去出席共产党成立大会。在这个大会的组织工作中,起领导作用的是陈独秀和李大钊,这两人都是当时中国知识界最出色的领导人。我在李大钊手下担任国立北京大学图书馆助理员的时候,曾经迅速地朝着马克思主义的方向发展。"①

在党的七大讲话中,毛泽东更明确地指出,自己是李大钊、陈独秀"那一代人的学生"。

青年周恩来的成长,也和李大钊开创的北大马克思主义传统有较为直接紧密的联系,这一点通常不太为人所知。

周恩来1913年考入天津南开学校,一度留学日本,1919年7月回国后主办了《学生联合会报》,并以《革新,革心》为题写了第一期社论,后又组织觉悟社。1936年,周恩来在同美国记者斯诺的谈话中说道,"在赴法国之前……我本人亦见过陈独秀与李大钊,他们都是中国共产党的创始者之一。"②看来除了思想上的交往之外,周恩来与李大钊还至少有两次直接交往。一次是1919年9月,李大钊受觉悟社邀请,到天津与该社骨干座谈,给他们提出了"许多的建议",起了重要的指导作用。第二次是1920年8月16日,天津"觉悟社"与"少年中国学会"等三个青年组织在陶然亭组织茶话会,特别邀请李大钊先生光临指导。会上先由邓颖超报告"觉悟"社组织经过与活动情况;周恩来阐述了他原在"觉悟社"年会上提出的"联合改造"的主张意义何在;然后请李大钊作了指导性发言。李大钊此时已有"本着主义做实际运动"的基本思想,并且萌生了建党思想,因而他特别鼓励周恩来等青年同志,要解决主义不明、不足以实现更大联合的问题,各个青年团体,大家要有一个共同的主义,也就是马克思主义。

从1920年5月、6月间周恩来在狱中五次讲述马克思唯物史观与《资本论》的思路框架来看,无疑受到李大钊的深刻影响。不久,周恩来响应"留法勤工俭学"号召,奔赴法国,并在那里入了党。他的入党介绍人,正是由李大钊派赴法国的、北大最早的三位中共党员之一的张申府。

---

① 《毛泽东自述》,人民出版社,1993年,第33页,第40、41页。
② 参见中国社会科学院近代史所编:《五四回忆录》,第17页,第25页。

青年邓小平的成长道路，也与李大钊开创的北大马克思主义传统有一定联系，不过这个联系更为间接，更加鲜为人知。

青年邓小平赴法国勤工俭学时，年仅 16 岁，只是间接地受到五四新文化运动中一些思想影响。1926 年，先后到法国、俄国的邓小平回国工作，第一项任务就是受李大钊领导的中共北方委员会指派，到冯玉祥部做政治工作。而冯玉祥部不同于其他军阀部队的一个显著特点，就是受到中国共产党与李大钊马克思主义理论的重大影响。这一期间邓小平与李大钊有无较为直接的交往，尚待研究。李大钊此时已有"党的领导——武装斗争——统一战线"的基本思想，有了既要统一战线、又要无产阶级领导权的基本思想。这对邓小平积极参与"八七"会议重大决策，独立领导白色起义，看来起了重要的思想奠基作用。也许正是由于这一原因，改革开放初期的 1982 年，邓小平亲自为李大钊烈士陵园题辞："共产主义运动的先驱，伟大的马克思主义者，李大钊烈士永垂不朽！"

六、澄清北大与中国共产党创建关系的三重意义：寻根、定位、定向

综上所述，我们重点研究了"五四"时代李大钊开创的北大马克思主义教学研究传统，并从世界大学教育史的角度，进行了粗线条的比较研究，主要是同其他三所最早开设马克思主义课程的大学——拉布里奥拉所在的意大利罗马大学、布哈林所在的俄国红色教授学院、河上肇所在的日本京都大学，进行了历史具体的比较研究。

如果说，按照时间顺序来讲，那么 1920 年李大钊在北京大学最早开设"唯物史观教程"课程，占第二位，仅次于从 1890 年起拉布里奥拉在罗马大学开设马克思主义课程；如果更广泛地说来，北京大学马克思主义教学研究传统，更具有学理系统性、实践性、独立创新性、持续性、影响力特别强的特点，比起其他三所大学来说，甚至有过之而无不及。

因而，我们作出一个总体性的结论：北京大学是世界大学教育史上马克思主义传统最深的新型大学，它同中国古代太学传统、积极推进现代化革新的西学传统一起，构成"三足鼎立"式的"北大传统"，是特别值得我们珍视的

北大传统、北大精神、北大资源、北大优势之一，今天更应着力继承弘扬。

我们在这里，比前人更加详尽、更加具体、更加深入地澄清这段历史，追根溯源地搞清楚 90 年前中国共产党创立时期同北京大学的关系，究竟有什么意义呢？我想，至少有以下三重意义：

第一重意义，是寻根——为北京大学马克思主义传统、乃至北大传统、北大精神寻根，为中国共产党寻根，为中华文明现代复兴寻根。

第二重意义，是定位——重新认识与估价历史地位，其中包括"北京大学——中国共产党——中华文明现代复兴"的世界历史地位的重新评估问题：

前身是创立于公元 947 年辽南京太学的北京大学，不仅是世界历史上创立最早的国立综合大学，而且也是世界教育历史上马克思主义传统最深厚的现代创新型大学；

中国共产党不仅有发展到后来武装夺取政权的农村革命根据地，在其创立早期还有两大独特根据地，一是有源远流长的北京大学作为先进思想文化的根据地，二是上海等地作为工人运动的根据地，由此决定中国共产党不但不是一个思想文化水平低、理论准备不足的党，而且是国际共产主义运动史上历史文化底蕴最深厚、思想文化最先进的学习型创新型马克思主义政党；

中华文明现代复兴在其历史起点上，就有伟大的中国共产党作为领导核心力量，并且不仅有上海等地作为现代中国工人运动根据地，星火燎原式的广大农村根据地，而且有北京大学等作为思想文化、教育创新、哲学创新的根据地，因而势必成为世界文明的东方源头，时代主潮。

第三重意义，是定向——我们澄清这段历史，主旨不在于发思古之幽情，而在于让历史告诉未来，更好地确定 21 世纪中国创新走向：

纵观 21 世纪的时代大潮，是中国必将成为引领世界潮流的创新型国家；领导中国创新的核心力量是久经考验、千锤百炼、顶天立地的马克思主义学习型、创新型政党——中国共产党；而支撑中国成为 21 世纪创新型国家，中国共产党成为学习型创新型政党的一个重要文化、教育、人才支点，则是北大、清华等中国大学不仅成为中国特色、世界一流大学，而且成为 21 世纪创新型大学。

让我们每一个中国人、中国共产党人，尤其是最切近的北大人，都自豪地伸出双臂，去迎接这美好的未来！

第五章　马克思主义学习型政党的最初奠基

——建党时期的历史经验

重视学习、善于学习，是中国共产党的优良传统。建设马克思主义学习型政党，必须要善于挖掘和总结好党的宝贵历史经验。纵观中国共产党的历史，党在初创时期对学习型政党建设的探索和实践，值得我们深入研究。可以说，中国共产党的筹备和创建，一开始就是与学习紧密结合在一起的。思想先行，是建党的第一步。因此，总结这一时期的历史经验，具有重要的价值和意义，这是中国共产党建设马克思主义学习型政党的源头活水。

一、马克思主义学说研究会：建党准备第一步

1917年俄国十月社会主义革命的胜利，让在黑暗中苦苦求索中国出路和前途的先进分子看到了希望的曙光。它第一次把社会主义学说从书本变为现实，有力推动了中国的有识之士去了解和接受指导俄国革命取得胜利的马克思主义学说，从而出现了一批赞成俄国十月革命，具有初步共产主义思想的先进知识分子，推动了马克思主义在中国的传播。当时的北京大学就聚集了一批这样的先进知识分子，为了更好地研究和传播马克思主义，李大钊倡导成立的马克思学说研究会于1918年底在北大应运而生。"它既是中国最早学

习和研究马克思主义的团体,也为建党作了重要准备。"①

通常认为,北大马克思学说研究会,是1920年3月成立,1921年11月正式公开。而当年与李大钊一起发起组织北大马克思学说研究会的两个当事人——北大教授高一涵和北大学生朱务善提供的珍贵史料表明,李大钊在北京大学首倡马克思学说研究会,时间应提前至五四之前半年多的1918年底。为了证实这里提出的新观点,兹列举出三位主要当事人高一涵、朱务善、许德珩提供的珍贵史料。

当年与李大钊相知甚深,过往最密,并协助李大钊,一起发起北大马克思学说研究会的高一涵教授曾回忆道:"五四前不到半年,守常在北京大学组织了一个研究马克思主义的学会。我们不是用马克思,而是用马尔克斯这个名字,为的是要欺骗警察。他们回去报告,上司一听研究马尔萨斯(与'马尔克斯'相混),认为这是研究人口论的,也就不来干涉了,这个学会,先是公开的,后来就秘密起来。它的对内活动是研究马克思学说,对外则是举办一些讲演会。……1918年底,我们办一个《每周评论》。经常是我们几个人写稿。"②

后来,1920年参与发起马克思学说研究会,加入中国共产党,并先后担任过北大学生会主席、北京学生联合会主席的北大学生朱务善回忆道:"记得还在1918年,李大钊同志为要宣传和研究马克思主义,曾与当时北大教授高一涵等发起组织一个研究马克思主义的团体。为避免当局的注意,这个团体并不叫马克思主义研究会。因为当时'马克思'有译为'马尔格时'的,与马尔萨斯之音相近似,所以他们把这个团体好像是定名为'马尔格士学说研究会',以便在必要时对警厅机构说这个团体是研究人口论的而非研究共产主义的。开始这个团体并没有展开它的工作,没有吸收广大的革命青年参加。"③这说明马克思学说研究会1918年最初发起时曾使用与马尔萨斯之音相近的马

---

① 中共中央党史研究室:《中国共产党历史》(第一卷)上册,中共党史出版社,2002年,第75页。
② 中国社会科学院近代史研究所:《五四运动回忆录》(上册),中国社会科学出版社,1979年,第340、341页。
③ 中国社会科学现代史研究室、中国革命博物馆党史研究室:《"一大"前后(二)》,人民出版社,1980年,第118页。

克思译名，以避免当局注意。这一回忆得到了相关回忆和文献的印证。

许德珩先生回忆说："为了对马克思主义作精深研究，1918年冬，大钊同志在北大组织了'马客士主义研究会'，对外以研究马尔萨斯人口论作掩护"。① 这一说法与高一涵、朱务善的回忆，基本相同。

而李大钊恰恰在1918年底，发生两大转变，也有助于证实上述说法：一是开始发表在中国传播马克思主义的第一批文章，如《法俄革命之比较观》、《庶民的胜利》等4篇文章，从革命民主主义转向马克思主义；二是从《新青年》杂志不谈时事政治转向强调理论与实践、思想文化与政治实践的统一。

1918年底"马尔格士学说研究会"（为了迷惑敌人，把马克思译成与"马尔萨斯"相似的"马尔格士"——笔者注）的成立，表明"以李大钊为代表的马克思主义的激进分子在五四前夕已形成一种组织力量"，② 李大钊所领导的北大马克思学说研究会，代表了中青年马克思主义先进知识分子群，正是这种组织力量，成为此后爆发的五四运动思想上和组织上的领导者和骨干力量。可以说，李大钊不仅是在中国传播马克思主义的第一人，而且是直接影响五四运动的第一人。

为什么可以这样说呢？第一，李大钊与北大马克思学说研究会，用全新的民主观科学观，从根本上推动思想解放走上新阶段、新水平。从自由主义思想启蒙走向马克思主义、科学社会主义思想启蒙，其中首要问题是彻底破除了对帝国主义的迷信幻想，在"中国向何处去"问题上破除了照搬西方模式的空想。在此之前，甚至直到1918年底在天安门广场举行的聚会上北大教授演说中，胡适等自由主义者们竭力鼓吹美国总统威尔逊的"和平十四条"，说"这一次协商国所以能大胜，全靠美国的帮助"。连当时还是激进革命民主主义者的陈独秀都说，"美国大总统威尔逊屡次的演说，都是光明正大，可算得现在世界上第一个好人"。后来历史的发展，加上李大钊等人的马克思主义观点，帮助人们破除迷信，去掉幻想，解放了思想。第二，五四运动前的几项重要准备活动中，北大马克思学说研究会的成员都起到了重要作用。五四运动有两次重要的预演：一是1918年5月20日，2000多名学生集会新华门，

---

① 许德珩：《为了民主与科学——许德珩回忆录》，中国青年出版社，1987年，第38页。
② 吴少京：《亲历者忆——建党风云》，中央文献出版社，2001年，第237页。

抗议《中日共同防敌军事协定》；二是1918年底的集会天安门。在这两次预演中，李大钊及受他影响较大的学生邓中夏、许德珩、高君宇、黄日葵等，都起了重要骨干作用。在李大钊的马克思主义观点影响下，由北大中文系学生邓中夏（时名邓康），在1919年3月，创办平民教育讲演团，开创了中国知识分子、知识青年到工厂去，到农村去，走与工农相结合的大道，也为"五四"从学生运动发展到"六三"工人运动作了重要铺垫。邓中夏等北大青年学生还协助李大钊组织少年中国协会，团结爱国青年与马克思主义进步青年。第三，受马克思主义影响较大的一批北大学生在五四运动中充当了直接的领导力量。1919年5月3日晚上，讨论决定五四游行的北大学生全体会议上，经大家推选，由许德珩起草了文言文的五四宣言，罗家伦起草了白话文的五四宣言。同时，北大学生选举邓中夏、高君宇二人，担任北大学生代表，参与北京市学生联合会的组织领导工作。北京学生联合会成立不久，决定派代表南下宣传扩大影响，其中黄日葵、许德珩等人，沿津浦线一路而下，到天津、南京、上海做广泛联系，为"六三"工人运动，做了直接准备工作。第四，李大钊等人还直接参与指导了五四运动。1919年5月4日下午，他就与一些学生骨干座谈，提出了一些指导性意见。并且他还身先士卒，直接参与学生游行活动，甚至不惜冒生命危险。他还与蔡元培校长等人一起，积极组织营救被捕学生。1919年6月12日前后，李大钊与陈独秀、高一涵等北大教授，还直接参与《北京市民宣言》的起草与散发工作，陈独秀在散发传单过程中被捕入狱。这一系列活动，对于从"五四"学生运动发展到"六三"工人运动，起了重要铺垫作用。所以说，由李大钊领导的北大马克思学说研究会，在五四运动中起到了重要的领导骨干作用，正如五四宣言的起草者许德珩所说："五四运动之所以能成为战斗的力量，是因为各方面的团结，首先是北京大学内部的团结，以及全国青年的团结，而把大家联合起来的，则是李大钊同志。"[①] 北大教授高一涵也曾写文章回忆道："李大钊、陈独秀等人在五四运动以前，就已经取得了新文化运动的领导地位。五四运动爆发时，李大钊同志是一位亲身参加者，并且是一位运动的组织者和领导者。到了六月三日运动进入了新的阶段，参加斗争的就不以知识分子为限，广大无产阶

---

① 《文史资料选辑》第61辑，文史资料出版社，1979年，第18页。

级群众这时走上了政治斗争的舞台,形成了革命运动的骨干和主人。"①

　　五四运动的爆发,让更多的人对社会主义有了初步的认识和了解,加速了马克思主义的广泛传播。为了让更多的人们了解和接受马克思主义,扩大马克思主义的影响范围,作为北大马克思主义学说研究会的一项重要任务就是搜集、整理、翻译和介绍马克思学说。为此,研究会成员们在极端秘密和困难的条件下,开始了这项伟大工作,搜集到了大量珍贵的马克思主义文献。研究会公开成立近两个半月之后便发出通告,列举了目前已拥有的40余种英文书籍和20余种中文书籍,其中既有马克思、恩格斯、考茨基、拉布里奥拉、普列汉诺夫等马克思主义创始人及著名理论家的代表作品,又有关注东方问题、俄罗斯问题、劳工问题、女权问题等现实实务的研究专著。另外,当时国内的进步报刊如《共产党》、《新青年》、《晨报》、《妇女声》等亦属收藏之列。这些文献都成为研究会成员进行马克思主义学习、研究与讨论的重要参考和重要依据。此外,研究会也开展了马克思主义著作的译介工作。通过专门的搜集、编译工作,马克思学说研究会不仅为北京大学马克思主义传统纵深发展奠定了文献资料与文本基础,而且也为马克思主义在全中国的传播作出了不可磨灭的贡献。

　　可以说,正是北大马克思主义学说研究会的成立,凝聚了一批思想上倾向于马克思主义的先进知识分子,这批最早沐浴到马克思主义光辉的研究会成员,积极投身到马克思主义的学习、研究和宣传中,并有一批马克思主义知识分子精英成为后来中国革命的领导人才,为中国共产党的成立作了思想上和人才上的准备。

二、北李南陈相约建党,
以学习马列主义作为建党的思想基础

　　随着马克思主义在中国的传播,以及一批接受马克思主义的先进知识分子的出现,加之五四运动后马克思主义与工人运动的初步结合,在中国建立

---

① 中国社会科学院近代史研究所:《五四运动回忆录》(上册),中国社会科学出版社,1979年,第337页。

无产阶级革命政党的任务被提上了日程。

中国共产党的创建道路，具有不同于其他国家、其他政党的两个鲜明特征。首先，它不是简单按照共产国际意旨，从外到内、从上到下地建立的。早在共产国际代表维经斯基等人（1920年四五月间）到达中国北京、上海之前，尤其是1920年1月北京大学李大钊教授亲自赶着牛车，护送陈独秀出京时，已经初步商定共同创立中国共产党相关事宜。其次，李大钊与陈独秀都是北京大学著名教授，他们的建党工作都是从建立马克思主义研究会入手，从翻译出版马克思主义著作入手，思想建党为先，理论建党为先，这是中国共产党创建之道的一大特色。

李大钊最先从1918年底开始，而后又从1920年3月重新开始、创立马克思学说研究会，思想建党先行——这一点前面我们已经作了专门探讨。陈独秀南下到上海的建党步骤，与李大钊在北京大学走的道路如出一辙，可能是陈独秀与李大钊一起出京时有过共同约定，同时他还更加突出了社会实践与上海工人运动相结合的显著特征。所以，陈独秀在于1920年2月一到上海，就投入到一边学习研究马克思主义，组织马克思主义学习研究小组，一边准备筹备建立无产阶级政党的工作中来。为开展建党的准备工作，陈独秀首先于1920年5月组织成立了一个秘密团体——马克思主义研究会，成员有李汉俊、沈玄庐、邵力子、陈望道、施存统、俞秀松、沈雁冰、杨明斋等。戴季陶、张东荪起初也参加研究会的活动，不久退出。

这个研究会成为上海先进知识分子学习、研究马克思主义的阵地。据邵力子回忆："马克思主义研究会开始时，只是翻译和写文章宣传马克思主义。李汉俊、李达、陈望道三人写得较多，后来周佛海也写一点，他们都是日本留学生。那时，马克思主义书籍主要从日本传过来。"[①] 在译介的马克思主义著作中，最重要的要属被誉为社会主义运动"圣经"的《共产党宣言》中译本的出版发行。在陈独秀支持下由陈望道翻译的《共产党宣言》一书"交由上海马克思主义研究会设法出版，起先找不到书局印，后来才找到"。出版的时间为1920年的8月，当时是作为"社会主义研究小丛书"第一种，由社会主义研究社正式出版。

---

① 吴少京：《亲历者忆——建党风云》，中央文献出版社，2001年，第163页。

由陈望道翻译的《共产党宣言》中译本是马克思主义传播史上的一件大事，或许可以毫不夸张地用这四句话来评价：时间最早，传播最快，流传最广，影响最大。第一，时间最早——这是马克思、恩格斯著作在中国正式出版的第一个中译本、全译本、单行本，在此之前只有个别片断、个别文字的翻译介绍。而《共产党宣言》的出版是马克思主义著作在中国翻译出版的历史起点。第二，传播最快——陈望道翻译的《共产党宣言》，1920年8月出了第1版，9月就出了第2版，而后再翻印，如1926年1月至5月，仅平民书社就翻印了10次，一直到中华人民共和国成立前后，还一再翻印。第三，流传最广——陈望道翻译的《共产党宣言》，也是多年来流传最广的一部马克思主义经典著作。五四时期就不仅流传于上海，而且还流传到北京，乃至全国的青年知识分子中。在北伐战争时期，在有的革命军队中，甚至人手一册，广为流传。即使是在革命低潮时期，在白色恐怖时代，《共产党宣言》仍然改头换面，秘密流传。第四，影响最大——陈望道翻译的《共产党宣言》，不仅深刻地影响了五四时期中的先进知识分子，而且影响了一代又一代中国人，产生了深远影响。

《共产党宣言》对毛泽东的思想由革命民主主义转变为共产主义就有着很大的影响。他在1936年对斯诺曾讲过这样的话："有三本书特别深刻地铭刻在我的心中，建立起我对马克思主义的信仰。我一旦接受了马克思主义是对历史的正确解释以后，我对马克思主义的信仰就没有动摇过。这三本书是：《共产党宣言》，陈望道译，这是用中文出版的第一本马克思主义的书；《阶级斗争》，考茨基著；《社会主义史》，柯卡普著"。① 可以说，《共产党宣言》第一个中译本的出版发行，为早期党组织的组建以及后来1921年中国共产党的诞生，作了思想上和理论上的准备。此后，研究会还相继翻译了《资本论自叙》、《科学社会主义》、《社会主义从空想到科学》（节译）、《俄国的政党和无产阶级的任务》、《苏维埃政权的当前任务》（节译）、《社会主义史》、《马氏唯物史观概要》、《商品生产的性质》、《马克思传》等著作。这些译著的问世，有力促进了马克思列宁主义思想的学习和研究。

马克思主义研究会的成立加快了中国共产党的诞生。研究会成员邵力子

---

① （美）埃德加·斯诺著，董乐山译：《西行漫记》，三联书店，1979年，第131页。

曾回忆说："我们一面觉得只做宣传、研究工作是不够的，有学习布尔什维克的作风，建立严密的组织的必要，同时也看到时机已经成熟，青年中接受马克思主义思想的人也不少，应该组织起来"。① 1920 年 6 月间，陈独秀、俞秀松、李汉俊、施存统、陈公培等 5 人开会，筹备成立共产党。7 月 19 日举行筹备会议。8 月，由陈独秀、李汉俊、沈玄庐、陈望道、俞秀松、施存统（时在日本）、杨明斋、李达 8 人发起，正式成立上海共产党组织。11 月，上海共产党组织制定了《中国共产党宣言》。② 上海共产党组织是中国的第一个共产党组织，从其组成来看，其成员主要是马克思主义研究会的骨干，陈独秀担任书记。此后，"积极推动各地共产党早期组织的建立，实际上起着中国共产党发起组的作用。"③

北京的共产党早期组织是在李大钊的直接指导和筹划之下成立起来的。北京大学马克思学说研究会的成立，是李大钊把"对于马克思派学说研究有兴味的和愿意研究马氏学说的人"联合起来的最初尝试。据研究会成员朱务善说，从主要方面来说，成立研究会，"这是马克思主义者的结合，企图建立共产党"。后来北京成立共产党的组织时，"参加党的人就是组织研究会的发起人"，虽然并不是所有的发起人都参加了党。（1960 年朱务善谈话记录）经过筹划准备，1920 年 10 月，北京的共产党早期组织在北京大学图书馆李大钊的办公室正式成立，当时的名称为"共产党小组"。此后，全国各地的共产主义者，也都先后组织了马克思主义研究会，并在此基础上进一步成立了共产主义小组。

在武汉，恽代英和林育南在 1920 年 2 月，创办了"利群书社"，这是一个传播马克思主义的机构，吸引了一批进步学生入社，开展马克思主义的学习和宣传活动，培养了一批先进分子。同年 8 月，成立了武汉的共产党早期组织，当时取名为"共产党武汉支部"。

长沙的共产党早期组织是在毛泽东的筹划下建立的。在筹划建党期间，毛泽东在北京和上海分别与李大钊、陈独秀有了联系，同时北京、上海的共

---

① 吴少京：《亲历者忆——建党风云》，中央文献出版社，2001 年，第 163 页。
② 张静如：《中国共产党通史》，广东人民出版社，2002 年，第 80 页。
③ 中共中央党史研究室：《中国共产党历史》（第一卷）上册，中共党史出版社，2002 年，第 75 页。

产主义者的活动对他影响很大。1920年7月,毛泽东从北京回到长沙后,为了推动马克思主义的学习和传播,毛泽东和一些志同道合的同志着手创办了许多进步团体,为建党作了重要准备。1920年8月成立的文化书社,是一个以传播马克思主义为目的的革命团体,销售了大量马克思主义书报,包括《共产党宣言》、《社会主义从空想到科学的发展》等马克思主义经典著作,还有"新青年丛书"中的《马格斯资本论入门》、《阶级斗争》、《社会主义史》等小册子。这些书籍对湖南进步青年了解和接受马克思主义,起到了重要作用。同年9月,毛泽东等人在长沙成立了俄罗斯研究会,同时发起组织了"马克思主义研究会",研究会经常举办演讲会、讨论会,学习研究马克思主义学说,同时大力宣传苏俄社会主义实践所取得的伟大成就。随着越来越多的先进分子选择接受了马克思主义,毛泽东还与新民学会的骨干分子开始讨论筹划建党的问题。在毛泽东、何叔衡等人的积极活动下,1920年初冬长沙的共产党早期组织秘密诞生,其成员主要是新民学会中的先进分子。

在济南成立早期共产党组织的过程中,王烬美等人与李大钊等北京共产主义小组成员曾有过多次接触。1920年夏秋之交,王烬美、邓恩铭在济南组织成立了马克思学说研究会。"这一组织开始是公开的学术研究团体,在一九二一年,经反动政府及警察厅认为是宣传过激思想、明令取缔以后,曾半公开地活动了一个时期。以后,会员思想上也发生了分化。"① 在上海、北京党组织的影响和帮助下,1921年春,"王烬美、邓恩铭几个忠实可靠的革命青年,便成立了'共产主义小组',后逐渐有一些发展"。②

从各地共产党早期组织的成立情况来看,可以说,各地党组织几乎都是在成立研究马克思主义研究会或者相类似的学习团体的基础上建立起来的。其成员主要来自研究会和进步团体的中坚分子,都是以学习马克思列宁主义思想作为建党的第一步,建党是和学习紧密结合在一起的。

随着革命形势的发展,各地共产主义小组成立以后,马克思主义思想作为一股势不可挡的力量,得到了更为广泛的传播。如果说共产主义小组成立以前,马克思主义的学习、研究和宣传还是个别的、零散的,那么在各地相

---

① 吴少京:《亲历者忆——建党风云》,中央文献出版社,2001年,第330页。
② 同上。

继成立了党的早期组织之后，就发展成为有计划、有组织的活动了。各地的共产党早期组织通过多种方式组织学习、研究和宣传马克思主义。

第一，创办了许多进步革命刊物。上海共产主义小组成立后，将《新青年》杂志改组为机关公开的理论刊物出版，开辟了专门介绍苏俄革命实践和研究宣传马克思主义文章的"俄罗斯研究"专栏。据统计，从改组后的第8卷1号起到第9卷3号为止，《新青年》杂志共发表36篇有关马克思列宁著作的译文。此外，1920年11月，上海共产党早期组织还创办了半公开的理论杂志《共产党》月刊，由李达担任主编。这是共产党在创建时期宣传马克思主义，进行党的基本知识教育的一个重要理论刊物。它首次在中国树立起共产党的大旗，阐明了共产党人的基本主张，成为建立统一的无产阶级政党的"第一个实际步骤"。其他各地的共产党早期组织也相继创办了进步刊物，在武汉有《我们的》和《武汉星期评论》，广州有《广东群报》，济南有《励新》半月刊，这些刊物对马克思主义学说、俄国共产党及苏俄革命都进行了报道，建立并扩大了马克思主义的宣传阵地。

第二，搜集整理、翻译、学习和研究马克思列宁主义著作。北京共产主义小组成立后，利用李大钊指导下的马克思学说研究会开始大力搜集、收藏、宣传马克思主义经典的活动，"北京党组织所得到的这些马列主义原本，大大改善了（人们）对马克思主义真谛的理解"。上海早期共产党组织成立后，新青年社成为中国共产党的第一个出版机构，先后出版了"社会主义小丛书"、"新青年丛书"，翻译出版了《共产党宣言》、《马格斯资本论入门》、《阶级争斗》（恽代英翻译）、《社会主义史》、《唯物史观解说》等著作。同时，小组发起组成员每周还组织一次学习会，采取讲解、讨论的方式对马克思主义学说进行学习，在思想战线上，同反马克思主义思潮进行了论战，进一步加深了对马克思主义的认识和理解。武汉共产党小组成立后，也极为重视马克思主义理论的学习，他们每周开一次会交流心得体会，学习材料包括《共产党宣言》、《〈资本论〉浅说》、《唯物史观》、《社会主义史》、《马克思传略》等书和《新青年》、《共产党》等刊物。

第三，有计划地开展在工人中的宣传和组织工作。在各地共产主义小组成立以后，各地党组织通过开办工人夜校，出版工人刊物，结合工人的生活和斗争实例，在广大工人中宣传马克思主义。出版的刊物如北京的《劳动音》、上海的《劳动界》、广州的《劳动者》、山东、武汉的《劳动周刊》等。这些活动有力推动了马克思主义与工人运动的相结合,扩大了马克思主义的传播和影响范围,促进了工人运动的发展,从而为中国共产党的创立作了思想上和理论上的准备。

三、建党初期着重思想建党

1921年7月中国共产党第一次全国代表大会在上海召开,宣告了中国共产党的正式成立。中国共产党成立后,在党的建设方面,十分注重思想建党。虽然在各地早期共产党组织成立以后,马克思主义的传播及影响范围在逐渐扩大,但是由于当时学习、研究、传播马克思主义还是一件十分秘密和危险的事情,出版发行的马克思主义著作还十分有限,所以在党成立的时候,党员的马克思主义水平普遍不高,对马克思主义还缺乏比较完整准确的认识和理解,尤其是受到各种非马克思主义思潮的影响,许多党员还不能很好地划清马克思主义与非马克思主义、反马克思主义思想的界限,思想认识很大程度上模糊不清。这也是后来党组织内部有些成员发生分化的一个重要因素。所以,在党成立以后,迫切需要提高全体党员的马克思主义理论水平,用马克思主义武装全党,以便加强团结,提高党的战斗力。

党成立后十分重视理论刊物的出版发行工作。党的一大通过的《中国共产党第一个决议》中就对党的理论宣传工作进行了规定。要求"一切书籍、日报、标语和传单的出版工作,均应受中央执行委员会或临时中央执行委员会的监督。""不论中央或地方出版的一切出版物,其出版工作均应受党员的领导","均不得刊登违背党的原则、政策和决议的文章。"① 这些要求,体现了党对刊物出版的原则性及刊登内容方向性的规定。中共一大以后,党中央把原有的《新青年》杂志和《共产党》月刊作为党的理论刊物继续出版,并且其内容更加充实、丰富,具有革命战斗性。1922年9月党的第二次全国代表大会闭幕不久,中共中央在上海创办了自己的政治机关报——《向导》周报。这个刊物有力地宣传了党的反帝反封建的民主革命纲领,在革命斗争中

---

① 《中共中央文件选集》第1册,中共中央党校出版社,1989年,第6-7页。

起到了重要的舆论宣传和思想指导作用。

党员的马克思主义理论水平普遍不高的一个重要原因是所能接触到的马克思列宁主义著作十分有限，因而不能比较深入地认识和理解马克思主义。所以，在党成立以后，把组织出版马克思列宁主义的著作作为一项重要任务着手开展起来。1921年11月，陈独秀即以中央局书记的名义签署并向全国党组织发出的《中国共产党中央局通告》。这是中央领导机构成立后下达的第一份文件。通告就关于建立与发展党团工会组织及宣传工作等问题提出了具体要求。在宣传工作上，提出了"中央局宣传部在明年七月以前，必须出书（关于纯粹的共产主义者）二十种以上。"① 为了能够更好地宣传马克思主义，组织马克思主义著作的出版发行，党的一大后不久，即1921年9月1日，中央局在上海秘密创办了人民出版社，由时任中央宣传部主任的李达负责。人民出版社是我们党建立的第一个出版社，从1921年9月1日起开始马克思主义著作的出版事业。李达在《新青年》第九卷第五号（1921年9月1日出版）登载出《人民出版社通告》，说明该社的宗旨和任务，指出："近年来新主义新学说盛行，研究的人渐渐多了，本社同人为供给此项要求起见，特刊行各种重要书籍，以资同志诸君之研究。本社出版品的性质，在指示新潮底趋向，测定潮势底迟速，一面为信仰不坚者祛除根本上的疑惑，一面和海内外同志图谋精神上的团结。各书或编或译，都经严加选择，内容务求确实，文章务求畅达，这一点同人相信必能满足读者底要求，特在这里慎重声明。"② 此外，这个《通告》还公布了该社当年的出版计划，准备出"马克思全书"15种，计有《马克思传》、《工钱劳动与资本》、《价值价格与利润》、《哥达纲领批评》、《共产党宣言》、《法兰西内乱》、《资本论入门》、《剩余价值论》、《经济学批评》、《革命与反革命》、《自由贸易论》、《神圣家族》、《哲学之贫困》、《犹太人问题》、《历史法学派之哲学的宣言》。"列宁全书"14种，"康民尼斯特丛书"（即"共产主义丛书"）11种，其他出版9种，包括恩格斯的《空想的科学的社会主义》。从计划出的"马克思全书"看，包括

---

① 《中共中央文件选集》第1册，中共中央党校出版社，1989年，第26页。
② 中共中央编译局马恩室：《马克思恩格斯著作在中国的传播》，人民出版社，1983年，第21页。

了马克思主义哲学、政治经济学、科学社会主义三个组成部分的内容。由此可以看出,李达是想通过出版"马克思全书"和"列宁全书",以使读者对马克思列宁主义的内容及产生、发展过程有一个比较全面、系统的认识和了解。但由于条件所限,该社在创办后的一年多时间里,先后出版了马克思、恩格斯的《共产党宣言》、列宁的《劳农会之建设》等著作以及"共产主义丛书"五种。出版的这些著作中,除《共产党宣言》是重印陈望道的译本以外,其余都是首次以单行本出版的新译本。这些马列主义经典著作的出版,为初创时期的中国共产党提供了宝贵的精神食粮,"对思想上有很大的影响",成为许多共产主义者的启蒙读本,提高了党员的马克思主义理论水平,对马克思主义的广泛传播也起到了巨大的积极作用。

在中国共产党宣告成立以后,为了提高党员的思想理论水平,各地党组织纷纷利用原有的马克思主义研究会,组织广大党员学习、研究马克思主义及中国社会的实际问题。北京大学马克思学说研究会,以"亢慕义斋"① 为主要工作地点,开展了大规模的马克思主义著作的译介工作。"根据人民出版社通告(广州昌兴新街28号),该社编译社会主义新书和重版书籍共计48种,其中标明康明尼斯特丛书10种,列宁全书14种,均系亢慕义斋翻译任务。又马克思全书14种,是亢慕义斋与上海、广州同志分任编译的,书中编译者大都用笔名,其他9种亦同。"② 可以说,马克思学说研究会为党的马克思主义著作的翻译出版事业做出了重要贡献。此外,马克思学说研究会还定期组织会员进行马克思主义学说的研究讨论,先后分为14个重大课题组,分门别类地对马克思主义进行系统研究。讨论会的主题而言,研究会拟定了具体的分组研究:"第一组唯物史观;第二组阶级斗争;第三组剩余价值;第四组无产阶级专政及马克思预定共产主义完成的三个时期;第五组社会主义史;第六组晚近各种社会主义之比较及其批评;第七组经济史及经济学史;第八

---

① 马克思学说研究会成立后,在蔡元培校长的支持下,北京大学拨出西斋宿舍中两间宽敞的房子作为马克思学说研究会的办公会址。李大钊和研究会诸成员都亲切地称之为"亢慕义斋"。所谓"亢慕义"是"共产主义"一词的德文音译,"亢慕义斋"就是指"共产主义小室"(Das Kammunistische Zimmer)。

② 北京大学图书馆、北京李大钊研究会:《李大钊史事综录》,北京大学出版社,1989年,第484页。

组俄国革命及其建设;第九组布尔什维克党与第三国际共产党之研究;第十组世界资本主义国家在世界各弱小民族掠夺之实况——特别注意于中国。"① 除了分组研究,研究会还拟定了三个特别研究:"A. 劳动运动研究由几个感觉此项知识之需要的会员组成的。每星期三晚集会一次。B.《共产党宣言》研究由几个感觉西文程度不佳的会员组成的,采此书为教本。每星期一、四、五晚请会员一人教授之。C. 远东问题研究材料分三种搜集,英文的、日文的、中文的。"② 另外,1922 年 3 月末又特别增设了《资本论》研究,由陈启修先生担任导师。可以说,马克思学说研究会的这些学习、研究活动,使会员们不仅可以就马克思主义的某一主题进行理论钻研、思想交锋,而且可以结合中国乃至世界的现实状况来了解马克思主义在世界各国的传播发展,进而寻求马克思主义在中国传播、发展的可能性与必然性,很大程度上提高了成员的马克思主义的理论素养及用其分析和解决中国实际问题的能力,并影响了一批先进分子加入到中国共产党的革命组织中来。

随着马克思主义的广泛传播以及中国共产党影响的不断扩大,党员队伍也在迅速地扩大。党员成分也由主要是知识分子转向工人和农民。由于这些新党员的文化水平普遍较低,大多数人对马克思主义还缺乏比较深入的了解。同时,由于革命形势的发展,国共两党合作的建立,使得共产党的影响力更加广泛。如何提高党员的理论水平,保持共产党在统一战线中的独立性,更好地宣传党的主张,扩大党的影响,这些问题让党更加充分认识到理论教育和理论宣传的重要性。为此,1925 年 1 月党的第四次全国代表大会通过了《对于宣传工作之议决案》,详尽阐述了关于党的教育和宣传的指示。《议决案》首先着重强调了革命理论的重要性。指出:"今后本党宣传工作的主要目标必须根据大会关于中国民族革命运动的新审定,努力宣传民族革命运动与世界革命运动之关联和无产阶级在其中的真实力量及其特性——世界性与阶级性,以端正党的理论方向。没有革命的理论,即没有革命的运动。有了健全的革命理论,然后党的宣传工作方得依此范畴融通各部,使党员行动方有

---

① 北京大学图书馆、北京李大钊研究会:《李大钊史事综录》,北京大学出版社,1989 年,第 468 页。

② 同上,第 467 页。

所准绳。"①《议决案》还对过去党的宣传工作中存在的"党中政治教育做得极少",在党报上"很难找到教育党员关于党的政策的讨论文字,在小组会中很少有政治报告",以及"在群众中的政治宣传,常常不能深入",在知识分子中"很少注意于共产主义理论的宣传和引导,致使无产阶级的文化在他们中间尚很少发生影响"②等问题进行了批评。为了改正这些不足,《议决案》提出:中央应有一强固的宣传部负责进行各事,并指导各地方宣传部与之发生密切且有系统的关系。同时,要集中力量办好《向导》、《新青年》、《中国工人》、《党报》这几个刊物,以扩大宣传范围。党的支部作为党的基本教育机关,应该在每次会议上注意于政治报告和党的策略的解释,另外于可能时更有必要设立党校,有系统地教育党员或各校临时讲演讨论会以增进对于主义的深切认识。在职工运动中的宣传工作,可以开设补习学校,从实际问题中灌输简明的理论知识;在知识界中,应指导各地于可能范围内设立马克思列宁主义研究会或其他临时的讲演谈论会,以扩大共产主义运动。③

根据党的四大《对于宣传工作之议决案》的指示,为了加强对党员的马克思主义理论以及党的基本知识和方针政策的教育,各地区相继创办党校、团校等学习组织来加强党的思想建设。1925 年底,李大钊主持的北方区委在北京创办了一所高级党校,由罗亦农担任校长。其目的就是为了加强党的思想建设和组织建设,有计划有组织地培训党的骨干,以适应革命形势发展的需要。1924 年,湖南区委开办了党的第一所团校。团校经常邀请党的领导人来作专题报告,毛泽东就曾先后四次来团校做过报告。1926 年,中国共产党以中华全国总工会的名义创办了"劳动学院",专门培养工人运动干部。学院由刘少奇、邓中夏等负责,其教育方针是:以马克思列宁主义理论、工人运动理论、中国革命基本思想教育学生,采取理论与实践相结合的方法,提高学生的理论水平、思想水平和开展工人运动的水平,以促进工人运动的发展,以促进中国革命运动的发展。

以上所述的党成立初期的对于理论教育和宣传工作的指示与活动,充分

---

① 《中共中央文件选集》第 1 册,中共中央党校出版社,1989 年,第 375 页。
② 同上,第 375—376 页。
③ 同上,第 376—378 页。

表明了在党的建设中,党对用马克思列宁主义思想武装全党,提高全党的思想理论水平,进而扩大共产党的影响,是始终特别重视与强调的。

四、走理论与实践相结合的道路,推进党的事业的发展

理论只有与实际相结合才能发挥其作用,才能具有长久的生命力。中国早期的共产主义者在学习马克思主义理论的过程中,高度关注社会现实,注重用马克思主义来分析、解决中国的实际问题。李大钊曾指出:"一个社会主义者,为使他的主义在世界上发生一些影响,必须要研究怎么可以把他的理想尽量应用于环绕着他的实境"。① 面对胡适在《多研究些问题,少谈些主义》一文中,提出的"哪一种主义才适合中国当今的时势,怎么才能解决中国的实际问题"的疑问,李大钊也坦然承认:"我们发表的言论,偏于纸上空谈的多,涉及实际问题的少,以后誓向实际的方面去作。"② 陈独秀在《马克思的两大精神》一文中,也"希望青年诸君能以马克思实际研究的精神研究社会上各种情形,最重要的是现社会的政治及经济状况,不要单单研究马克思的学理,这是马克思的精神,这就是马克思第一种实际研究的精神。第二,马克思实际活动的精神。马克思所以与别个社会主义者不同,因为他是个革命的社会主义者。凡能实际活动者才可革命。"③

1919 年五四运动以前,在李大钊的号召和影响下,北京大学的邓中夏等人就发起成立了"平民教育演讲团",向市民进行宣传活动。五四运动爆发后,尤其是上海工人阶级的罢工斗争,充分显示了工人阶级的伟大力量,进一步使中国的先进分子认识到,只有到工人中去宣传、发动,走与工人运动相结合的道路,中国的革命才能成功。北京长辛店的铁路工厂,就是当时他们经常活动的地方。这里的工人们饱受帝国主义和封建势力的压迫,生活十分困苦,觉悟较早。五四运动爆发后长辛店的爱国工人,也纷纷起来,参加抵制日货的游行示威活动,并与邓中夏以及北大的进步学生建立了联系。此

---

① 李大钊:《再论问题与主义》,《每周评论》第 35 号,1919 年 8 月 17 日。
② 同上。
③ 《陈独秀文章选编》(中),三联书店,1984 年,第 178 页。

后,邓中夏领导的平民教育讲演团多次来到这里进行调查,了解实际情况,并在工人中间积极进行革命宣传,培养了一批工人积极分子。

　　各地共产党早期组织成立以后,开始有组织、有计划地通过各种形式,和工人建立联系,了解他们的生存、工作状况,并向他们宣传马克思主义。由于工人的文化水平普遍比较低,各地共产主义小组在开展工人活动时,利用"提倡平民教育"的合法名义,积极创了办各种劳动补习学校。北京早期党组织在长辛店成立了劳动补习学校。除派来两个常驻教员以外,党组织其他成员也大都来讲过课,邓中夏就是其中经常来的一个。李大钊也曾来到这里,向工人宣传、讲解马克思主义。此外,上海的早期共产党组织在小沙渡创办了工人半日学校,其他各地的共产党组织也相继创办了补习学校、工人夜校、识字班等。通过这种学习组织,教员们在教授工人文化知识,提高其文化程度的同时,也积极进行马克思主义的普及和宣传活动,以启迪工人们的觉悟。这种组织培养了一批工人中的先进分子,成为发动工人,开展工人运动的基地,这为工会组织的成立打下了基础。1920年11月21日,上海机器工会成立,这是上海的共产党早期组织领导建立的第一个工会组织。1921年五一劳动节,北京长辛店一千余工人举行庆祝大会,并通过了组织成立工人俱乐部(工会)的决议。武汉、长沙、济南、广州的部分产业工人和手工业工人也纷纷成立了工会。工会组织的成立进一步推动了工人运动的发展。

　　此外,为了更好地向工人宣传马克思主义,启发他们的阶级觉悟,各地早期共产党组织还纷纷创办了供工人们阅读的刊物。如上海的《劳动界》、广州的《劳动者》、北京的《劳动音》和《工人周刊》等。这些刊物结合工人的生活情况和斗争实际,深入浅出地宣传马克思主义基本理论,对工人进行马克思主义教育以启发其觉悟,引起了工人们的广泛共鸣。

　　随着马克思主义与工人运动的日趋结合,共产党成立的条件日趋成熟了。中国共产党成立后,为了加强对全国工人运动的统一领导,1921年8月11日,中央局在上海成立了中国劳动组合书记部,这是党领导工人运动的第一个公开机构。书记部还出版了《劳动周刊》作为其机关刊物。书记部成立后,相继在北京、汉口、长沙、广州、上海等地建立了分部,各分部分别组织在所辖地区开设工人夜校、创办工人刊物、组织产业工会、领导工人罢工,扩大了党在工人乃至整个社会中的影响。1922年5月,中国劳动组合书记部在广州召开全国第一次劳动大会。"大会通过'在中国全国总工会未成立以前，中国劳动组合书记部为全国总通讯机关'案，事实上便是公认它为全国唯一的领袖"。这次大会的成功，"引导工人阶级开始走向团结的道路"①。在全国第一次劳动大会成立前后，从1922年1月的香港海员大罢工为起点，到1923年2月的京汉铁路工人大罢工为终点，中国共产党领导的工人运动掀起了第一个高潮。在持续达13个月的时间里，共爆发罢工斗争100多次，参加罢工的工人达30万以上。这些罢工斗争，大部分是在中国共产党的领导下发动的，充分显示了工人阶级的革命力量，锻炼了工人阶级队伍，巩固了党的阶级基础。通过与工人阶级的密切联系，使共产党更加以工人阶级先锋队的面貌展现在全国人民面前，扩大了党在全国的政治影响，为党同其他革命力量的合作，掀起全国规模的大革命奠定了基础。在指导工人阶级进行斗争的过程中，党的自身建设也得到了加强。在工人中涌现出来的许多先进分子都加入到了党的队伍中来，党在工矿企业中的基层组织也开始建立起来，扩大了党的队伍和组织机构。

在努力与工人建立密切联系，指导工人运动的同时，党也十分关注占人口绝大多数的农民的问题。《共产党》月刊曾发表《告中国的农民》一文，指出："中国农民占人口底大多数，无论在革命的预备时期，和革命的实行时期，他们都是占重要位置的。设若他们有了阶级的觉悟，可以起来进行阶级斗争，我们底社会革命，共产主义，就有了十分的可能性了。"② 为了启迪农民的觉悟，早期共产党人开始深入到农村中进行革命宣传。1921年4月，上海共产主义小组的成员沈玄庐回到家乡浙江萧山县衙前村，向农民宣传革命思想，并发动农民组织成立了衙前农民协会，这是中国第一个新型的农民组织。此后周围方圆150公里内的几十个村庄，先后成立了80个农民协会，成为团结农民，为农民利益而斗争的先进农民组织。在江西，方志敏利用他和农村的联系，利用寒暑假回到家乡，向农民宣传马克思主义。他将《共产党宣言》等马列主义的革命理论，用通俗生动的语言讲给贫苦农民听。他结合广大农民被剥削、被压迫生活十分困苦的实际，着重对他们进行马克思主义

---

① 《邓中夏文集》，人民出版社，1983年，第481、485页。
② 《共产党》月刊第3号，1921年4月7日，第3页。

的阶级斗争教育和共产主义的前途教育，讲解生动形象，饱含阶级感情，受到了农民的欢迎，促进了农民革命觉悟程度的提高。在广东，澎湃于1922年在海丰地区号召农民组织起来，成立农会。"到1922年底，海丰县已有12个约（相当于乡一级建制——笔者注）、98个乡建立了农会，会员发展到2万户，自然人口近10万人，占全县总人口的四分之一。"① 此后，澎湃又先后到陆丰、惠阳两县从事农民运动。"到1923年5月，海丰、陆丰、惠阳三县共有70多个约、1500多个乡建立了农会，会员达到20多万人。"② 为了培养农民运动的骨干，经共产党人提议，国民党中央执行委员会决定开办农民运动讲习所，抽调农运骨干进行理论学习和教育。从1924年7月起，在广州先后由共产党人澎湃、阮啸仙、毛泽东等主持下，举办了六届。在广州农民运动讲习所的影响和带动下，全国其他各地也纷纷举办农民运动讲习所和农训班。据统计，广东、广西、湖北、湖南、江西、四川、陕西、福建等省共办了40多个农民运动讲习所和农训班。国民政府迁到武汉后，在武昌又创办了中央农民运动讲习所，由毛泽东主持，全校共有学生700多人。农讲所十分重视对学员的马克思主义理论教育，选聘了一批著名的共产党人和左派国民党人来给学员讲课，其中有恽代英、李立三、瞿秋白、澎湃、方志敏、于树德、李达、李汉俊、何翼人、邓初民等。这些人都是著名的革命家和理论家，他们在教授过程中，能够较好地把马克思主义的原理与中国革命的实际结合起来，讲解通俗易懂，深入浅出，收到了良好的效果。通过举办农民运动讲习所，培了一大批既具有了一定的马克思主义理论基础，又能开展宣传、组织农民运动的骨干分子，极大推动了农民运动的发展。

青年学生是一个思想活跃，比较容易接受新鲜事物，对中国的社会发展十分关注的群体，从党的早期组织建立后，早期马克思主义者就十分注重青年思想的发展。为了加强对青年工作的领导，1920年8月，在上海共产党小组领导下建立了社会主义青年团。此后，北京、武汉、长沙、广州、天津等地也建立了社会主义青年团。各地青年团组织当地青年学习马克思主义，并

---

① 中共中央党史研究室：《中国共产党历史》（第一卷）上册，中共党史出版社，2002年，第121页。

② 同上。

领导他们参加实际斗争。1921 年党的成立大会召开以后,毛泽东回到湖南所做的第一件事情就是创办了"湖南自修大学"。自修大学是一所传播马克思主义、培养革命干部的新型大学。后来,毛泽东邀请李达担任自修大学的校长。自修大学设有文、法两科,以研究马列主义和探讨中国革命问题为中心组织教学。李达十分重视组织学生学习马克思主义的原著,亲自给学员讲授马克思的《哥达纲领批判》,同时学校还多次举办马克思主义学说讲演会。1922年春,党还创办了上海大学,以理论与实际相结合作为其立校精神,其下设的社会科学院各系均开设马克思学说课程,许多著名的共产党人如李大钊、瞿秋白、张太雷、蔡和森等都曾来这里讲过课。瞿秋白还担任过上海大学的社会学系主任,为学生开展马列主义讲座,当时他所著的《社会学概论》、《列宁主义概说》几乎人手一册,很多青年学生在他的影响下走上了革命的道路,成为了马克思主义者。除进行理论学习外,还要求学生参加一定的社会活动,走到广大的工人、农民群众中去宣传革命理论,起到唤起民众,组织民众的作用。通过这些组织机构,党扩大了在广大青年中的影响,培养了一大批进步青年,为党培养了宝贵的后备力量。

　　此外,当时的早期共产主义者中也有人亲身赴俄,去实地考察社会主义的革命实践活动,更加系统地学习、研究马克思主义。瞿秋白就是其中典型的一位。五四运动后,各种改造社会的思潮纷至沓来。就是在当时流行的社会主义思潮中,也有许多流派。除马克思主义以外,还有空想社会主义、无政府主义、基尔特社会主义、新村主义、托尔斯泰的泛劳动主义等。面对各种各样的思想,瞿秋白觉得犹如"隔着纱窗看晓雾,社会主义流派,社会主义意义都是纷乱,不十分清晰的"。① 为了求得"实际的结论"、"真实的智识",瞿秋白决定到作为"世界上第一个社会革命的国家,世界革命的中心点"的苏俄去进行实地考察。他于 1920 年 10 月从北京启程,辗转 50 多天,于 1921 年 1 月抵达莫斯科。此后在苏俄的两年时间里,瞿秋白进行了大量的采访、学习考察和革命活动。他深入考察了苏俄的社会生活,访问了工厂、农村、学校、机关,还担任东方劳动大学教员,参加苏俄党和共产国际的会议,并几次得到列宁的当面教导。他以亲身的经历以及所接触到的大量第一

---

① 《瞿秋白文集》(文学编)第 1 卷,人民文学出版社,1985 年,第 26 页。

手材料,对苏维埃俄国的政治、经济、文化等方面的历史和现状进行了广泛的研究和报导,写了数十篇政治通讯。同时,他还坚持对马克思列宁主义理论的学习和研究,对革命理论有了更加深入的了解。后来,他把旅俄的这段经历写成了两本散文杂记《饿乡纪程》、《赤都心史》,真实地向国人介绍苏俄革命后的现状,产生了广泛的影响。正如他所说的:"只有实际生活中可以学习,只有实际生活能教训人,只有实际生活能产生出社会思想"。① 也正是通过到苏俄的实地考察活动,使瞿秋白更快地完成了世界观的转变,决心"为共产主义之人间化"奋斗终生。

以上的种种活动充分表明,无论是共产党的早期组织,还是中国共产党正式宣告成立后,都始终注意在学习、研究马克思主义理论的同时,走与中国实际相结合的道路。正如毛泽东所说,理论"如果不为人民群众所掌握,即使是最好的东西,即使是马克思列宁主义,也是不起作用的。"② 理论只有与实际相结合,被广大人民群众所掌握,才能变成物质力量,这也是马克思主义的精神实质所在。

但是由于时代发展和理论认识的局限,早期的共产党人对于把马克思主义与中国实际相结合这一问题的认识还是存在着明显的不足。对于理论与实践的关系的认识还存在着一定的片面性。

当时在党内领导人中间就存在着对理论的认识和对实践的认识相脱节的问题。比如陈独秀对马克思列宁主义的基本理论就重视不够,甚至对这些理论的学习研究也不是很深入。李达对此曾回忆道:"他(指陈独秀——笔者注)本人并不阅读马列主义著作,书架上有一部法文资本论,他从不曾翻看过(他会法文)。他在报纸上写普通的政论是动听的,对于中国革命的理论则不懂,也不研究。"③ 而对于革命实践活动的认识却又过于极端的强调,他甚至对广大青年略带偏激地提出:"宁可少研究点马克思的学说,不可不多干马克思革命的运动!"④

而当时党内的另一位主要领导人李达,则更加注重强调马克思主义理论

---

① 《瞿秋白文集》(文学编)第1卷,人民文学出版社,1985年,第93页。
② 《毛泽东选集》第4卷,人民出版社,1991年,第1515页。
③ 吴少京:《亲历者忆——建党风云》,中央文献出版社,2001年,第37页。
④ 《陈独秀文章选编》(中),三联书店,1984年,第178页。

研究的必要性。李达是一个学者气味很重的人，秉性直率。他本身马克思主义的理论水平就很高，而且当时负责党的宣传工作。他把更多的精力放在对马克思主义理论的深入学习和研究上，而对于党的实际活动重视不是很够。当时在长沙时，就曾因为专注于教学和写作，不经常参加党小组会议和长沙的劳动者游行活动，而受到陈独秀和党内其他一些同志的批评。李达对此曾说，他那时候"主张党内对于马克思学说多做一番研究工夫，并且自己也努力研究马克思学说和中国经济状况，以求对于革命理论得一个彻底的了解。但当时党内的人多注重实行，不注重研究，并有'要求马克思那样的实行家，不要求马克思那样的理论家'的警句"。① 这种认识上的分歧，成为导致他后来脱党的一个重要因素。

　　党内对于理论研究与革命实践关系的两种不同的片面理解，说明了当时还没能树立起马克思主义与中国实际相结合的自觉意识，还不懂得研究马克思主义归根到底是为了解决中国革命的实际问题。从而为后来国共合作时期陈独秀不能正确地处理与国民党的关系，放弃了共产党的独立性等一系列右倾机会主义错误的发生埋下了隐患。但无论怎样，早期中国共产党人所进行的把马克思主义与中国革命实践相结合的这种开创意义的伟大探索，尤其是李大钊、毛泽东等人代表的正确方向，是不容否定的。无论是探索中成功的经验还是失败的教训，都为后来的发展提供了宝贵的借鉴。

---

① 李达：《中国所需要的革命》，《现代中国》第 2 卷第 1 号，1928 年 7 月。

第六章 马克思主义学习型政党的初步成型
——延安时期的历史经验

延安时期是中国共产党历史上学习氛围空前浓厚的一个时期。这一时期，全党掀起了此起彼伏的学习浪潮，出现了人人学习，人人读书的壮丽场景，为中共党史画卷增添了浓重的一笔。经过延安时期全党的学习活动，马克思主义学习型政党建设初步成型。

延安时期，创造了许多伟大的新鲜经验，至今对我们的学习型政党建设仍有着重要的启迪意义。同时，也有一些历史教训，值得我们引以为鉴。

一、扎根延安，学习奠基——从瓦窑堡会议到六届六中全会

1935年10月，中国共产党领导的工农红军第一方面军经过历时一年的艰苦转战，到达陕甘根据地，胜利完成了长达两万五千里的长征。11月7日，中共中央机关到达陕甘根据地的中心——瓦窑堡。此时的中国，民族危机日益严重，全国范围的抗日救亡运动不断高涨。面临新的形势和任务，党中央于1935年12月17日至25日，在瓦窑堡召开政治局会议，分析了当前中国政治形势的特点，并就目前形势下党的策略路线进行了讨论，确定了建立最广泛的抗日民族统一战线的新策略。面对党的历史任务的伟大转折，瓦窑堡会议就结成抗日民族统一战线的问题，结合党的历史上曾出现的教训，着重强调了要努力克服两种错误倾向。一种是惧怕敌人，惧怕群众，不敢大胆地运

用广泛统一战线的"左"倾关门主义倾向。一种是甘当民族资产阶级、富农以及上层小资产阶级的尾巴,为迎合他们而牺牲广大农民、工人、士兵利益的右倾机会主义。党在统一战线问题的认识上出现"左"的或"右"的错误,其根本原因是"不会把马克思列宁斯大林主义活泼的运用到中国的特殊的具体环境中去,而把马克思列宁斯大林主义变成死的教条。"① 如果说,在长征途中召开的遵义会议解决了党在军事路线上的错误并进行了组织调整,那么从中共中央到达陕北,并随即召开瓦窑堡会议,党已经开始着手解决在政治路线尤其是思想路线上的问题。为了适应新形势下党的历史任务的转变,提高全党的马克思主义理论水平,消除思想认识上的错误倾向,学习成为摆在全党面前的一项重要任务。

为了提高全党的马克思列宁主义理论水平,党中央利用进驻陕北后这个相对稳定的环境,逐步展开了理论学习活动。毛泽东等中央领导同志十分重视马克思主义理论的学习和钻研,并努力运用这种理论来分析和解决中国的实际问题,为党的思想建设做了许多理论上的准备。毛泽东认真阅读了当时能得到的马克思列宁主义经典著作以及其他一些研究马克思主义的书籍,在此基础上,他相继发表了《论反对日本帝国主义的策略》、《中国革命战争的战略问题》、《实践论》、《矛盾论》、《反对自由主义》等著作。这些著作着重从哲学高度来分析和阐述党犯错误的思想根源,指明了正确对待马克思主义理论和中国革命实际的科学态度,批判了左倾教条主义错误。这对于从思想上统一全党的认识,使全党同志学会正确地运用马克思列宁主义的立场、观点、方法来解决中国革命的实际问题,具有重要的指导意义。为消除左倾教条主义对党员的思想束缚,党的其他领导同志也着重强调了理论学习对当前党的建设的重要意义。1937年5月,刘少奇在白区党代表会议上指出:为了应对抗日战争新形势下党面临的重大转变,"全党同志必须进行极艰苦的工作与学习"。"党的理论研究与理论宣传更加重要了"。为了坚决抛弃主观主义与形式主义,坚决肃清关门主义与冒险主义的历史传统,他号召"同志们都应该学习,学习过去的经验,学习马克思列宁主义的理论,学习马克思列宁主义的方法。只有这样,才能使我们前进,才能使党与群众工作彻底转变。学

---

① 《中共中央文件选集》第10册,中共中央党校出版社,1991年,第618-619页。

习！学习！再学习！用马克思列宁主义把我们的头脑武装起来，我们是能克服过去的一切错误，率领千百万群众去战胜日本帝国主义，解放中国的。"①1936 年 10 月，张闻天在《关于白区工作中的一些问题》中在谈到理论学习对于中国共产党干部的重要性时，指出：马克思列宁主义理论"对于我们的需要正如空气之对人一样。每一个共产党的干部，必须获得这个效用无穷的强有力的武器。"在谈到如何对待这种理论时，他强调我们的干部必须学会马克思列宁主义的生动的革命精神，学会能够使用马克思列宁主义的方法，去分析具体的环境，并从这种分析中得出一定的行动方针。他告诫党内那些有极其丰富的实际工作经验而没有机会学习过马克思列宁主义理论的同志，千万不应该看轻理论的学习，相反的，应该利用一切机会来学习理论，养成学习的习惯。②他还着重强调了要通过认真办理党校，来改善干部教育工作，提高全党所有干部的学习精神。这些论述，对于纠正党内存在的忽视理论学习的错误认识，推动全党理论学习活动的开展，具有重要的指导作用。为了让更多的党员干部进行比较系统的理论学习，党中央于 1936 年 6 月创办了"中国人民抗日红军大学"（即后来的中国人民抗日军事政治大学），决定利用全面战争爆发前夕在陕北根据地这段相对安定的时间，集中干部进行学习，提高全党的思想理论水平。来学校学习的广大党员干部都十分珍惜宝贵的学习机会，他们每天除了上课以外，还抓紧时间进行自学，并结合自己所经历的斗争实际，展开讨论研究。通过学习，他们打下了一定的马克思列宁主义的理论基础，其思想政治水平和实际的军事指挥能力都有了明显提高，为此后进一步清除"左"倾教条主义和主观主义的影响，更好地运用马克思主义来解决革命实际问题奠定了基础。为更好地进行学习，党中央还特别强调了要利用好党报、党刊。在 1938 年 4 月《中央关于党报问题给地方党的指示》中，指出："在今天新的条件下，党已建立全国性的党报和杂志"，因此，必须纠正过去那种不了解党报作用的观念，"使每个同志应当重视党报，读党报，讨论党报上的重要论文。"③

---

① 《刘少奇选集》上卷，人民出版社，1985 年，第 57、70、71 页。
② 《张闻天文集》第 2 卷，中共党史出版社，1993 年，第 188 – 189 页。
③ 《中国共产党宣传工作文献选编》(1937 – 1949)，学习出版社，1996 年，第 16 页。

为了总结抗战以来的经验教训，肃清"左"倾教条主义以及右倾投降主义的影响，树立起马克思主义理论联系实际的科学作风，1938年9月29日至11月6日，中国共产党在延安召开扩大的第六届中央委员会第六次会议，毛泽东在所作的政治报告中，专门就学习这一问题做了详细阐述。毛泽东首先着重强调了学习的重要性。指出："指导一个伟大的革命运动的政党，如果没有革命理论，没有历史知识，没有对于实际运动的深刻的了解，要取得胜利是不可能的。"① 为此，他号召"一切有相当研究能力的共产党员，都要研究马克思、恩格斯、列宁、斯大林的理论，都要研究我们民族的历史，都要研究当前运动的情况和趋势；并经过他们去教育那些文化水准较低的党员。"② 在如何进行马克思主义理论的学习问题上，他指出："马克思、恩格斯、列宁、斯大林的理论，是'放之四海而皆准'的理论。不应当把他们的理论当作教条看待，而应当看作行动的指南。不应当只是学习马克思列宁主义的词句，而应当把它当成革命的科学来学习。不但应当了解马克思、恩格斯、列宁、斯大林他们研究广泛的真实生活和革命经验所得出的关于一般规律的结论，而且应当学习他们观察问题和解决问题的立场和方法。"③ 他着重强调"马克思主义必须和我国的具体特点相结合并通过一定的民族形式才能实现。"④ 因此，他郑重告诫全党："离开中国特点来谈马克思主义，只是抽象的空洞的马克思主义。因此，使马克思主义在中国具体化，使之在其每一表现中带着必须有的中国的特性，即是说，按照中国的特点去应用它，成为全党亟待了解并亟须解决的问题。"⑤ 在这里，毛泽东重点强调了学习马克思主义，不仅要掌握其理论，更重要的是要学会运用马克思主义的立场、观点和方法来分析解决中国的实际问题，做到理论和实践相结合，把马克思主义中国化。除了要进行马克思主义理论的学习以外，毛泽东还强调了学习历史遗产的重要性。指出要用马克思主义的方法对中国的历史遗产进行批判地总结，取其精华，弃其糟粕，承继珍贵的历史遗产。在学习方式上，毛泽东号召

---

① 《毛泽东选集》第2卷，人民出版社，1991年，第533页。
② 同上，第532–533页。
③ 同上，第533页。
④ 同上，第534页。
⑤ 同上。

"来一个全党的学习竞赛,看谁真正地学到了一点东西,看谁学的更多一点,更好一点。"① 在学习态度上,他指出:"学习的敌人是自己的满足,要认真学习一点东西,必须从不自满开始。对自己,'学而不厌',对人家,'诲人不倦'"。② 毛泽东的这些论述,无论从学习的重要性、学习的思想方法和原则,还是学习的态度、方式等,都给予了详细的阐述和要求,成为此后全党学习运动的指导性纲领。除此之外,在党的六届六中全会上,张闻天在其报告中也着重谈了党员干部的学习问题。他指出:"有一百个至二百个真正精通的马列主义者,中国革命问题就可以说解决了一半。所以必须用一切方法使我们的干部在工作中学习,在学校中学习马列主义。组织干部的学习小组——列宁主义小组之类。任何干部均应以'不知为不知',放下自己的架子,老老实实的来学习。在中国现在有很好学习的条件,不必一定到苏联去'留学'"。③

党的六届六中全会关于党员干部学习问题的强调与阐述,为下一步全党范围内学习运动有组织的开展提供了思想和方法上的指导。此后,全党的学习运动蓬勃发展起来。从这一时期党对马克思主义理论学习的重视来看,自党扎根陕甘根据地,有了一个相对稳定的环境之后,为了适应形势和任务的转变,纠正党的历史上错误思想的影响,一开始就十分注重学习对于全党的重要意义,可以说党是以学习奠基作为开展新的革命任务的重要准备的。

二、"全党办成大学校"——毛泽东的"四个带头"

烽火连天的延安时期,何以会成为马克思主义理论学习活动的高峰时期?一个非常重要的原因是有毛泽东的"四个亲自带头":亲自带头学马列;亲自带头讲马列;亲自带头倡导马列;亲自带头支持翻译马列。毛泽东对于全党学习的开展,起到了巨大的带头作用,他是全党学习的典范。

第一,毛泽东亲自带头学马列。

毛泽东作为党、政、军的主要领导人,却把带头学习研读马克思主义著

---

① 《毛泽东选集》第2卷,人民出版社,1991年,第533页。
② 同上,第535页。
③ 《中共中央文件选集》第11册,中共中央党校出版社,1991年,第708页。

作作为自己的首要职责,这是李大钊在北京大学五四时代开创的优良传统。当年青年毛泽东曾在作为图书馆主任的李大钊直接领导下工作,李大钊认真研读马克思主义著作给毛泽东留下了深刻印象。在延安时期乃至一生,他都保持着这种优良传统与独特风格。

在枪林弹雨的战争年代,甚至在二万五千里长征路上,在重病在身的行军担架上,毛泽东仍然手不释卷地读马列主义著作——这在中国历史甚至世界历史上都是罕见的。曾长期担任毛泽东图书秘书的逄先知,曾这样描述:"土地革命战争时期,在被国民党反动政府封锁的革命根据地内,要读马列著作十分困难。但是毛泽东是多么渴望读到马克思主义的书籍,多么需要马克思主义理论的指导啊!那个时候,打下一些城市后,才好不容易弄到一点马列主义的书。一九三二年四月,红军打开当时福建的第二大城市漳州,没收了一批军事、政治、科学的书送到总政治部,其中有一些马列著作。根据彭德怀和吴黎平的回忆,其中有恩格斯的《反杜林论》,列宁的《两个策略》(即《社会民主党在民主革命中的两种策略》)、《'左派'幼稚病》(即《共产主义运动中的'左派'幼稚病》)。后来,毛泽东回忆土地革命战争时期的历史时说,那个时候能读到马列著作很不容易,在长征路上,他患病的时候躺在担架上还读马列的书。"①

延安时期,毛泽东继续保持了这种带头学马列的好作风、好学风。在党中央到达陕北后,毛泽东千方百计地搜集马克思列宁主义的经典著作以及各种国内外研究马克思主义的论著。1936 年 10 月 22 日,毛泽东给当时在国统区从事统一战线工作的叶剑英、刘鼎去电:"要买一批通俗的社会科学自然科学及哲学书,大约共买十种至十五种左右,要经过选择真正是通俗的而又有价值的。"② 总之,凡是当时所能得到的马克思列宁主义书籍,他都设法买来,并认真阅读。他读过的马列主义经典著作有《资本论》、《社会主义从空想到科学的发展》、《列宁选集》(多卷本,苏联出的中文版)、《国家与革命》以及斯大林的一些著作。其中,尤其对列宁的《两个策略》和《共产主义运动中的"左"派幼稚病》两本书读的最多。根据延安时期给毛泽东管过图书的

---

① 龚育之、逄先知、石仲泉:《毛泽东的读书生活》,三联书店,1986 年,第 22 – 23 页。
② 《毛泽东书信选集》,人民出版社,1984 年,第 80 页。

史敬棠回忆,毛泽东在延安经常读《两个策略》、《"左派"幼稚病》。他用的这两本书还是经过万里长征从中央苏区带来的,虽然破旧了,仍爱不释手。毛泽东在这两本书中写了一些批语,有几种不同颜色的笔划的圈、点和杠杠,写有某年某月"初读",某年某月"二读",某年某月"三读"的字样。这说明,到那个时候为止,这两本书至少已读过三遍了。这两本书早已丢失,这是非常可惜的。① 此外,他还阅读了许多研究马克思主义的论著,如由李达、雷仲坚翻译,西洛可夫、爱森堡等著的《辩证法唯物论教程》,由沈志远翻译,米丁著的《辩证唯物论与历史唯物论》,以及李达著的《社会学大纲》、艾思奇著的《思想方法论》等书。毛泽东在研究这些书籍的时候,都做了大量详细的批注,许多章节都至少进行了多次阅读。关于毛泽东读书的情形,美国记者斯诺曾经描述道:"我有一阵子每天晚上都去见他,向他采访共产党的党史,有一次一个客人带了几本哲学新书来给他,于是毛泽东就要求我改期再谈。他花了三、四夜的功夫专心读了这几本书,在这期间,他似乎是什么都不管了。"② 毛泽东研读马克思列宁主义的书籍,并不是只就一般的理论来了解,而是更加注重学习马克思主义的立场、观点和方法来分析中国革命的实际问题,因此,他读书都是伴随着深入思考中国实际问题而进行的。

第二,毛泽东亲自带头讲马列。

在抗日战争中的延安时期,毛泽东亲自带头到抗日军政大学,讲解马克思主义,特别是马克思主义哲学。

在抗日军政大学里,毛泽东曾多次向红军指战员讲授哲学课程。针对红军干部大多出身于工农,文化水平比较低,并且由于连年战争,很少有机会对马克思主义有一个比较清楚的认识。为了能让学员们听得懂,毛泽东常常列举许多实际生活中的事例来阐明马克思主义的哲学原理。他所举的事例通俗易懂,比如在讲到感性认识到理性认识的飞跃时,他就拿在延安西北菜馆的大师傅炒菜为例,说之所以他的菜炒的可口,也是在之前一次次失败经历的实践中不断总结经验,慢慢摸索出来的。这就是由感性认识上升到理性认识的认识过程。类似这样生动的事例还有很多,这样,他就把有些本来很不

---

① 龚育之、逄先知、石仲泉:《毛泽东的读书生活》,三联书店,1986 年,第 24、26 页。
② (美)埃德加·斯诺著,董乐山译:《西行漫记》,三联书店,1979 年,第 67 页。

容易理解的高深的哲学问题,变成大家都能听得懂的东西,很大程度上提高了学员的认识水平。《辩证唯物论纲要》就是毛泽东等人留下的讲课提纲。

为毛泽东思想作哲学奠基的"两论"——《实践论》和《矛盾论》,是毛泽东讲解马克思主义哲学的两篇讲稿,其中引述了马克思主义著作中的许多经典论述。讲课每周共两次,分别定在周二、周四上午,每次讲四个小时。下午,他还亲自参加学员们的讨论会。从 1937 年 5 月讲到 7 月,历时三个多月,讲授 110 多个小时。①

1938 年 9 月,毛泽东亲自提议,成立"新哲学会",由艾思奇、何思敬负责具体组织工作,并在《解放》第 53 期上,发表了《新哲学会缘起》。1940 年 6 月 21 日,新哲学会在延安举行第一届年会,出席的不仅有当时在延安的所有著名哲学家,还有毛泽东、张闻天、朱德。

此外,毛泽东还多次到专门学习和研究马列主义理论的延安马列学院给学员讲课,其生动活泼的研究风格,以及具有很强说服力和感染力的演讲内容,获得了学员们的热烈欢迎。

第三,毛泽东亲自带头倡导马列。

早在 1938 年 10 月党的六届六中全会前,毛泽东就尝试着在延安党政军领导核心,高级干部圈子里,带头讲习马克思主义著作。毛泽东不仅自己发愤读书,还组织中央其他同志一起读书,提倡党的干部都来读书。1936 年 9 月 11 日毛泽东、周恩来、博古致电彭(德怀)、刘(晓)、李(富春):"(一)同意富春办法,组织流动图书馆。(二)明日即开始寄第一次书十本,先交富春,停三天转寄彭刘,停一星期。(三)各同志务须按时寄回,以免散失。(四)以后将一星期或十天寄一次。"②

1938 年,在具有历史意义的六届六中全会上,毛泽东在《中国共产党在民族战争中的地位》一文中有一节专讲"学习",向全党提出了"来一个全党学习竞赛"的号召,他指出:"如果我们党有一百个至二百个系统地而不是零碎地、实际地而不是空洞地学会了马克思列宁主义的同志,就会大大地提

---

① 张腾霄:《中国共产党的干部教育》(抗日战争时期),中国人民大学出版社,1988 年,第 144 页。

② 《毛泽东书信选集》,人民出版社,1984 年,第 60 页。

高我们党的战斗力量,并加速我们战胜日本帝国主义的工作"。①

六届六中全会后,毛泽东利用各种机会着重强调学习马克思列宁主义的重要意义。在1938年12月13日,中央组织部召开的延安党政军机关及群众团体检查工作的干部会议上,毛泽东指出,加紧学习,学习马克思列宁主义,革命运动及中国的历史,从中央委员会机关干部研究较高深的理论起,一直到各机关事务人员学习文化止。为了加强对学习工作的组织和领导,他还要求各级机关、学校、部队均要设立干部教育领导机关。根据他的指示精神,1939年2月,中共中央成立了干部教育部,负责全党马列主义的学习活动。此后5月20日,干部教育部召开在职干部教育动员大会,毛泽东到会并发表演讲,特别强调了学习的重要性。他指出:"我们党根据历来的经验以及目前的环境,在最近发起了两个运动,一个是生产运动,一个是学习运动,这两个运动都是有普遍的意义和永久的意义的。"② 我们要建设一个独立的、有战斗力的党,就要有大批的有学问的干部做骨干,我们的干部就非学习不可。现在中央设立了干部教育部,建立起学习制度,这样的学习制度要在全国推广,只要共产党力所能及,就要把它推动起来,造成一个学习的热潮。他肯定了干部教育制度很好,是一个新的发明的大学制度,是一所无期大学。他号召大家学习一定要学到底,全党同志都要进这所无期大学,要把全党办成一个大学校。受到毛泽东报告的鼓舞,在延安兴起了学习马列主义的热潮。

此后的1941年、1942年,在抗日战争最艰苦的岁月里,毛泽东带头倡导了历史上著名的"延安整风运动",实质上是一次普遍的马克思主义教育运动与学习运动。

第四,毛泽东亲自带头支持译马列。

1942年9月15日,毛泽东写信给当时的中宣部代部长凯丰:"整风完后,中央须设一个大的编译部,把军委编译局并入,有二三十人工作,大批翻译马恩列斯及苏联书籍,如再有力,则翻译英法德古典书籍。我想亮平在翻译方面曾有功绩,最好还是他主持编译部,不知你意如何?不知他自己愿干否?为全党着想,与其做地方工作,不如做翻译工作,学个唐三藏及鲁迅,实是

---

① 《毛泽东选集》第2卷,人民出版社,1991年,第533页。
② 同上,第176页。

功德无量的。"①

1943年5月,毛泽东主持中央书记处会议,做出了《一九四三年翻译工作的决定》,指出:"马列主义古典著作的翻译工作,是党的重要任务之一",要求参加翻译工作的同志"把这一工作当做对党最负责并必须按时完成的业务"。②

1945年在具有重大历史意义的中国共产党第七次代表大会上,毛泽东两次讲到马克思主义著作的翻译出版。过去我们讲中共"七大",多半只讲毛泽东的政治报告《论联合政府》,近年来新公布的历史文献,有助于我们了解会议全貌。在中共"七大"报告中,毛泽东两次讲到要更加重视马克思主义著作的翻译出版工作问题,试图纠正延安整风后马克思主义著作翻译出版工作一度有所削弱的偏颇。

第一次,是1945年4月25日,在中共"七大"上的口头政治报告第三部分第二个问题,毛泽东特别讲到如何对待理论工作、翻译工作:

"(一)理论工作者。我们整风讲实事求是,反教条主义,这样一反,好像理论工作者就不那样吃得开了。我们应该重视理论工作者,应该重视理论。列宁说过:'没有革命的理论,就没有革命的运动。'因此我们党内要学习理论,从前我在六中全会上讲过,我们党的理论水平是很低的,现在比较过去是高了一些,但是还不够。"

"作翻译工作的同志很重要,不要认为翻译工作不好。我们现在需要大翻译家。我是一个土包子,要懂一点国外的事还是要靠翻译。我们党内能直接看外国书的人很少,凡能直接看外国书的人,首先要翻译马、恩、列、斯的著作,翻译苏联先进的东西和各国马克思主义者的东西。还有历史上的许多东西,虽然不是马克思主义的,但带有进步意义的,还有一些民主主义者的东西,我们都要翻译。

因此我们要重视理论工作者,看得起他们,把他们看成我们队伍中很有学问的人,有修养的人,要尊敬他们。"③

---

① 《毛泽东书信选集》,人民出版社,1984年,第202页。
② 《中共中央文件选集》第14册,中共中央党校出版社,1992年,第42页。
③ 《毛泽东在七大的报告和讲话集》,中央文献出版社,1995年,第147、148页。

第二次，是 1945 年 5 月 31 日，《在中国共产党第七次全国代表大会上的结论》共有 13 个问题，其中第 12 个问题是"理论工作问题"，再次强调了马克思主义著作翻译出版的重要性。

"许多人不重视理论工作，似乎这个工作不要紧。对理论工作看法的动摇是不对的。我们对搞翻译工作的、写理论文章的人要看得起，应多和他们谈谈。没有搞翻译工作的我们就看不懂外国的书，他们翻译外国的书，很有功劳，即使一生一世只翻译了一本书，也是有功劳的。别人不重视这个工作的思想，是不好的；做这个工作的同志自己对这个工作的认识也有动摇，这同样是不好的。有的人曾不止一次地要求改行，说做这个工作吃不开，要求做别的工作。不要轻视搞翻译的同志，如果不搞一点外国的东西，中国哪晓得什么是马列主义？中国历史上也有翻译工作，唐僧就是一个大翻译家，他取经回来后设翻译馆，就翻译佛经。《鲁迅全集》开卷第一页，有蔡元培写的一篇序，其中有几句写得不错。他说鲁迅是一个既博览又很谦虚的人，翻译了许多外国文学家的作品，翻译的作品占了他的全集的一半。所以，轻视这个工作和对这个工作的动摇都是不对的。"①

作为党的主要领袖，第一把手，而且是在战争时期，作为军事上的最高统帅，如此重视马克思主义著作的翻译出版事业，实在是难能可贵的，这也是中国共产党的优良传统。

三、1938 年延安创办马列学院——总书记张闻天亲自挂帅

为了系统地研究马克思列宁主义理论，由张闻天等同志发起，于 1938 年 5 月 5 日马克思诞生 120 周年纪念日之际，成立了马克思列宁主义学院，简称"马列学院"。这是我们党在延安创办的第一所专门学习和研究马列主义理论的学校，办学的目的是要继承马克思开创的事业，学习和宣传马克思主义理论，加强理论研究，提高党的理论水平，培养更多的理论研究人才，以适应革命斗争的需要。

马列学院院长由中央书记处书记、中央宣传部长洛甫（张闻天）兼任，

---

① 《毛泽东在七大的报告和讲话集》，中央文献出版社，1995 年，第 147、148、227 页。

王学文任副院长，主持日常工作。党政主要工作人员有张启龙、邓力群、朱光、章夷白、柯柏年、汪涛江等。学员主要来源于延安各机关以及前方、各根据地做过实际工作的同志和经过抗日军政大学、陕北公学、中央党校等学校初步学习过的干部。而且在入学前还要进行考试，所以被录取的学员一般都有较高的文化水平，并且具有学习和研究理论的条件。

学院设有马列主义、中国问题、哲学、政治经济学、中国历史等教研室和编译部。教学组织是班，最多时设六个班，共三四百人。课程有哲学、政治经济学、马列主义、中国革命史、西方革命史、联共党史、党的建设等。教员有一些是兼职的，主要是中共中央的领导人和在延安的著名学者。讲授政治经济学的是学院副院长王学文，他对马克思主义经济学研究有很深的功底，曾是20世纪30年代关于中国社会性质大论战中马克思主义阵线方面的主要代表；讲授哲学的是著名的马克思主义哲学家艾思奇，他所著的《大众哲学》成为当时人们学习马克思主义哲学的广为流传的教科书；讲授马列主义基本问题的是吴亮平，他曾在苏联进行过系统的马列主义理论的学习，并第一个翻译了恩格斯的《反杜林论》；讲授中国革命史和西方革命史的杨松和陈昌浩也都曾去苏联学习过，陈昌浩还担任过红四方面军的政治部主任。党的建设课程中前半部分马列建党理论由康生讲授，后面内容刘少奇、陈云、李富春等都进行过专题报告，刘少奇的《论共产党员的修养》就是在马列学院的演讲稿。毛泽东、周恩来、张闻天等中央负责人也来做过报告。

张闻天在主办马列学院的过程中，十分强调理论联系实际的办学原则。学习内容除了学习理论知识以外，还经常研究与讨论党中央与党的领导机关的各种文件与指示，经常请当地的和外来的负责同志报告各种时事问题以及实际工作的情况与经验，这些为马列主义理论的学习提供了生动的实际内容，产生了很好的学习效果，对促进教学的理论与实际相结合产生了重要作用。

马列学院的创立，一方面继承了李大钊、陈独秀关于建党应首先创立马克思学说研究会的优秀传统，另一方面也借鉴了在列宁倡导支持下梁赞诺夫、阿多兰茨基等人创立马列学院的历史经验，特别重视马列著作编译工作。

马列学院成立后，分为两个组成部分，一部分培训干部，另一部分成立编译部，专门负责马列主义著作的编辑和翻译工作。院长张闻天亲自兼任该编译部主任。最初在编译部搞翻译工作的有何锡麟、柯柏年、景林、赵非克和王实味等。虽然编译部人员不多，而且前后又有变动；但它是我党历史上第一个编译马列主义经典著作的专门机构。建党初期，中央就把传播马列主义著作当作一项重要任务。但当时只能组织分散的个人从事翻译工作，几经努力筹建的我党第一个出版社，也只能在半公开的状态下出版马列主义著作。延安时期的马列主义著作，是在党中央的直接关怀和具体领导下，由专门的翻译机构进行翻译，由党的出版社在自己的根据地出版发行的。①

为了翻译工作的顺利展开和进行，张闻天十分重视把那些既懂得马克思主义理论，又懂外文的同志吸收进编译部来。何锡麟就是其中的一位。当张闻天得知他比较愿意到抗战前线上去发挥作用的时候，他对何锡麟讲："现在是抗战时期，上前线打仗当然重要，但根据你的条件，还是以留下来翻译马列著作为好，这并不比上前线不重要。目前这方面的干部奇缺，现在要大量培养干部，马列主义的理论教育必不可少。在职干部也要学习马列著作，马克思主义的宣传工作更离不开它。"②

著名翻译家柯柏年在回忆录中，特别提到张闻天同志的独特领导作用。他回忆道："那时，苏联出版了马克思文选两卷集，其中有些著作已有中译文，但需要改译；许多著作还没有译成中文，需要补译本。张闻天同志是马列学院院长，他亲自抓这项工作。除了翻译部的全班人马以外，还调了徐冰（新华社）、成仿吾（陕北公学）和何思敬（抗大）等同志参加这项工作。张闻天同志规定每人每天要译一千字，每一千字给一块钱的稿酬……参加翻译的同志人数不多，但所包括的语种却不算少，英、俄、德、日、法文都有。从1938年到1940年，我们用了近三年的时间把这两卷集的文选统统译完了。"③

关于当时编译部翻译马克思列宁主义著作的情况，何锡麟回忆道："当时翻译的本子主要来自苏联，有俄文、英文、德文、法文、日文等版本。我们

---

① 中共中央编译局马恩室：《马克思恩格斯著作在中国的传播》，人民出版社，1983年，第298－299页。
② 张培森：《张闻天年谱》上卷，中共党史出版社，2000年，第562页。
③ 中共中央编译局马恩室：《马克思恩格斯著作在中国的传播》，人民出版社，1983年，第31－32页。

先以主要力量从事'马恩丛书'的编译,接下去才翻译《列宁选集》。"① 由于马列学院后来进行了改组,编译部的同志也都被调到不同岗位工作,翻译工作曾受到一定影响,但最终"马克思恩格斯丛书"10 卷本和《列宁选集》20 卷本的翻译工作顺利完成,并由延安解放出版社出版发行。"马克思恩格斯丛书"包括《社会主义从空想到科学的发展》、《共产党宣言》、《法兰西内战》、《政治经济学论丛》、《马恩通信选集》、《革命和反革命》、《〈资本论〉提纲》、《哥达纲领批判》、《拿破仑第三政变记》、《法兰西阶级斗争》,列宁选集共 20 本。这两部大书的翻译和出版,在延安思想界乃至全国思想界,产生了重大影响,在理论创新上有重大震撼力。这些书籍成为当时党学习马克思主义理论的宝贵资源,党的主要领导带头认真学习。据何锡麟回忆:"出版这些书都是给党内领导同志及广大干部学习用的,有时我们的译稿送至解放社,在还未排印之前就被中央领导同志如陈云、富春等同志抽去看了。"② 从现在保存的延安抗战时期出版的"马恩丛书"的版本中,我们可以看到有毛泽东亲自签名的《法兰西内战》和《哥达纲领批判》;有周恩来亲笔签名的《共产党宣言》。至于有些马恩著作扉页上写有某某人送某某同志学习,甚至第二个人看完之后又转赠第三者。当时还建立了各种形式的研究会、读书组。同志们晚上在窑洞里或认真读书,或专心听讲,或热烈讨论。学习气氛十分浓厚。当时在延安这所革命熔炉里,从领导同志到一般同志,都如饥似渴地研读马克思、恩格斯、列宁、斯大林的著作,这种刻苦学习马列主义的精神十分感人。③

1941 年 5 月,毛泽东向全党发出"改造我们的学习"的号召,要求全党同志要改掉过去学习中存在着的不注重研究现状,不注重研究历史,不注重马克思主义与中国革命实际相结合的错误倾向,要废除静止孤立地研究马克思主义的做法。根据毛泽东报告的指示精神,1941 年 7 月,马列学院改组为马列研究院。此后为加强对中国历史和现状的研究,于同年 9 月 8 日,又改名为中央研究院。中央研究院成为研究马列主义理论和培养党的理论干部的

---

① 中共中央编译局马恩室:《马克思恩格斯著作在中国的传播》,人民出版社,1983 年,第 127 页。
② 同上,第 129 页。
③ 同上,第 305 页。

高级研究机构,直属于中央宣传部,院长仍由张闻天兼任。中央研究院担负着理论研究与宣传工作的双重任务,有效地把理论与实际结合起来了。1942年2月,延安整风运动全面开展后,马列研究院(中央研究院)的工作告一段落。

四、延安整风——三大报告

从1941年5月,毛泽东作《改造我们的学习》的报告开始,到1945年4月党的六届七中全会结束,党中央用了近四年的时间,在全党中开展了著名的整风学习运动。延安整风运动实质上是"一个'普遍的马克思主义的教育运动'。整风就是全党通过批评和自我批评来学习马克思主义。在整风中间,我们一定可以更多地学到一些马克思主义。"①

延安整风运动首先在党的高级干部中展开。1941年5月19日,毛泽东在延安党的高级干部会议上,作了《改造我们的学习》的报告。这一报告着重阐述了要改造全党的学习方法和学习制度的问题。毛泽东在报告中深刻批评了党内存在的不注重研究现状,不注重研究历史,不注重研究马克思列宁主义的极坏的作风。他指出:在研究现状方面,二十年来,对于国内和国际的政治、军事、经济、文化的任何一方面,并没有作过系统的周密的收集材料加以研究的工作,缺乏调查研究客观实际状况的浓厚空气;在研究历史方面,不论是近百年的和古代的中国史,在许多党员的心目中还是漆黑一团。许多马克思列宁主义的学者也是言必称希腊,对于自己的祖宗,则对不住,忘记了。认真地研究历史的空气也是不浓厚的;在学习国际革命经验和马克思列宁主义问题上,许多同志的学习马克思列宁主义似乎并不是为了革命实践的需要,而是为了单纯的学习。所以虽然读了,但是消化不了。只会片面地引用马克思、恩格斯、列宁、斯大林的个别词句,而不会运用他们的立场、观点和方法,来具体地研究中国的现状和中国的历史,具体地分析中国革命问题和解决中国革命问题。② 这三种情形的存在,归根结底都是违背了马克思主

---

① 《毛泽东文集》第7卷,人民出版社,1999年,第275页。
② 《毛泽东选集》第3卷,人民出版社,1991年,第796-797页。

义的理论和实际相统一的原则,是主观主义在作怪。在报告中,毛泽东系统说明了学习马克思列宁主义的两种态度。一种是主观主义的态度。"这种态度下,就是对周围环境不作系统的周密的研究,单凭主观热情去工作,对于中国今天的面目若明若暗。在这种态度下,就是割断历史,只懂得希腊,不懂得中国,对于中国昨天和前天的面目漆黑一团。在这种态度下,就是抽象地无目的地去研究马克思列宁主义的理论。不是为了要解决中国革命的理论问题、策略问题而到马克思、恩格斯、列宁、斯大林那里找立场,找观点,找方法,而是为了单纯地学理论而去学理论。不是有的放矢,而是无的放矢。"① 另一种是马克思列宁主义的态度。"在这种态度下,就是应用马克思列宁主义的理论和方法,对周围环境作系统的周密的调查和研究。不是单凭热情去工作,而是如同斯大林所说的那样:把革命气概和实际精神结合起来。在这种态度下,就是不要割断历史。不单是懂得希腊就行了,还要懂得中国;不但要懂得外国革命史,还要懂得中国革命史;不但要懂得中国的今天,还要懂得中国的昨天和前天。在这种态度下,就是要有目的地去研究马克思列宁主义的理论,要使马克思列宁主义的理论和中国革命的实际运动结合起来,是为着解决中国革命的理论问题和策略问题而去从它找立场,找观点,找方法的。"② 他要求共产党员要树立理论和实际相统一的马克思列宁主义的作风,这种态度,就是实事求是的态度,是共产党员起码应该具备的态度。报告最后还向全党提出了系统周密地研究周围环境和近百年中国历史的任务,并确立了以研究中国革命实际问题为中心,以马克思列宁主义基本原则为指导的干部教育方针。《改造我们的学习》的报告不仅仅是一般的对学习方法和学习态度的阐述,更为重要的是对思想路线和认识路线的深刻认识和强调。正因如此,拉开了全党整风的序幕,为全党的整风学习指明了方向。

毛泽东的这个报告,引起了党中央的高度重视。随后,中共中央作出《关于增强党性的决定》和《关于调查研究的决定》,号召党员干部贯彻理论联系实际,实事求是的原则,展开调查研究,树立马克思主义的优良学风。1941年9月26日,中共中央通过《关于高级学习组的决定》,要求在延安和

---

① 《毛泽东选集》第3卷,人民出版社,1991年,第799页。
② 同上,第800-801页。

外地各重点地区都要建立高级学习组,各地高级学习组统归中央学习组管理指导。中央学习组由毛泽东担任组长,王稼祥任副组长。《决定》明确规定全党务必坚持理论与实践相统一的学习方法,先研究马恩列斯的思想方法论与党的历史,然后再研究马恩列斯与中国革命的其他问题,以达到克服主观主义及形式主义,发展革命理论的目的。同年底,为了能使中央党校担负起整风学习的重任,党中央决定对党校进行改组,下决心纠正党校中存在的理论和实践相脱节的不良作风,并成立政策研究室以便加强对现实问题的研究。

1941年12月1日,中央发出《关于延安在职干部学习的决定》(同时亦适用于各地),指出在职干部的学习应该分成两部分,一部分是本身工作(职务)以内的学习,一部分是本身工作(职务)以外的学习。在职干部的学习应该首先强调工作中的学习,要能够经常对自己所负责的工作进行系统的经常的调查研究,这是在工作中学习的基本方面。工作以外的学习,应按照不同种类的在职干部,分别予以对待,具体详见列表。

在职干部工作以外的学习要求情况表
(根据《中央关于延安在职干部学习的决定》制表)①

类别	学习对象	学习原则	学习内容	学习组织	目标要求
第一类	有工作经验又有较高文化水准的高级及中级老干部	1. 凡实际经验多而理论缺少者,以学习理论为主 2. 凡缺少实际经验者,以学习实际知识为主	以学习马列主义理论(同自己有联系的某一方面学起)为主,同时增加中国历史(首先是中共党史与现实的知识),研究时局动向与党的政策	参加高级学习组或各部门内的研究组	提高文化水平到相当于高中毕业到大学毕业的程度
第二类	有相当工作经验但文化水平很低的(甚至半文盲的)中级及下级工农干部		以学习文化,首先以学习国文、数学、自然常识为主,同时增加政治常识与社会常识,研究时局动向与党的政策	参加文化补习小组	提高文化水平到相当于初小毕业至高小毕业的程度

---

① 参见《中共中央文件选集》第13册,中共中央党校出版社,1991年,第242-244页。

类别	学习对象	学习原则	学习内容	学习组织	目标要求
第三类	工作经验不够，但有较高文化水平的中级及下级知识分子新干部	3. 凡文化水平很低者以提高文化为主 4. 所有干部，均应了解时局动向与当前党的政策 5. 一切学习，均应同本身工作有直接间接的联系	以学习中国历史首先是中共党史与现实的知识为主（同自己有联系的一方面学起），同时增加马列主义理论的知识，研究时局动向与党的政策	在各部门内组织学习组	提高文化水平到相当于初中毕业
第四类	在学术上，技术上有较高造就的专门人才（哲学家、经济学家、文艺家、科学家、教育家、技术家）		以了解时局动向与当前党的政策为主，同时增加中国历史（首先是中共党史与现实的知识）	参加本部门第三类的学习组	

通过这一系列决定指示的出台，可以看出，党在学习问题的认识上更加注重理论与实际相结合，努力克服主观主义的不良影响，为下一阶段全党范围内的学习整风做了良好的准备。

1942年2月上旬，毛泽东先后做了《整顿党的作风》（当时题为《整顿学风党风文风》）和《反对党八股》两个报告，以此为标志，开始了全党范围内的普遍整风运动。他向全党发出号召，提出我们的任务是"反对主观主义以整顿学风，反对宗派主义以整顿党风，反对党八股以整顿文风"。[①] 虽然把整风学习分为了学风学习、党风学习、文风学习三个阶段，但这三个方面并不是孤立的，而是紧密联系的一个有机整体，其中学风问题贯彻始终，是一个根本性的问题。毛泽东指出："所谓学风，不但是学校的学风，而且是全党的学风。学风问题是领导机关、全体干部、全体党员的思想方法问题，是我们对待马克思列宁主义的态度问题，是全党同志的工作态度问题。"[②] 其实质就是遵循什么样的思想路线的问题。可以说，整个整风运动都是围绕着学

---

① 《毛泽东选集》第3卷，人民出版社，1991年，第812页。
② 同上，第813页。

风展开的。

  毛泽东在《整顿党的作风》的报告中首先着重强调了反对主观主义，整顿学风的问题。他指出主观主义是一种不正派的学风，它在党内有两种表现，一种是教条主义，一种是经验主义。其中教条主义更为危险。反对主观主义，必须使有书本知识的人向实际方面发展；有工作经验的人，向理论方面学习，这样才可以避免教条主义和经验主义的错误。他指出："中国共产党人只有在他们善于应用马克思列宁主义的立场、观点和方法，善于应用列宁斯大林关于中国革命的学说，进一步地从中国的历史实际和革命实际的认真研究中，在各方面作出合乎中国需要的理论性的创造，才叫做理论和实际相联系。"①在此基础上，毛泽东进一步阐述了主观主义在党的组织关系中和文风中的两种不良表现，即宗派主义和党八股。他指出："宗派主义是主观主义在组织关系上的一种表现"，②所以，反对主观主义，就必须扫除宗派主义的残余，以达到全党团结统一的地步。而党八股是主观主义和宗派主义的宣传工具和表现形式，是藏污纳垢的东西，必须一同予以消灭。为此，毛泽东在此后召开的延安干部会议上，专门做了《反对党八股》的讲演，明确强调"要使革命精神获得发展，必须抛弃党八股，采取生动活泼新鲜有力的马克思列宁主义的文风。"③

  在毛泽东发表这两大讲演之后，全党上下，从领导干部到一般党员积极投入到学习整风的热潮中来。1942年2月28日，中共中央通过了《关于在职干部教育的决定》，对干部教育的重要作用和实施办法又进行了详尽的说明和阐述。4月3日，中共中央宣传部发布了《关于在延安讨论中央决定及毛泽东整顿三风报告的决定》，对整风运动进行了具体要求。《决定》明确规定了干部学习必读的18个文件，其中包括毛泽东的《改造我们的学习》、《整顿党的作风》、《反对党八股》、《反对自由主义》、《〈农村调查〉的序言和跋》、《在陕甘宁边区参议会的演说》，刘少奇的《论共产党员的修养》，陈云的《怎样做一个共产党员》等。4月16日，中央宣传部又发布通知，增加了四个学习

---

① 《毛泽东选集》第3卷，人民出版社，1991年，第820页。
② 同上，第825页。
③ 同上，第840页。

文件，使整风学习文件达到 22 个。为更好地开展整风学习活动，中央要求各高级机关成立学习委员会。1942 年 4 月 13 日，中央直属系统分区学习委员会成立，由康生、李富春领导；4 月 14 日，陕甘宁边区分区学习委员会成立，由任弼时、高岗负责；4 月 22 日，中共中央军委直属系统分区学习委员会成立，由王稼祥、陈云负责。6 月 2 日，为加强对整风学习的领导，中央总学习委员会正式成立，毛泽东担任主任，康生为副主任。中央总学习委员会下属五个分区学习委员会，分别是中央直属机关分区学委会、中央军委直属系统分区学委会、陕甘宁边区分区学委会，以及文委和中央党校学习委员会。总学委成立后，决定由中宣部通知全国各地党委，要集中力量研究整风文件并开展检查工作。此后，全党的整风学习运动轰轰烈烈地开展起来。

为了推动整风学习的顺利进行，党中央领导同志高度重视，亲自带头示范，并进行监督检查。毛泽东所作的《改造我们的学习》、《整顿党的作风》、《反对党八股》三大报告，是整风学习的纲领性文件。此后，他还多次发表讲话、演说，指导全党的学习工作。1942 年 5 月，在延安文艺工作者座谈会上，发表了著名的《在延安文艺座谈会上的讲话》，1942 年 11 月 21 日和 23 日，到西北局高级干部会议上讲解斯大林的论布尔什维克化十二条。党的其他领导同志，如刘少奇、周恩来、朱德、任弼时、邓小平、陈云等都在不同场合进行演讲和报告，来解答学习中出现的问题，引导学习活动的深入开展。中央领导同志还撰写了大量文章，谈论自己的学习体会以及对整风的认识。此外，还特别重视对各地整风情况的调查研究，掌握第一手材料，以便加强对整风学习进行具体指导。1943 年 2 月，毛泽东曾致电周恩来等："为了总结去年整风学习，确定今年学习计划起见，请你将你处去年学习经验扼要电告我们。特别是下面几项：（一）大多数同志对于整风学习是否有正确的认识，有无偏向和误解？（二）在哪些干部中收效最大？有无把整风对象轻重倒置，只整下级不整高级？（三）是否根据具体环境及各种不同干部订立学习计划，有无不顾战争环境，不管干部程度的毛病？（四）学习方法，是否能使整风学习与实际工作密切联系，是否学用一致，有无教条主义的学习态度？（五）各级负责同志是否以身作则，亲身负责领导学习，有无放弃职责，将学习领导交给秘书或他人管理之事？以上问题望予速复为盼。"① 从毛泽东给周恩来电报内容来看，想要了解的内容十分具体，正是有了这样深入细致的对各地情况的了解和掌握，才使得全党的整风学习活动获得了良好的效果。

延安整风是中国共产党历史上一次成功的马克思主义教育运动，通过整风学习，广大党员干部解放了思想，冲破了主观教条主义的思想束缚，树立了正确地对待马克思主义的态度，确立了实事求是的思想路线。这次伟大的学习实践，使中国共产党在学习建设上达到了一个崭新的水平。

五、总结历史经验，形成历史问题决议

在1938年党的六届六中全会以前，党虽然批判和纠正了土地革命战争时期的"左"倾错误和抗日战争初期的右倾错误，但是还没能从思想方法的高度对党内历次所犯的"左"、右倾错误从思想根源上进行深刻的剖析，对党的历史经验还不能做出科学的总结。为此，从党的六届六中全会毛泽东向全党提出学习任务时起，到延安整风学习，其中一项重要的学习内容就是学习党的历史，总结历史经验。

六届六中全会以后，党中央领导人如毛泽东、刘少奇、陈云等大力从事理论研究工作，撰写了一系列著作来阐明中国革命以及党的建设等方面的基本经验。此时党内的主观主义，尤其是教条主义，虽有一定的改正，但是仍然时常在一些人的头脑中有很大的影响。1940年3月19日，王明在延安再版了他的《为中共更加布尔什维克化而斗争》一书，并在再版序言中指出："本书所记载的事实是中国共产党发展史中的一个相当重要的阶段，因此，许多人要求了解这些历史事实，尤其是在延安各学校学习党的建设和中共历史时，尤其需要这种材料的帮助"。他还说道："不能把昨日之是，一概看作今日之非；或把今日之非，一概断定不能作为昨日之是。"从这些话中，可以看出他本人还在为过去所犯的"左"倾错误作辩护，而且党内许多干部对王明的"左"右倾错误还认识不清，以致还在产生着不良的影响。因此，在全党范围内开展学习党的历史，总结经验教训的任务十分紧要。

---

① 逄先知：《毛泽东年谱》(1893-1949)中，中央文献出版社，2005年，第427页。

为了更加系统地研究和分析土地革命后期的"左"倾机会主义路线,并为党的七大总结历史经验准备材料,1940年下半年,开始进行六大以来文献的收集整理工作。1940年10月,中央政治局决定由陈云、王明、王稼祥、张闻天、邓发等分工负责六大以来中央文件的收集,但由于他们大都工作繁多,收集工作进展很慢。后来,中央决定改由中央秘书处承担这一工作,由毛泽东负责督促和审核。在审核六大以来的历史文献这段时间里,毛泽东深刻感受到党内"左"倾错误路线对党造成的严重危害,并且党内还有很多人对这条错误路线缺乏正确的认识。"在这样一种思想状态下,要成功地召开七大是不可能的。为了确保七大开得成功,毛主席认为有必要首先在党的高级干部中开展一个学习和研究党的历史的活动,以提高高级干部的路线觉悟,统一全党的认识。"① 于是,在毛泽东的建议下,中央决定把六大以来的文献汇编成册,供高级干部学习和研究党的历史使用。这就是被称为"党书"的《六大以来》。《六大以来》汇集了从1928年6月党的第六次代表大会到1941年11月期间党的历史文献共519篇,内容包括党的会议纪要、决议、通告、声明、电报、指示以及党报社论、主要领导人的文章、信件等等。此后,受广大同志的强烈要求,又编辑了《六大以前》。这些宝贵的历史文件,为高级干部回顾和总结党的历史上的经验教训,澄清错误认识,统一全党思想,提供了重要材料,同时也成为此后整风学习的重要文献。其影响正如毛泽东在1943年10月中央政治局整风会议上所说的:"六月后编了党书,党书一出,许多同志解除武装,才可能召开1941年九月会议,大家才承认十年内战后期中央领导的错误是路线错误。"② 1941年9月10日至10月22日,中央政治局召开扩大会议,讨论党的历史特别是土地革命战争时期的路线问题,重点批判了主观主义和宗派主义,决定在全党发动思想革命。政治局扩大会议以后,党的高级干部开始深入学习党的历史,总结经验教训。

延安整风运动普遍开始以后,毛泽东和党的其他领导同志多次强调学习党的历史,总结党的历史经验。1942年3月,毛泽东在中央学习组作了《如何研究中共党史》的报告,详细阐明了研究党的历史的重要意义及方法等问

---

① 《胡乔木回忆毛泽东》,人民出版社,2003年,第175页。
② 逄先知:《毛泽东年谱》(1893—1949)中,中央文献出版社,2005年,第469页。

题。他指出:"如果不把党的历史搞清楚,不把党在历史上所走的路搞清楚,便不能把事情办得更好。这当然不是说要把历史上每一件事统统搞清楚了才可以办事,而是要把党的路线政策的历史发展搞清楚。这对研究今天的路线政策,加强党内教育,推进各方面的工作,都是必要的。我们要研究哪些是过去的成功和胜利,哪些是失败,前车之覆,后车之鉴。这个工作我们过去没有做过,现在正在开始做。"① 对于研究党史的方法,毛泽东提出了"古今中外法":"就是弄清楚所研究的问题发生的一定的时间和一定的空间,把问题当作一定历史条件下的历史过程去研究。所谓'古今'就是历史的发展,所谓'中外'就是中国和外国,就是己方和彼方。"② 他还指出,"研究中共党史,应该以中国为中心,把屁股坐在中国身上","要在中国的身上研究世界的东西"③。在这一报告之后,各中央局、各根据地结合整风学习,开始认真学习研究党的历史,总结历史经验。在中央南方局,周恩来曾给干部做过从党的六大到六届四中全会的党的历史的报告以及《关于一九二四至一九二六年党对国民党的关系》的报告。1943 年 3 月,刘少奇在延安向干部作了《六年来敌后工作经验的报告》,总结了这一时期党在华北、华中发展抗日民族统一战线的基本经验。1943 年 1 月,邓小平在太行分局高级干部会议上作了《五年来对敌斗争的概略总结》的报告。1942 年 4 月起,中共中央西北局组织部开始举办党史报告会,同年 10 月召开高级干部会议,研究总结历史经验教训。1941 年 7 月 1 日,党的纪念日之际,许多领导同志纷纷发表总结历史经验的纪念性文章。朱德在《解放日报》发表了《纪念党的二十一周年》,陈毅发表了《伟大的二十一年》。1942 年 7 月,为纪念中国共产党成立 22 周年,刘少奇发表《清算党内的孟什维克主义思想》。这些文章,对于中国共产党成立以来的历史经验,从思想方法的高度进行了总结。指出,这些历史经验是以毛泽东为领导的中国共产党把马克思主义普遍真理与中国革命具体实践相结合的伟大创造,是马克思主义中国化的结果。经过学习和历史经验总结,全党认识到毛泽东同志的路线才是正确的马克思主义的路线,毛泽东同

---

① 《毛泽东文集》第 2 卷,人民出版社,1993 年,第 399 页。
② 同上,第 400 页。
③ 同上,第 407 页。

志的方向,就是中国共产党的方向。1943年3月20日,中共中央召开政治局会议,推选毛泽东为中央委员会、中央政治局、中央书记处主席,毛泽东成为公认的党的领导核心。而在毛泽东的领导下所形成的中国化的马克思列宁主义理论,被称之为毛泽东思想,由王稼祥在1943年7月在纪念中国共产党成立22周年而撰写的《中国共产党与中国民族解放的道路》,文章中首次提出,并为党内许多同志所接受。毛泽东思想在党的七大上被确定为全党的指导思想。

在国民党第三次反共高潮被粉碎之后,中共中央决定从1943年10月10日开始,党的高级干部要重新学习党的历史和党的路线问题。延安整风运动正式由全党整风转入总结历史经验阶段。在这一阶段的主要任务是在批判党内存在的不良作风的基础上,彻底清算党的历史上的错误路线,从思想上、政治上、组织上和军事上进行系统总结,作出马克思主义的科学结论。党的绝大多数高级干部进行了认真的学习,除了继续研读马克思列宁主义的经典著作以外,还重点学习了关于"两条路线"的历史文献。对党的路线问题,采取历史和现实相结合的方法,加深了对是非问题的认识。比如在陕西绥德地区,专门成立了绥德地区高级干部学习小组,由习仲勋、徐向前负责。学习小组联系大革命失败后三次"左"倾路线,尤其是王明"左"倾错误对苏区和白区工作所造成的危害,对党内路线斗争的历史教训进行了总结。在此期间,还分别召开了总结党的历史经验的座谈会,如湘鄂赣、湘赣、鄂豫皖、闽粤等边区,赣东北、闽西、潮梅等地区,以及红七军、红五军团历史座谈会和华北座谈会等,把总结党的历史经验与各地区的历史经验结合起来,使干部从切实的实践中,辨明党的路线上的是非问题。1944年4月12日,毛泽东在延安高级干部会议上作了《学习与时局》的政治报告,对党的高级干部所进行的党的历史中两条路线的学习问题作了结论。指出:"中央认为应使干部对于党内历史问题在思想上完全弄清楚,同时对于历史上犯过错误的同志在作结论时应取宽大的方针,以便一方面,彻底了解我党历史经验,避免重犯错误;又一方面,能够团结一切同志,共同工作。""处理历史问题,不应着重于一些个别同志的责任方面,而应着重于当时环境的分析,当时错误的内容,当时错误的社会根源、历史根源和思想根源,实行惩前毖后、治病救人的方针,借以达到既要弄清思想又要团结同志这样两个目的。"①

在对党的历史经验全面总结的基础上,1944年5月21日至1945年4月20日,中共中央召开了六届七中全会,通过了《关于若干历史问题的决议》(以下简称《决议》)。《决议》在回顾党的历史的基础上,分析了党内出现的"左"倾和右倾主义错误的思想根源,深刻总结了克服错误思想的经验,使全党尤其是党的高级领导干部对中国革命基本问题的认识取得了共识。《决议》充分肯定了毛泽东同志的路线的正确性,全党空前自觉地团结在毛泽东的旗帜下。这就使全党经过整风真正掌握了马克思主义普遍真理与中国革命具体实践相结合的根本方向。至此,延安整风运动胜利结束。可以说,对历史经验的总结以及所取得的胜利成果,都是与学习分不开的。只有通过学习,才能正确地总结历史经验;只有从历史经验中学习,才能纠正错误认识,使思想达到马克思列宁主义基础上的一致。

六、学习蔚然成风,培养大批干部

1938年党的六届六中全会上,毛泽东发出"来一个全党的学习竞赛"的号召后,党把对干部的教育和培养工作摆在了突出的地位,作为头等大事来抓。

在1938年党的六届六中全会通过的《政治决议案》中,明确提出了开展干部的学习和教育的任务。指出:"为了使共产党广大发展成为能担当抗战建国大业中一部分光荣任务的伟大力量,必须大批培养和提拔有胆有识能作能为的党员干部和非党员干部,并且最适当的使用、教育和爱护这些干部。必须加紧认真地提高全党理论的水平,自上而下一致地努力学习马克思、恩格斯、列宁、斯大林的理论,学会灵活的把马克思列宁主义及国际经验应用到中国每一个实际斗争中来,研究孙中山先生的三民主义,研究中国历史,提高工农干部和一般党员的文化水平,更加改进《新华日报》、《解放》、《群众》等的内容,大量设立各级培养干部的学校,训练班等。"②

---

① 《毛泽东选集》第3卷,人民出版社,1991年,第937-938页。
② 《中共中央文件选集》第11册,中共中央党校出版社,1991年,第756-757页。

为了加强干部教育工作的领导，1939年2月，中共中央特别设立了干部教育部，张闻天任部长，李维汉为副部长。5月20日，干部教育部在延安召开学习动员大会，出席大会的有延安各机关学校团体代表1000多人。中共中央对此也高度重视，毛泽东亲临会场作了讲话，强调了学习的重要意义，并指明了学习的方法。张闻天也讲了话，强调在职干部学习须有持久性和恒心。李维汉作了在职干部学习的动员报告。这次学习动员大会以后，延安的在职干部学习运动广泛开展起来。为了指导和推动在职干部的学习活动，中共中央于1940年又相继发出《中央关于干部学习的指示》、《中央关于在职干部教育的指示》、《中央宣传部关于提高延安在职干部教育质量的决定》等文件，提出"全党干部都应当学习和研究马列主义的理论及其在中国的具体运用"的号召。《指示》对干部教育的方针、计划、课程、方法、制度等都作了具体规定。并决定把5月5日马克思诞辰的这一天定为学习节，来"总结每年的经验并举行奖励"。除了对延安干部的学习活动进行指导以外，党中央对全国其他地区党的干部学习教育活动也极为重视。1940年10月25、26日，中央宣传部相继发布了《关于大后方党的干部教育的指示》和《关于抗日根据地在职干部教育中几个问题的指示》，文件根据这些地区所处的特殊环境和肩负的不同任务，对其在职干部的教育进行了有针对性的部署。在党中央的号召下，延安在职干部学习活动达到了一个高潮，参加学习的在职干部达到4000多人。中央组织部、宣传部都带头成立了学习小组，其中陈云领导的组织部学哲学小组影响很大，坚持时间长达五年之久。在陕西关中，在分委书记习仲勋的领导下，成立干部教育指导委员会，并按照《陕甘宁边区在职干部教育实施办法草案》的精神，对在职干部教育学习的内容、方式、组织形式等都进行了具体规定。"利用农闲时节，习仲勋先后在关中分区举办地区干部训练班7期，每期半年，对320余名区、乡干部进行文化、政策教育和政治形势教育。"①

1941年5月，毛泽东作了《改造我们的学习》的报告，党的整风运动正式拉开序幕。为了提高党内高级干部的理论水平和政治水平，9月26日，中共中央决定成立高级学习组，其成员包括中央、各中央局、中央分局、区党

---

① 《习仲勋在陕甘宁边区》，中国文史出版社，2009年，第325页。

委或省委委员，八路军新四军各主要负责人，各高级机关某些职员以及各高级学校某些教员。同时要求延安及外地各重要地点，均设立高级学习组；军队至师、军区、或纵队为止，地方至区党委或省委为止。为此，以中央委员为范围成立了中央学习组，由毛泽东亲自担任组长，统一领导各地的高级学习组。为了推动学习与整风运动相结合，中共中央又相继发出《关于延安在职干部学习的决定》（同时亦适用于各地）、《关于在职干部教育的决定》等指示，结合整风运动的新形势，对在职干部教育提出了新的要求，并强调学习要更加注重理论联系实际。

为了加强对整风学习的领导，1942年6月2日，中央总学习委员会正式成立，毛泽东担任主任。总学习委员会定期召集延安高级干部讨论学习问题，并指导检查各地区单位的学习工作。在此前后，党领导的全国各地各部门和单位都相继成立了学习分会，来负责对所辖地区整风学习工作的领导。在中共中央的努力推动下，整风学习从延安到全国各抗日根据地广泛开展起来。1942年6月8日，中央宣传部发出《关于在全党进行整顿三风学习运动的指示》，在延安整风学习经验的基础上，向全党提出了开展整顿三风的学习运动的要求，并具体提出了整风学习的办法。由于延安处在党中央所在地，能最直接最便利地领会中央学习的精神，因而学习运动也开展的最为系统。在党中央的推动下，延安各系统各单位整风学习轰轰烈烈地开展起来。各系统分别成立了分区学习委员会，延安各机关、学校、单位分别成立了高级学习组（甲组）、中级学习组（乙组）和普通学习组（丙组）三种形式，根据干部的文化水平分为不同形式进行学习。学习活动在延安掀起了空前的高潮，党的高级干部既要忙于自己的学习，又要领导学习；中级干部在散步、吃饭、闲谈时，都是谈论学习问题；初级干部也不甘落后，积极性很高；连党外同志也主动参加学习。在整个延安，学习景象空前热烈。在全国的其他的各抗日根据地，广大党员干部在奋力抗日的同时，也利用战斗间隙，积极开展学习整风活动。在晋冀鲁豫边区，召开所属各机关干部会议，要求根据整顿三风的精神，首先要造成一个热烈的运动，并进行由上而下，由全体到个人的大检查。在晋察冀边区，从1942年5月起，边区政府一方面组织编印整风文件，一方面进行个人的大检查，进行批评和自我批评。在晋察冀边区学习委员会的领导下，各专区成立了学习分会。华中局根据过去存在的"上风不整整下风，大风不整整小风"等本末倒置的现象，决定整顿各级整风学习领导机构，各战略单位成立学习委员会，以区党委书记为负责人，分区成立学习分会，以地委书记为负责人，负责整风学习的计划、组织、监督、建设和总结。山东分局在接到中央关于整风的指示后，成立了中心学习组，以中央规定的 22 个文件为主要内容进行了整风学习，并在下辖地区成立了学习委员会。中共中央南方局地处国民党统治中心重庆，在 1942 年 6 月中宣部发出学习运动的指示后，南方局成立了由周恩来、董必武等 20 余人组成的学习委员会，引导大家学习中央制定的 22 个文件，这些文件除一部分刊登在《新华日报》、《群众》杂志以外，还把全部文件印成小册子发给大家作为必读材料。同时，学委会还拟定一些专题，由领导同志和专家做报告进行讲解。一时间，在中国共产党内形成了场面空前的学习运动。

为了让党员干部系统地进行学习，党在延安还创办了多种干部学校，以此来加强对干部的教育和培养。其中，创办党校就是其中重要的一个途径。1940 年 2 月 15 日，中央发出了《关于办理党校的指示》，明确要求"为了巩固与发展党，各地党的领导机关均应办理党校以加强对党的干部的马列主义教育"。并指出"各级党校的基本任务是在以马列主义的理论与实践来教育干部，而来校干部的基本任务也就是学习。因此整个党校的组织形式与工作方法，均应服从于这个基本任务。"① 中央党校是以培养党的中、高级干部的学校，在对干部进行马列主义教育方面发挥了重要作用。尤其是经过整风运动改组后的中央党校，在党的干部教育的指导思想、教学原则、教学内容与方法等方面都作出了重要贡献。中央党校的整风学习对全党的整风运动起到了有力的推动作用。

中国人民抗日军事政治大学（简称"抗大"）于 1936 年 6 月 1 日在陕北瓦窑堡成立，当时叫中国人民抗日红军大学，校长是林彪，政治委员由毛泽东兼任。1937 年春改名为中国人民抗日军事政治大学，并将校部迁往延安。抗大总校办学九年间，先后培养了八期干部。同时，在党领导的各抗日根据地还分别建立了 12 所分校。抗大除了开设军事课程进行军事训练以来，一直把政治教育作为教育的中心一环。在抗日战争时期，共培训了 10 万多名既军

---

① 《中国共产党宣传工作文献选编》（1937－1949），学习出版社，1996 年，第 131 页。

事过硬,又有一定马列主义理论水平的抗日军政干部,为抗日军队的发展作出了重要贡献。

延安马列学院是中国共产党创建的第一所攻读马列主义理论的比较正规的学校,学院从1938年5月成立到1941年7月改组止,"共招收过五个班(即五届)","前后学习过的学员全部约有八九百人之多。"① 1941年7月改组为马列研究院,8月又改为中央研究院,之后两年并入中央党校。马列学院培养了一批具有马克思列宁主义理论基础的干部,对全党理论水平的提高作出了很大贡献。"所有经过马列学院及中央研究院学习和锻炼的干部,以后在各个时期的艰苦斗争中,在各条战线的广泛实践中,可以说,都起了应起的骨干作用。"②

此外,在中央领导下还建立了陕北公学、鲁迅艺术学院、青年训练班、中国女子大学、泽东青年干部学校、工人学校、卫生学校、通讯学校、组织部训练班、行政人员训练班、边区党校等多所学校。正如毛泽东在1939年6月,在延安高级干部会议的报告中在谈到这些学校时所说的:"学生多的万余人,少的几百人几十人,几千个干部从事教育工作,教育出来的及尚未出来的学生三万以上。这是一个很大的成绩,十八年来未有过的现象。"③ 他要求今后仍应继续这个方针。正是有了这些学校,为全党的学习活动提供了有利条件,培养了一大批党政军干部,成为各条革命战线上的骨干力量。

七、历史教训

总体来说,延安时期中国共产党建设马克思主义学习型政党的实践活动取得了伟大的成绩,是十分成功的。通过全党轰轰烈烈的学习运动的系统开展,提高了党的理论水平和抵御风险考验的能力,为领导夺取抗战的最后胜利奠定了基础。但是,我们也应该看到,由于主观认识的局限和受当时客观环境的影响,在学习实践中也出现了一些问题。

---

① 吴介民:《延安马列学院回忆录》,中国社会科学出版社,1991年,第8页。
② 同上,第1页。
③ 《毛泽东文集》第2卷,人民出版社,1993年,第223页。

首先，在延安整风运动开始以后，注重理论联系实际更多一些，而对理论存在重视不够的问题。1941年毛泽东作了《改造我们的学习》报告之后，全党开始着重强调把理论和实际相结合的重要，在此背景下，马列学院改组为中央研究院。原先的马列学院在学习、研究和宣传马克思列宁主义基本理论方面做了大量工作，并设立编译部进行马列原著的译介工作，取得了很大成绩。改组后的中央研究院，根据毛泽东报告的指示，确立了以研究中国革命实际问题为中心，以马克思列宁主义原则为指导的方针，以调查研究敌、友、我三方的历史和现状作为自己的主要任务。"例如原来马列学院的'政治经济学研究室'改组为'中国经济研究室'，任务不再是读《资本论》，而是研究三大课题：一、大后方的经济，二、陕甘宁边区和各抗日根据地的经济，三、各种错误经济思想的研究与批判。"① 这样，对马克思列宁主义理论的研究开始有一定的削弱。与此相应的，马克思主义创始人著作的翻译出版工作，在一定程度上也有所冲淡。马列学院改组后，原有的编译部被取消，从事编译工作的同志大都被调到其他不同部门，导致翻译工作一度中断。此后，毛泽东曾设想重新组建一个大编译部，并系统翻译出版马列著作的长远计划。但由于各种各样的原因，实际上都没有能够按计划实现。在整风以后到抗战胜利这段时间，延安解放社只出版了《共产党宣言》、《社会主义从空想到科学的发展》以及《马克思主义与文艺》等著作。同时，受更加强调重视实际问题的影响，许多人的思想中出现了实用主义倾向，对基本理论的重视程度不足，甚至出现了一些搞理论的人地位降低的情况。

其次，延安整风运动中，在总结党的历史经验的过程中，中共中央各部委和延安的一些机关、学校开展了审查干部工作，在"抢救运动"中发生了"左"的失误。1943年中共中央发出的《关于继续开展整风运动的决定》指出："整风的主要斗争目标，是纠正干部中的非无产阶级思想（封建阶级思想、资产阶级思想、小资产阶级思想）与肃清党内暗藏的反革命分子。"② 这样，审干运动不仅是对干部的思想进行审查，而且增加了反奸内容。《决定》还指出：我党各地党政军民学机关中，都被打入了大批的内奸分子，数量惊

---

① 吴介民：《延安马列学院回忆录》，中国社会科学出版社，1991年，第79页。
② 《中共中央文件选集》第14册，中共中央党校出版社，1992年，第29页。

人,"各地内奸的严重程度虽然不一致,也不是说每个支部都一定有内奸,但就各个地区说来,可以断定,此种情况是无例外地存在着。"① 这种对敌情作出的过分估计,并采取逼供信及肉刑的错误作法,不可避免地导致出现反特斗争扩大化的"左"的严重错误。1943 年 7 月 15 日,中共中央直属机关召开加紧进行反特斗争的动员大会,康生在会上作了《抢救失足者》的动员报告。会后,延安掀起了"抢救失足者"运动,掀起了"抢救"高潮。原本是属于思想上、工作上的缺点错误,或者历史上为交代清楚的问题,也都被轻易地怀疑成政治问题,甚至反革命问题。"在延安,仅半个月就挖出了所谓特嫌分子一千四百多人,许多干部惶惶不可终日"②。对于审干工作中出现的"左"的错误,毛泽东发现后立即指示要坚决纠正工作中出现的偏差。1943 年 10 月,毛泽东在批转绥德反奸大会的材料时,明确指出:"一个不杀,大部不抓,是此次反特务斗争必须坚持的政策。"12 月 22 日,中共中央书记处召开会议,主要讨论了反特斗争问题,认为"抢救运动"应予否定。此后,甄别平反工作陆续展开。1944 年 5 月 24 日,毛泽东在延安大学开学典礼的讲话中说到:"'抢救运动'那时候,空气紧张得很,'抢救'了好些人,许多是搞错了的,非则非,今天要行脱帽礼,脱去给人戴错的帽子。"③ 此外,他还在多种不同场合代表党中央向受到错误批判的同志赔了不是。"抢救运动"偏离了整风运动的主旨,给党的整风学习带来了一定程度的不良影响,不能不说这是一个深刻的历史教训。

---

① 《中共中央文件选集》第 14 册,中共中央党校出版社,1992 年,第 30 页。
② 《胡乔木回忆毛泽东》,人民出版社,2003 年,第 276 页。
③ 《毛泽东文集》第 3 卷,人民出版社,1996 年,第 155 - 156 页。

第七章　马克思主义学习型政党与创新型国家相结合

——新中国成立后头八年的历史经验

新中国成立后头八年是马克思主义中国化得到延伸和发展的八年。在这八年中，在新民主主义社会建设、社会主义改造和社会主义建设道路的探索过程中，中国共产党人把马克思主义基本原理与中国实际相结合，成功地实施了《共同纲领》，顺利实现了向社会主义的过渡，开始了对社会主义建设道路的初步探索并取得了巨大的成果。这一时期马克思主义中国化能够延续新民主主义革命时期的良好势头并得到发展，其根本原因在于中国共产党面对新的政治、经济、社会形势，善于学习，使党的路线、方针和政策符合不断变化着的中国社会的实际。在这一时期，中国共产党以加强自身的马克思主义学习型政党建设，引领新中国创新型国家建设，又以创新型国家支撑中国共产党马克思主义学习型政党的建设。马克思主义学习型政党建设与创新型国家相结合，是这一时期马克思主义中国化得以延伸和发展的根本原因所在。

新中国成立前夕，面对工作重心即将发生变化的形势，中共七届二中全会号召全党党员干部加强学习以适应即将到来的经济建设形势。新中国成立后，在创设人民出版社和中央编译局为中国共产党建设马克思主义学习型政党建立两大制度支撑的同时，中国共产党在开国初期掀起了一场学习理论活动的高潮，整体上极大地提高了中国共产党的文化理论水平，为中国共产党适应新中国成立后的政治经济形势奠定了良好的基础。在开始向社会主义过渡的历史过程中，中国共产党围绕过渡时期总路线进行了大学习，为成功地实施三大改造，实现向社会主义过渡奠定了坚实的政治思想基础。社会主义改造完成后，中共八大前后，围着探索中国自己的社会主义建设道路，中国共产党开展了全党大学习、大讨论，并做出了向科学进军的两项重大部署，建设创新型国家。可以说，建国后头八年，中国共产党面临的不同的历史任务的顺利实现或完成，是与中国共产党不断善于学习密不可分的。

但是，建国初期，中国共产党在建设马克思主义学习型政党过程中也不是没有失误和教训的。过分注重向苏联学习是这一时期学习过程中存在的一大重要的失误。这种失误的表现就是，过渡时期总路线提出后，在向苏联学习过程中，过快地实现了向苏联模式转变，过早地放弃了新民主主义。与此同时，建国初期在开展对电影《武训传》的批判等思想文化领域中批判资产阶级唯心主义世界观，学习马克思主义历史唯物主义并确立其在社会思想文化领域中的指导地位的思想领域的三大批判运动中，出现了对文化多样化认识不够，简单地采取了大批判等不合理的措施和手段来解决思想文化领域中存在的问题的不良现象。最后，由于思想解放不够彻底，中共八大前后围绕着探索中国自己的社会主义建设道路而形成的正确的路线、方针、政策，没有坚持和贯彻到底。这也是建国初期中国共产党建设马克思主义学习型政党的又一大重要历史教训。

一、建设马克思主义学习型执政党新奠基：七届二中全会号召党员干部学习

1949年3月在西柏坡召开的中共七届二中全会，除了探讨夺取中国人民解放战争最后胜利、建立新中国和革命胜利后中国共产党工作重心从农村转向城市，号召中国共产党党员干部要防止资产阶级糖衣炮弹、继续发扬艰苦奋斗的精神等重要历史使命外，还有一项重要的议题就是号召全党学习。在七届二中全会上，毛泽东指出："夺取全国胜利，这只是万里长征走完了第一步。如果这一步也值得骄傲，那是比较渺小的，更值得骄傲的还在后头。在过了几十年之后来看中国人民民主革命的胜利，就会使人们感觉那好像只是一出长剧的一个短小的序幕。剧是必须从序幕开始的，但序幕还不是高潮。

中国的革命是伟大的，但革命以后的路程更长，工作更伟大，更艰苦。"① 为了迎接新的长征和更有效地提高全党的理论水平，毛泽东代表中共中央在七届二中全会上号召党员干部要加强学习并规定了"干部必读"的12本书：《社会发展史》、《政治经济学》、《共产党宣言》、《社会主义从空想到科学的发展》、《帝国主义论》、《国家与革命》、《左派幼稚病》、《列宁主义基础》、《苏联共产党历史简要读本》、《列宁斯大林论社会主义建设》、《列宁斯大林论中国》、《思想方法论》。这12本书由解放社在1949年6月到1950年6月一年时间里全部出齐，是建国初期广大干部学习马克思主义理论的重要教材，一共印行了300万册，"创造了战争时代至新中国成立初期马列著作出版史上的'中国奇迹'。"②

对于学习"干部必读"的12本书，1949年3月13日，在七届二中全会结束时，毛泽东发表了总结讲话，特别强调了全党上下都要学习马列著作，重点是学习上述12本书的重大意义。毛泽东指出："马克思主义的普遍真理与中国革命的具体实践的统一，这样提法比较好，应该这样提，而不应该像王明同志的提法，说'毛泽东思想是马列主义在殖民地半殖民地的应用和发展'，这种提法不妥当。……现在，应该在全国、全世界善于宣传马克思、恩格斯、列宁、斯大林的辩证唯物主义，关于党和国家的学说，政治经济学等等。不要把毛泽东与马、恩、列、斯并列起来。根据过去的经验，要学习十二本干部必读的书，如果在三年之内，有三万人读完这十二本书，有三千人读通这十二本书，那就很好。"③

号召全党学习并指定党员干部学习教材，是中国共产党在新民主主义革命胜利前夕，面对中国共产党即将成为全国范围内的执政党、中国共产党工作重心即将发生改变的形势，创新性思考和探索的结果。一方面，号召广大党员干部学习是适应中国共产党工作重心转变的需要，是适应即将开始的"由城市到乡村并由城市领导乡村"和"党的工作重心由乡村移到了城市"的革命形势的必然要求。在中共七届二中全会上，毛泽东就指出：从现在起

---

① 《毛泽东选集》第4卷，人民出版社，1991年，第1438页。
② 王东等：《马列著作在中国出版简史》，福建人民出版社，2009年，第98页。
③ 逄先知：《毛泽东年谱（1893 - 1948）》，人民出版社、中央文献出版社，1995年，第465 - 466页。

"党和军队的工作重心必须放在城市，必须用极大的努力去学会管理城市和建设城市。"① 他进一步指出："我们不但善于破坏一个旧世界，我们还将善于建设一个新世界"②，因此，"我们的同志必须用极大的努力去学习生产的技术和管理生产的方法，必须去学习同生产有密切联系的商业工作、银行工作和其他工作。"③ 在强调全党同志要努力去学会管理和建设城市的能力的同时，他还指出："如果我们在生产工作上无知，不能很快地学会生产工作，不能使生产事业尽可能迅速地恢复和发展生产，获得确实的成绩，首先使工人生活有所改善，并使一般人民的生活有所改善，那我们就不能维持政权，我们就会站不住脚，我们就会要失败。"④ 因此，加强中国共产党党员干部自身学习，是适应党的工作重心转变的客观要求，也是中共七届二中全会号召党员干部学习的历史背景之一。

另一方面，号召党员干部学习也是加强中国共产党自身建设，提高全体党员干部思想理论水平、加强拒腐防变的重要措施。在七届二中全会上，面对中国共产党即将成为全国范围内的执政党并有可能发生党员干部产生骄傲的情绪和腐化堕落的现象，毛泽东向全党发出警告："敌人的武力是不能征服我们的，这点已经得到了证明。资产阶级的捧场则可能征服我们队伍中的意志薄弱者。可能有这样一些共产党人，他们是不曾被拿枪的敌人征服过的，他们在这些敌人面前不愧英雄的称号；但是经不起人们用糖衣裹着的炮弹的攻击，在糖弹面前要打败仗。我们必须预防这种情况。"⑤ 事实上，在面临革命即将胜利的形势，党内骄傲自满贪污腐化的现象确实出现了一定程度的滋长，朱德在1950年5月6日《加强党的纪律检查工作》讲话中指出："贪污腐化的行为比过去增多了。据北京市委报告：一年来党员干部违反政策、违犯政府法律者一百八十二人。济南市自一九四八年一月至一九四九年一月的一年中，党员干部因犯党纪而受处分者五十八人，其中属于右倾、享乐、贪污腐化等原因者占四分之三。只从北京、济南二市的情况就可以看出，我党

---

① 《毛泽东选集》第4卷，人民出版社，1991年，第1427页。
② 同上，第1439页。
③ 同上，第1428页。
④ 同上。
⑤ 同上，第1438页。

自进入城市以来，确有相当大的一部分党员干部是发展享乐思想的，因此贪污腐化的行为就增多起来。这就不能不引起我们严重的警惕。"① 面临党员干部可能发生的腐化变质的现象，中共中央审时度势号召广大党员干部进行学习，以提高党员干部的思想理论水平和拒腐防变的能力，这也构成了中共七届二中全会号召党员干部加强理论学习的又一重要原因。中共七届二中全会是中国共产党在新民主主义革命时期召开的最后一次中央全会，也是中国共产党为适应自身即将成为全国范围内执政党角色而进行探索的第一次重要而且成功的重要会议。七届二中全会号召党员干部学习，为中国共产党建设马克思主义学习型执政党奠定了良好的基础。

二、建设马克思主义学习型政党的两大制度支撑：创立人民出版社和中央编译局

1949 年 10 月 1 日，中华人民共和国的成立，标志着新民主主义革命取得了伟大的胜利。这为马列著作在中国的引进、翻译、出版和学习，提供了良好的条件。为了把中国共产党建设成为马克思主义学习型政党，中国共产党在新中国成立初期创立了人民出版社和中共中央马克思恩格斯列宁斯大林著作编译局（即中央编译局），为马列著作在中国的翻译、出版提供了良好的条件，也为中国共产党建设马克思主义学习型政党创造了根本性的前提。创设人民出版社和中央编译局，保证马克思主义理论著作在中国的出版发行，为把中国共产党建设成为马克思主义学习型政党，提供了两大制度支撑。

1949 年 10 月 3 日即新中国成立后的第三天，中央宣传部出版委员会在北京召开了首届全国新华书店出版工作会议；1950 年 8 月 28 日，召开了全国新华书店第二届工作会议；1950 年 9 月 15 日，召开了第一届全国出版会议。会议总结了全国图书出版、印刷、发行等工作经验，交流了情况，通过了关于统一全国新华书店、关于成立人民出版社、关于今后新华印刷厂工作、关于今后新华书店工作等重要的决议和决定。根据这些决议和决定，全国出版、印刷、发行，实现了分工明确、任务明确、责任明确。《关于统一全国新华书

---

① 《朱德选集》，人民出版社，1983 年，第 285 – 286 页。

店的决定》特别强调,把出版发行马列主义译著和毛泽东著作作为出版发行的重点任务。

根据全国新华书店第二届工作会议的决定,1950年12月成立了人民出版社。人民出版社是国家政治书籍出版机构,它的主要任务之一是出版马克思、恩格斯、列宁的经典著作,毛泽东和党的其他领导人的著作,党和政府的重要文件等政治书籍。

人民出版社的成立,使马克思、恩格斯、列宁、毛泽东等马克思主义理论著作的出版编辑工作得到集中、统一的组织和领导。成立后的人民出版社,主要从事组织马克思主义理论著作的修订、重印和出版工作。从1950年12月人民出版社成立到1954年这段时间,"三年来的主要出版物有:马克思、恩格斯、列宁、斯大林和毛主席的著作,党的其他负责同志的著作,党和政府的重要文件,苏联哲学和社会科学的一部分重要著作,我国的一部分社会科学著作,以及配合各项政治运动和干部学习的书籍。其中,马克思、恩格斯、列宁、斯大林和毛主席的著作占有显著地位,并年有增加。一九五三年出书四百七十四种,其中马克思、恩格斯、列宁、斯大林和毛主席的著作在种数上占百分之三十一,在册数上占百分之三十五,而在一九五三年以前种数仅占百分之十三点七,册数占二十三点四。"① 尤其是在马克思、恩格斯、列宁著作的修订或重印出版和组织翻译出版新译本方面,取得了重要的成绩。在修订或重印马列著作方面,人民出版社在成立初期出版的修订版或重印的马列著作较多。例如:郭大力、王亚南译《资本论》(1-3卷),本书1938年由读书生活出版社出版,1953年人民出版社出版了修订版;曹汀1940年在延安翻译出版的《新德意志帝国建设之际的暴力与经济》一书,1951年人民出版社重印时将书名改为《暴力在历史中的作用》;张仲实1941年翻译出版的《家庭私有财产及国家的起源》一书,1954年人民出版社出版了修订版。在出版马列著作新译本方面,人民出版社出版了较多的新的译本,仅在人民出版社成立第一年(1951年)出版的新译本就有季羡林、曹葆华翻译的《马克思论印度》,何思敬翻译的《国民经济学批判大纲》,曹葆华、关其侗翻译的《论住宅问题》,曹汀翻译的《恩格斯军事论文选集》等书。

---

① 《中国共产党宣传工作文献选编(1949-1956)》,学习出版社,1996年,第747页。

成立人民出版社的同时，为了有系统有计划地翻译马列著作，中共中央经过认真研究和周密考虑，于1953年1月29日决定，将1949年6月成立的中央俄文编译局和中央宣传部斯大林全集翻译室合并一处，组建中共中央马克思恩格斯斯大林著作编译局，作为马列著作编译中心。其任务是系统地、有计划地翻译马列著作，而其首要任务就是：在保证译文质量的前提下，加快翻译出版《马克思恩格斯全集》、《列宁全集》等著作。

中央编译局成立之后，为搞好马列著作编译工作作了一系列努力。第一，组织了一批翻译人才。中央编译局的许多专业人员，是在1942年延安整风前后形成的，其中一些老一辈专家，多是曾留学德国、法国、俄国、英国的学者与革命者。新中国成立后，中央编译局又不断补充新生力量，吸纳德文、英文、俄文等多个语种的翻译人才，逐步形成一支实力雄厚的翻译专业队伍。第二，收集和挖掘了大量文献资料。翻译马列原著离不开必备的参考书和各类相关文献资料。为做好文献资料收集工作，1954年3月，中央编译局曾在北京举办了'马克思列宁主义在中国的传播'展览会。通过这次展览会，不仅了解马列著作的许多不同版本，还编制了一套图书目录，摄制了较多的珍本书照片。此后，中央编译局图书馆一直很重视文献资料收集工作，收藏了许多珍贵的书刊资料。第三，建立了卡片资料库。中央编译局在翻译马列经典著作过程中，制作和积累了大量的卡片资料。例如，建立了人名、地名、书名、报刊名等的卡片专柜。另外还建立一套数以万计的综合资料卡片专柜，卡片内容包括党派团体、组织机构、理论流派、学说、名词、概念、术语等。这几套卡片在没有电脑的年代，是十分宝贵的，是翻译必备的参考资料，对于统一译名、译法等起到重要作用。第四，建立严格的编译工作规章制度。为保证译文质量，中央编译局制订了许多项规章制度，对编译工作关键环节的质量标准和要求都作出具体规定。例如，《马列主义经典著作翻译校审出版程序》，对马列著作翻译校订等工作的各项工序流程都做了明确规定。第五，重视总结翻译工作经验。为了不断提高马列著作译文质量，中央编译局十分重视总结翻译工作经验。例如，中央编译局在1956年夏季召开了两次翻译标准座谈会，这两次座谈会对加深翻译标准的认识，特别是对翻译马列主义经典著作的要求的认识起了积极的作用；召开专门讨论翻译标准的会议，这在我国翻译界尚属首次。

中央编译局成立之后，立即把翻译出版《马克思恩格斯全集》、《列宁全集》等马列著作列为工作重点。尽管当时中央编译局刚刚成立不久，各方面条件尚不完善，但他们在党中央的关心指导下，却能齐头并进，几乎同时开始了系统翻译马列著作的工作。

人民出版社和中央编译局的创设，对马克思列宁主义经典著作的翻译、出版和发行工作做出了巨大的贡献，对于把中国共产党建设成为马克思主义学习型政党，无疑提供了良好的前提条件和制度支撑。

三、开国初期以干部必读十二本教材为基础的全党理论学习活动

新中国成立后，为了贯彻落实七届二中全会向广大党员干部提出的学习的号召，使马克思列宁主义、毛泽东思想成为党员干部的思想武器，提高广大党员的文化理论水平，建国初期中国共产党发起了一场学习运动，号召全党学习文化理论。

对于开展全党学习的必要性，中共中央领导人有着深刻的认识。朱德认为："我们的干部在理论学习方面是很不够的。如果我们不注意或没有理论学习，那末我们的行动就会变成盲目的。'没有革命的理论，就不会有革命的行动'，这是列宁的名言。理论是我们行动的指南，如果不掌握理论就会迷失方向。由此可见，不学习理论是很危险的。今后大家必须学习马列主义、毛泽东思想，提高理论水平和政治觉悟，这样，才能有效地完成革命所给予的光荣任务。"[①] 毛泽东认为：革命胜利后，伴随着工作重心的改变，"严重的经济建设任务摆在我们面前。我们熟习的东西有些快要闲起来了，我们不熟习的东西正在强迫我们去做。这就是困难。"[②] "我们必须克服困难，我们必须学会自己不懂的东西。我们必须向一切内行的人们（不管什么人）学经济工作。拜他们做老师，恭恭敬敬地学，老老实实地学。不懂就是不懂，不要装

---

① 《朱德选集》，人民出版社，1983 年，第 259 – 260 页。
② 《毛泽东选集》第 4 卷，人民出版社，1991 年，第 1480 页。

懂。不要摆官僚架子。钻进去，几个月，一年两年，三年五年，总可以学会的。"① 刘少奇认为："中国革命胜利了。总的说来，我们各项工作做得很好，但理论工作却是很薄弱的一环。我们很多干部，甚至是负重要责任的高级干部，斗争经验丰富，可是理论水平不高。这是我们党的一个弱点。还有些同志文化水平也不高。因此，首先要提高他们的文化水平，然后再提高理论水平。"② 他认为："现在，我们的一个重要任务是提高干部的文化水平和理论水平。这是一项经常性的任务，不可能一下做好，大约要花十年的工夫才能前进一步。缺乏理论是很大的弱点。有的同志对于理论的重要性认识不够，不愿意做研究理论的工作，这种思想是不对的。我们不仅要有少数人研究理论，而且要有更多的人研究理论，在职干部也要抽出时间去研究理论。只有理论没有实践当然有犯教条主义的危险，但是理论是实际工作的指针，没有理论，工作就是盲目的，没有前途的。没有理论的人容易被'俘虏'，被人家天花乱坠的话所迷惑。掌握了理论才能正确地指导工作。有些人不懂理论，又要站在指挥台上指挥，行吗？不行。现在还有这样的人，他还站在指挥台上；等大家理论水平提高了，他再要站在指挥台上就不行了。"③ 由上可知，加强党的学习建设，提高广大党员干部的文化理论水平，成为了建国初期中国共产党人的理论共识。

建立在必须加强中国共产党学习建设的共识的基础之上，为了改进和加强中国共产党的学习建设，1951年2月，中共中央专门发布了《中共中央关于加强理论教育的决定（草案）》。《决定》指出："全党的马克思列宁主义——毛泽东思想的教育，必须极大地加强起来。这是提高干部、改进工作的根本方法。"④ 与此同时，《决定》也分析了加强党员干部理论教育的可能性，认为："现在国内战争已经基本上结束，党正面临着建设新中国的复杂任务，全党有系统地学习理论，比过去任何时候都有更好的条件，也更加迫切需要。"⑤《决定》分析了当时党内理论教育存在的问题，是完全不能令人满

---

① 《毛泽东选集》第4卷，人民出版社，1991年，第1481页。
② 《刘少奇选集》（下卷），人民出版社，1985年，第48页。
③ 同上，第48—49页。
④ 《建国以来重要文献选编》第2卷，中央文献出版社，1992年，第122页。
⑤ 同上，第123页。

意的。指出：一、没有全国统一的关于理论教育的制度，缺少适当的初级和中级的理论学习资料，缺少理论教员和指导自修的顾问；二、没有认真进行理论的通俗化工作，缺少关于理论的通俗的书籍、通俗论文和通俗讲演；三、党的报纸刊物很少有理论文章，不善于运用理论来解释和指导人民群众的日常生活，缺少对于各种非马克思主义的理论的批评，因而使党的宣传限制在狭隘的范围内和低下的水平上。《决定》还分析了党内理论教育存在的问题给党和国家工作带来的损害，认为"党内理论教育工作的薄弱，反映党内在学习问题上存在着忽视理论的经验主义的危险倾向。""应当指出：理论学习的不发展，经验主义倾向的存在，正是目前党内一部分干部对于党的政策知其然而不知其所以然，在工作中缺少坚定性和远见，缺少对于新鲜事物的敏感，产生官僚主义命令主义事物主义倾向以至功臣思想蜕化思想的根本原因。"①

与此同时，《中共中央关于加强理论教育的决定（草案）》提出，党员干部的理论学习应按照党员干部理解能力分级进行学习，《决定（草案）》把党员干部的理论学习分成了三级并对学习的目的、内容等作出了相应的规定。

党员干部理论分级学习情况表（根据《中共中央关于加强理论教育的决定（草案）》制表）②

级别	针对群体	学习目的	学习内容	学习时间	学习方法、途径
第一级	新党员和小学文化程度但未进行过这种学习者	着重从劳动人民的实际生活出发，来浅显地解释党和人民政府的基本政策以及共产主义的基本原理，帮助学习者获得基本的政治观点和政治立场	政治常识，即关于中华人民共和国和中国共产党的常识	一年必要时可以伸缩	可以在支部的学习小组、新党员训练班、机关业余学校或城市夜校中进行

---

① 《建国以来重要文献选编》第2卷，中央文献出版社，1992年，第123页。
② 参见《建国以来重要文献选编》第2卷，中央文献出版社，1992年，第124-125页。

级别	针对群体	学习目的	学习内容	学习时间	学习方法、途径
第二级	每个学习政治常识和具有中学文化程度的党员	帮助学习者从科学的即历史的观点来认识现实,为学习马、恩、列、斯的理论著作和毛泽东的理论著作作准备	理论常识,即关于社会发展史的常识(包括历史唯物论和政治经济学),中国共产党历史、和毛泽东生平事迹,关于马克思、恩格斯、列宁、斯大林的生平常识	三年必要时可以伸缩	可以在支部的学习小组、党校或城市夜党校中进行,也可以用自修的方法进行。文化程度不及高级中学毕业的党员应当采取适当的方法(包括参加工农速成中学)补习文化
第三级	学习过理论常识和具有大学文化程度的党员	领会马克思列宁主义——毛泽东思想的精神实质,以便用以正确地解决中国人民事业中的各项实际问题,以便用以正确地解释中国人民事业中的各项实际问题	马克思、恩格斯、列宁、斯大林的理论著作和毛泽东的理论著作		以有领导的自习为主要的方法,而以高级党校的讲授为重要的辅助方法

为了保证理论学习的有序进行和取得实效,《中共中央关于加强理论教育的决定(草案)》还提出了实行学年制、考试制和培养大量的理论教员。对于实行学年制和考试制,《中共中央关于加强理论教育的决定(草案)》"规定每学年时间为八个月,即每年三月初至十月底。""在学习期间,每周用于学习的时间不得少于八个小时"。对于干部理论学习的评价,《中共中央关于加强理论教育的决定(草案)》指出:"学习者应当参加哪一级的学习,以及每年学习成绩是否合格,都应当由考试来决定。"[①] 在理论教员培养方面,《中共中央关于加强理论教育的决定(草案)》指出:"解决理论教员问题是目前在全党展开理论学习的主要关键。很多党校训练班缺少理论教员,很多的文化学习小组因为没有理论教员领导讨论和解答疑难而陷于无生气状态。自修在短期间还不能成为多数党员的主要学习方法,而自修的党员也需要有适当

---

① 《建国以来重要文献选编》第2卷,中央文献出版社,1992年,第126页。

的学习顾问。"① 对于如何培养理论教员《中共中央关于加强理论教育的决定（草案）》也做出了详细的论述。

在《中共中央关于加强理论教育的决定（草案）》的指导下，中国共产党掀起了一场理论学习活动的高潮。中共中央西南局按照《决定》制定了《西南局关于在职干部学习实施办法的规定》，对一般在职干部学习期限与课程及制度和相关工作做了细致而详尽的安排。② 中共山西省委对加强历史学习的指导、理论教员选拔和训练、干部编级学习等问题，也作了周密的部署。③ 中共中央西北局也对高级干部的理论学习作了详细的安排④等等。中国共产党掀起了一场文化理论学习活动的高潮。

在建国初期的这场理论学习活动中，中国共产党党员干部的理论教育得到了空前的加强，党员干部的理论文化水平获得了极大的提高。

第一、提高了党员干部的文化水平。由于在文化理论学习的过程中能正确处理好学习文化和学习理论的辩证关系，相当部分文化水平不高的党员干部的文化水平获得了相当程度的提高。在推进党员干部理论学习的过程中，坚持了编级进行学习的原则。对各级干部进行编级过程中，坚持了中央规定的"'按照干部的文化理论水平，不按职别与级别'编级"，做到了"凡文化水平不够小学程度者，一律以学习文化为主。"⑤ 如人民解放军华北军区于一九五〇年七月十日发布了关于部队教育的决定，计划开展以文化教育为主的部队教育。决定自十月份起，部队中文化教育的时间应占全部教育时间的百分之七十。决定中规定："部队的文化教育应采取正规与速成的方针，消灭文盲和半文盲（不及高小毕业程度者），争取三年左右将一般战士提高到高小毕业程度，将干部的文化程度从现有水平普遍提高一步，并使一部分提高到高中程度，以便有条件进入专门学校或大学深造。凡不及上述程度的干部或战士，均应按其文化水平（而不是按其职位），分别进行文化教育。但重点应当是提高工农干部的文化水平。"⑥ 在这种思想的指导下，在建国初期的这场理

---

① 《建国以来重要文献选编》第 2 卷，中央文献出版社，1992 年，第 126 页。
② 《中国共产党宣传工作文献选编（1949–1956）》，学习出版社，1996 年，第 275–277 页。
③ 同上，第 278–280 页。
④ 同上，第 296–299 页。
⑤ 同上，第 276、277 页。
⑥ 《华北军区发布决定开展部队正规速成教育以文化学习为主，消灭文盲半文盲》，《人民日报》，1950 年 8 月 29 日。

论学习活动中,广大党员干部的文化程度都获得了相当程度的提高。在河北省开展理论学习活动中,"丙级中文化程度较低的干部,通过文化学习,不少从前不识字的干部现在识到三五百字,能写简单的信了;原来只识五六百字的,已能写简单的工作报告。平山、安平、武强、高邑等县有些区,区干部中已经消灭了文盲。"① 在辽东军区,"辽东军区三千余名排以上干部,半年多来一面坚持部队工作,一面坚持学习,获得了显著的成绩。这些干部中,除一部分文化、理论水平较高的干部分头学完了政治经济学(甲组)、社会发展简史(乙组)或中国革命与中国共产党(丙组)外,其余两千名干部都参加了文化学习。各师分别设立了机关文化补习学校,分编了初中二年级以下各种班次。半年来大多数学员提高了普通学校里学习一年的文化程度。如军区直属机关文化补习学校,高小班学员除一人留级外,都升入了初中一年级;初小三、四年级有四分之三升入了高小班。目前,某师各级干部中能识四百字以上的人员已占总人数的百分之六十九。个别学习特别努力的,已从文盲达到能作简单的记录、写便条了。"② 这种正确处理学习文化和学习理论关系的指导原则,提高了相当部分文化知识水平不高的党员干部的文化水平,从整体上提高了中国共产党党员干部的文化知识水平。

建国初期党员干部学历情况③

年份	总数	大学		高中		初中		小学以下	
		人数	占%	人数	占%	人数	占%	人数	占%
1950	193.08	13.37	6.90	14.73	7.60	73.06	37.3	92.64	47.80
1951	271.20	15.73	5.80	32.28	11.90	93.56	34.50	129.63	47.80
1952	389.77	20.34	5.10	53.04	13.30	131.59	33.00	193.80	48.60
1954	493.47	35.62	7.22	74.46	15.09	191.21	38.75	192.18	38.94
1955	544.71	39.40	7.23	85.03	15.61	222.35	40.82	197.93	36.34
1956	783.06	51.12	6.53	118.06	15.08	324.32	41.42	289.56	36.98

---

① 《河北全省六万干部 各项学习走向正规 甲乙两级已学完政治经济学 建立文化补习学校百五十处》,《人民日报》,1950 年 1 月 15 日。

② 《领导干部在学习中起模范作用辽东军区干部学习成绩显著》,《人民日报》,1950 年 7 月 20 日。

③ 《中国共产党组织史资料》附卷一(下),中共党史出版社,2000 年,第 1350 页。

第二、提高了干部的理论政策水平。党员干部懂得理论政策是正确贯彻党的路线、方针、政策的前提和保证。通过理论学习活动,极大地提高了党员干部的理论政策水平,是建国初期党员干部学习活动的又一重要的成果。"要正确贯彻负担政策,就要首先使干部懂得政策与办法。"河南息县通过加强干部政策学习,提高了干部的政策水平,纠正了1951年夏粮征收过程中农业税负担不合理现象。① 在河北,"去年一年中,全省五万九千九百一十七名干部参加了学习,甲乙级干部已学完社会发展史、政治经济学和中共河北省委与各地委规定的十四种临时学习材料。通过理论学习,绝大多数干部更明确了社会发展的基本规律和劳动人民创造历史的历史唯物观点;时事政策学习的收获,是对美帝国主义的侵略本质有了深刻的认识;对中国革命统一战线问题有了正确的了解和体验,纠正了一些错误观点。在具体政策执行上,大部地区是一面学习一面提高着工作,石家庄市认真学习了《论人民民主专政》,就开好了人民代表大会;安平八区始终贯彻着有关农业生产的各种政策文件的学习,有力地指导了全年的生产工作。"② 北京市,在职干部通过"这个阶段学习的收获比较大,干部普遍接受了劳动群众创造历史和阶级斗争的思想。新干部中的超阶级观点,个人英雄主义和部分老干部的强迫命令作风,均得到揭发和批判,为一九五〇年下半年的整风准备了基础。"③ 在天津,"三反""五反"以后,全市各机关、团体、工厂、学校、医院的干部,已有四万二千四百八十三人组织起来学习《毛泽东选集》。目前高级干部和学习辅导员已学完"实践论"和"矛盾论",一般干部也已学完"实践论",正在学习"矛盾论"。该报所载"天津市在职干部'实践论'学习小结"一文报道,该市干部通过对"实践论"的学习,大多数干部提高了思想觉悟,初步学会了运用马克思列宁主义的思想方法和工作方法,改进了实际工作,打消了过去认为"学习理论和业务无关"的思想,并为今后的理论学习奠定了基础。④ 山西省平顺县刘家村支部由于存在着狭隘的关门主义的"左"倾偏向,因此

---

① 《河南息县加强干部政策学习纠正农业税负担不合理现象》,《人民日报》,1951年12月2日。
② 《河北全省六万干部 各项学习走向正规 甲乙两级已学完政治经济学 建立文化补习学校百五十处》,《人民日报》,1950年1月15日。
③ 《两年来北京市的在职干部理论学习》,《人民日报》,1951年5月24日。
④ 《一年来各地干部政治理论学习的情况》,《人民日报》,1952年10月21日。

严重地影响了与非党群众的团结合作。由于支部对村人民代表会议的包办，引起了一部分群众的不满。该支部在进行纠正这一偏向时，首先在支委会传达县党代会的决议，并结合着传达决议学习了"斯大林、毛泽东论共产党员要善于和非党群众团结合作"的文件，进行了检查。经过学习讨论后，每个支委都认识了这是错误的，应加以纠正。接着支委会对一般党员思想作了分析研究，认为同样存在着这种"左"的情绪，决定召开支部大会来解决①等等。通过建国初期这场理论学习活动，党员干部的理论政策水平整体上获得了极大的提高。

四、围绕过渡时期总路线、推动中国现代化的大学习

新中国成立到1952年，伴随着国民经济恢复任务的完成和有计划地进行经济建设条件的获得，对国民经济实行社会主义改造的任务被提到日程上来。中共中央于1953年提出了党在过渡时期的总路线，这就是：在一个相当长的时期内，逐步实现国家的社会主义工业化，并逐步实现国家对农业、对手工业和资本主义工商业的社会主义改造。1953年12月28日，中共中央宣传部发布了《为动员一切力量把我国建设成为一个伟大的社会主义国家而斗争——关于党在过渡时期总路线的学习和宣传提纲》，《提纲》阐述了党在过渡时期的总路线，向全党和全国人民提出了为实现国家的社会主义工业化、逐步实现国家对农业、手工业和资本主义工商业的社会主义改造的历史任务。围绕着动员全国人民实现党在过渡时期的总路线而奋斗，全党掀起了一场过渡时期总路线的大学习和大讨论活动。

在山西，1953年，"自十月底省委粮食工作会议结束后，各县均于十一月中旬起在连续召开县委扩大会议、党的活动分子会议及人民代表会议上，都着重地传达与讨论了党在过渡时期的总路线与总任务。紧接着省、专、县三级派了二万五千余干部深入到每个乡村，首先按区或按乡集中党员、青年团员及群众中的积极分子，进行了短期训练。到本月五日止，经过自上而下、

---

① 《认真学习文件改善党群关系刘家村支部改进人民代表会议工作》，《人民日报》，1950年7月4日。

自内而外的动员与组织,已形成了一支具有百万人马的宣传总路线的强大队伍。到目前为止,已有百分之八十的乡基本上做到了家喻户晓、深入人心。其余百分之二十的乡稍差一些。现在正在调动力量突击落后的角落。"① "各县党的活动分子会一般都开了十天左右。到会人数全省共六万六千余人,平均每县近千人。大多是乡村中各系统基层组织的党员干部及劳动模范等。这个会开完之后,一方面召开县人民代表会,一方面大批干部深入区、乡训练党员、团员和积极分子。实践一个礼拜左右,人数将近百万。千军万马,声势浩大,在农村中不到半个多月的时间,社会主义空气的高涨已显示出了无比的威力。"② "中共中央山东分局在十月间召开了扩大干部会议,由中共中央华东局第三书记谭震林同志作了关于国家过渡时期总路线、总任务的报告。全省各县县委书记,都听取和学习了这一报告。会议结束后,中共中央山东分局、山东省人民政府随即抽调干部一百二十余人,组成十一个工作组,由各部门负责同志带领,分赴十一个专区,协助各地贯彻当前工作与宣传国家过渡时期总路线、总任务。中共中央山东分局第二书记向明同志,曾先后前往历城、泰安、济宁等县,向各该县三级干部会议作了关于国家总路线的报告。中共中央山东分局委员王路宾、分局宣传部部长夏征农、农村工作委员会副书记穆林等同志,也到各地区指导当前工作和总路线的宣传。各县召开干部会议期间,各地的地委负责同志,也分赴各县具体指导。"③ 在浙江嘉兴,"为了使党在过渡时期总路线的宣传工作扎实有效,地委宣传部于1953年9月专门召开了宣传工作会议,重新整顿和扩大了宣传队伍,进一步加强了农村宣传网的建设。据统计,共确定党的报告员388人;政治宣传员8242人;作专题报告383场,听众达16.54万人次;新建立读报组4631个,读报人员达67649人;创办黑板报3764块。还创办了漫画组、幻灯队、歌咏队等多种宣传形式,向广大干部和群众进行党在过渡时期总路线的宣传教育。据统计,在这次宣传教育活动中,嘉兴全区近2万名乡以上脱产干部和340万名农民

---

① 《中国共产党宣传工作文献选编(1949—1956)》,学习出版社,1996年,第703—704页。
② 同上,第704页。
③ 《山东省各县普遍召开县区乡三级干部会议广泛宣传国家过渡时期总路线》,《人民日报》,1953年12月4日。

群众中,受教育面分别达到99%和84%。"① 为了使广大党员干部了解和掌握过渡时期总路线,中国共产党掀起了一场学习过渡时期总路线的高潮。

除了宣传和讨论党在过渡时期总路线外,为配合广大党员干部加深理解和贯彻党在过渡时期的总路线,中国共产党掀起了一个学习苏联的高潮,强调理解过渡思想要结合《联共(布)党史简明教程》第九至十二章,即苏联如何实现国家工业化和农业集体化的内容。1953年4月23日,中共中央发布了《中国共产党中央委员会关于1953-1954年干部理论教育的指示》,指出:"为了适应全党在进入经济建设时期的需要,现在规定全党干部理论学习的高级组和中级组在一九五三年七月到一九五四年十二月的一年半时间内,都学习'联共(布)党史'第九章到十二章和列宁、斯大林论社会主义经济建设的一部分著作。这个学习计划,要求全党主要干部都能有系统地了解苏联实现国家工业化、农业合作化和完成社会主义建设的基本规律,以便在我国经济建设过程中根据我国具体条件正确地利用苏联的经验。同时,这个学习计划要求全党干部健全学习生活,提高理论兴趣,以便为进一步学习马克思列宁主义理论特别是学习政治经济学作好准备。"②

通过对过渡时期总路线的学习,广大党员干部的政治觉悟普遍得到了提高,思想上进一步明确了只有组织起来,走社会主义的道路,才是唯一出路,从而加快了对农业、手工业和资本主义工商业的社会主义改造进程。在社会主义改造的实践中,中国共产党创造性地开辟了一条适合中国特点的社会主义改造道路。创造了从低级到高级的逐步过渡的形式,用和平的方法实现了对个体农业、手工业和资本主义工商业的社会主义改造。同时把经济制度的改造和对人的改造相结合,在历史上第一次实现了马克思和列宁关于对资产阶级和平赎买的设想。这是国际共产主义运动史上的伟大创举,以新的经验和思想丰富和发展了马克思主义的科学社会主义理论。这些成就的取得,与全党围绕着过渡时期总路线进行学习和开展大讨论,是密不可分的。

---

① 俞祖兴:《嘉兴开展党在过渡时期总路线宣传的历史回顾》,嘉兴市档案史志网 http://www.jxdasz.com/jxdaweb/platformData/infoplat/pub/jxdaweb_0/docs/201004/d_2229997036.html。
② 《建国以来重要文献选编》第4卷,中央文献出版社,1993年,第141-146页。

五、八大前后围绕突破苏联模式、
开创中国工业化道路开展的全党大学习、大讨论

　　从国内形势来看，1956年中国基本上完成了对生产资料私有制的社会主义改造，中国进入了开始全面建设社会主义的新的历史阶段。与此同时，对于怎样建设社会主义，探索中国自己的社会主义建设道路的历史任务，又摆在了中国共产党人的面前。在国际上，1956年2月举行的苏联共产党第二十次全国代表大会，揭露了斯大林领导苏联社会主义建设过程中的严重错误和对斯大林的个人崇拜所造成的严重后果，同时对斯大林采取了全盘否定的错误态度。苏共二十大在苏联国内和国际上都有引起了极大的震动。帝国主义乘机掀起了世界性的反共反社会主义浪潮，在人民群众中也造成了不同程度的思想混乱，给国际共产主义运动带来了巨大的困难。苏共二十大在给国际共产主义运动带来消极影响的同时，也为当时世界国际共产主义运动的发展带来了新的契机，为突破和改革苏联模式，寻找各社会主义国家自己的建设道路提供了契机。总之，苏共二十大揭开了斯大林问题的"盖子"，对于各国马克思主义政党，包括中国共产党，破除对斯大林和苏联经验的迷信，解放被教条主义束缚的思想，努力寻求适合本国情况的革命和建设道路，有重要的意义。在这种形势下，中国共产党开始了探索中国自己的建设社会主义新道路。

　　建立在对当时国内国际形势科学认识的基础上，中国共产党深刻的反思了向苏联学习的问题。周恩来在接见澳大利亚共产党代表团和新西兰共产党代表团时指出：过去斯大林的观点压倒一切，现在打倒了偶像，也就是中国人说的，破除了迷信以后，"各国共产党的思想都动起来了，不沉闷了"。打倒了个人崇拜，"大家的思想也解放了，这对各国党是个很大的进步。这是共产党的思想解放。"[①] 毛泽东在当时也指出："特别值得注意的是，最近苏联方面暴露了他们在建设社会主义过程中的一些缺点和错误，他们走过的弯路，你还想走？过去我们就是鉴于他们的经验教训，少走了一些弯路，现在当然

---

① 《周恩来年谱（1949－1976）》（上），中央文献出版社，1997年，第621页。

更要引以为戒。"① 关于学习苏联,毛泽东采取分析的态度。他说:"要分两类。一类按中国的,一类规规矩矩、老老实实地学。如土改,我们不学,不照它的。如财经方面有些建议,陈云不学。对资本家的政策,我们也不学它。技术问题横直一概照抄,比较好的,或者我们根本不知道的,学过来再说。"② 陆定一也指出:"现在看来,对马列主义和苏联经验,我们应该这样学习。第一是基本原理,比如土地革命、反对帝国主义、武装夺取政权,等等,这是非要不可,不能违背的,违背了就是机会主义。第二是战略公式,这就要从实际出发,不能生搬硬套。比如苏联在民主革命阶段是中立、反对、麻痹资产阶级,但我们却根据中国情况,把资产阶级分成两个部分,对其中的民族资产阶级采取的也是既团结又斗争的政策,对官僚买办资产阶级就不同了。第三是具体办法,这更要看具体情况办事。如武装起义,马列主义著作都告诉我们要先从城市开始,但我们却是先从农村开始,从农村包围城市,办法就不一样。在确定具体办法时,重要的是要有胆子反对那些不适合具体情况的办法。"③

为了使党员干部形成正确的向苏联学习的态度,推动中国共产党寻找到自己的建设社会主义道路,1956 年 6 月 17 日中共中央发布了《中央关于学习〈改造我们的学习〉等五个文件的通知》。通知指出:"毛泽东同志所著《改造我们的学习》、《整顿党的作风》、《反对党八股》是我党整风运动的主要文献。整风运动是我国'五四'运动以来的一次最伟大马克思列宁主义的思想运动。整风运动反对了主观主义特别是教条主义,重新确立了以马克思列宁主义普遍真理和中国革命的具体实践相结合为党的一切工作的指针。这个运动使我们的党变成为政治上成熟了的党。"因此,"为了把我们的社会主义建设和社会主义改造工作进行得更好和更有效,克服实际工作中的主观主义即教条主义和经验主义,特别是克服学习马克思列宁主义和外国经验中的教条主义倾向,克服学术研究、报刊宣传、教学工作中的教条主义、宗派主义和党八股,中央认为有必要在全党相当于县委书记一级以上干部中,在高、中

---

① 《毛泽东文集》第 7 卷,人民出版社,1999 年,第 23 页。
② 《毛泽东传(1949 – 1976)》(上),中央文献出版社,2003 年,第 473 – 474 页。
③ 《陆定一文集》,人民出版社,1992 年,第 524 页。

级党校学员中，在哲学、社会科学和自然科学研究机关的研究人员中，在高等学校毕业班学生中，根据《改造我们的学习》、《整顿党的作风》、《反对党八股》、《关于若干历史问题的决议》、《关于无产阶级专政的历史经验》等五篇文章，进行报告和学习。"①

  在上述思想的指导下，中共八大前后围绕社会主义建设道路，中国共产党开展了全党大学习、大讨论并取得了许多重要而有益的成果，为中国探索自己的社会主义建设道路形成了一个良好的开端。1956年4月4日，毛泽东在中央书记处会议上，提出了马克思主义与中国实际"第二次结合"的思想。同月，毛泽东提出的《论十大关系》报告，"围绕着一个基本方针，就是要把国内外一切积极因素调动起来，为社会主义事业服务。"② 提出了从经济工作、政治生活和思想文化生活中，调动各种积极因素为社会主义事业服务的问题。为在社会主义建设过程中，正确处理好重工业和轻工业、农业的关系，沿海工业和内地工业的关系，经济建设和国防建设的关系等社会主义建设过程中的要正确处理好的经济工作中、政治生活和思想文化生活中的各种关系，提供了原则性的指导。同年9月，中国共产党第八次全国代表大会正确地分析了国内形势和国内主要矛盾的变化，提出了中国共产党的根本任务。认为"我们国内的主要矛盾，已经是人民对于建立先进的工业国的要求同落后的农业国之间的矛盾，已经是人民对于经济文化迅速发展的需要同当前经济文化不能满足人民需要之间的矛盾"，并指出："党和全国人民的当前的主要任务，就是要集中力量来解决这个矛盾，把我国尽快地从落后的农业国变为先进的工业国。"③ 大会同时还坚持了既反保守又反冒进即在综合平衡中稳步前进的经济建设方针，肯定了陈云提出的并为后来所确认的"三个主体、三个补充"的关于社会主义经济体制改革的意见。1957年2月，毛泽东《关于正确处理人民内部矛盾的问题》的重要讲话指出：矛盾是普遍存在的，社会主义也充满着矛盾，正是这些矛盾推动着社会主义不断地向前发展。社会主义社会的基本矛盾仍然是生产力和生产关系、经济基础和上层建筑之间的矛盾。同时

---

  ① 《中国共产党宣传工作文献选编（1949－1956）》，学习出版社，1996年，第1153、1154页。
  ② 《毛泽东著作选读》（下册），人民出版社，1986年，第720页。
  ③ 胡绳：《中国共产党的七十年》，中共党史出版社，1991年，2005年4月印刷，第373页。

还指出：社会主义社会存在着敌我之间和人民内部两类性质根本不同的矛盾，要用不同的方法去解决，并认为正确处理人民内部矛盾已成为我国政治生活的主题。中共八大的召开和《论十大关系》、《正确处理人民内部矛盾》等重要文献的发表，是党在探索社会主义建设道路过程中所取得重要成就。这些探索是对传统的苏联模式的重要突破，也是这一时期马克思主义中国化顺利推进、继续健康发展的重要标志，这些重要成果的取得是与中国共产党坚持理论与实际相结合，进行全党学习，密不可分的。

六、迎接现代科技革命的两项重大部署与建设创新型国家

从世界形势看，第二次世界大战后，以原子能科学技术、电子计算机科学技术和空间科学技术的广泛应用为主要标志，涉及信息技术、新能源技术、新材料技术、生物技术、空间技术和海洋技术等诸多领域的一场信息控制技术革命，即第三次科技革命悄然兴起。这次科技革命不仅极大地推动了人类社会经济、政治、文化领域的变革，而且也影响了人类生活方式和思维方式，使人类社会生活和人的现代化向更高境界发展。第三次科技革命是人类历史上规模最大、影响最为深远的一次科技革命。正如周恩来在1956年全国知识分子问题会议《关于知识分子问题的报告》中所指出的，"世界科学在最近二三十年中，有了特别巨大和迅速的进步，这些进步把我们抛在科学发展的后面很远。""这些最新的成就，使人类面临着一个新的科学技术和工业革命的前夕。这个革命，正如布尔加宁同志所说过的，'就它的意义来说，远远超过蒸汽和电的出现而产生的工业革命'。"① 从国内形势看，建国初期，在国民经济的恢复和各项社会改革取得重大胜利后，科学技术的发展问题，知识分子问题，逐渐受到了中国共产党的重视，开始摆到了突出的位置上。1955年初，毛泽东提出要重视这方面的工作，他说："过去几年，其它事情很多，还来不及抓这件事。这件事总是要抓的。现在到时候了，该抓了。"② 在同年3月中国共产党全国代表会议的结论中，毛泽东讲到："我们进入了这样一个时

---

① 《周恩来选集》（下卷），人民出版社，1984年，第181、181－182页。
② 薄一波：《若干重大决策与事件的回顾》（上卷），人民出版社，1997年，第516－517页。

期,就是我们现在所从事的、所思考的、所钻研的,是钻社会主义工业化,钻社会主义改造,钻现代化的国防,并且开始钻原子能这样的历史的新时期。"① 在这样的国际国内背景下,在中国共产党的领导下,新中国开始了向科学进军,建设创新型国家的征程。

建国初期,在向科学进军、建设创新型国家的过程中,全国知识分子会议和制定《一九五六——一九六七年科学技术发展远景规划纲要》,是建国初期建设创新型国家两项重大战略部署。

1955年11月22日,在年初就有过召开一次知识分子问题会议想法的周恩来,向刚从外地回到北京的毛泽东主席汇报,认为一些知识分子受到伤害,未能在科技文化发展中充分发挥应有作用,"这是非常严重的事情,因为它危及到中国的进步"。周恩来提出打算在政协全国委员会上讨论这个问题。对此,毛泽东表示:我们应该现在党内很好地讨论,提出这个问题,解决这个问题。第二天,毛泽东立即召开中央书记处全体成员和中央有关方面负责人开会,当即决定1956年1月由中央召开全面解决知识分子问题的大型会议,成立中央研究知识分子问题十人小组,组长为周恩来,成员为彭真、陈毅、李维汉、徐冰、张际春、安子文、周扬、胡乔木、钱俊瑞。1956年1月14日至20日,有1279人参加的中共中央知识分子问题会议在中南海隆重召开,周恩来在主题报告中旗帜鲜明地提出了现代科技革命给中国社会主义提出的新挑战:"我想在这里稍微多说一点科学方面的事情,这不但因为科学是关系我们的国防、经济和文化各方面的有决定性的因素,而且因为世界科学在最近二三十年中,有了特别巨大和迅速的进步,这些进步把我们抛在科学发展的后面很远。""科学技术新发展中的最高峰是原子能的利用。原子能给人类提供了无比强大的新的动力源泉,给科学的各个部门开辟了个新的远大前途。""这些最新的成就,使人类面临着一个新的科学技术和工业革命的前夕。"② 周恩来说:"社会主义建设,除了必须依靠工人阶级和广大农民的积极劳动以外,还必须依靠知识分子的积极劳动,也就是说,必须依靠体力劳动和脑力劳动的密切合作,依靠工人、农民、知识分子的兄弟联盟"。他还强

---

① 《毛泽东文集》第6卷,人民出版社,1999年,第395页。
② 《周恩来选集》(下卷),人民出版社,1984年,第181页。

调指出：我国知识分子中间的绝大部分"已经成为国家工作人员，已经为社会主义服务，已经是工人阶级的一部分。"① 1956 年 1 月 20 日，毛泽东主席在大会闭幕式发表了简短而重要的讲演：这个会议开得很好；现在我们革什么命，革技术的命，革没有文化、革愚昧无知的命，所以叫技术革命、文化革命；搞技术革命，没有科技人员不行，不能单靠我们这些大老粗；我们国家大，人口多，资源丰富，地理位置好，应该建设成为世界上一个科学、文化、技术、工业各方面更好的国家；中国要培养大批知识分子，要有计划地在科学技术上赶超世界水平，先接近，后超过，把中国建设得更好。② 与此同时，在全国知识分子会议上，还提出了改善对于知识分子的使用和安排，使他们能够发挥有益于国家的专长、充分了解知识分子，给他们以应得的信任和支持，使他们有职有权，尊重他们的意见，重视他们的业务研究和工作成果，提倡学术讨论，对他们的创造发明进行试验和推广、为知识分子创造必要的工作条件，在和政治上、生活—关心知识分子等执行知识分子政策中的一些原则办法。

全国知识分子问题会议给知识分子以极大的宽慰和激励，使他们感受到了党和政府对他们无微不至的关怀和帮助，决心在国家建设事业中发挥更大的作用。北京师范大学校长、著名历史学家陈垣教授说，周总理的报告说出了许多知识分子的心里话，指出了他们今后应当遵循的方向。广大知识分子今后要更加严格地要求自己，加强自我改造，积极进行科学技术和理论研究，为社会主义建设贡献最大的力量。青年数学家谷超豪表示，一定不辜负党所赋予的艰巨使命，在苏步青教授的指导下，发挥集体的力量，开辟新课题的研究，争取在较短时间内做出成绩。著名哲学史专家、老教授冯友兰表示，他拥护党对知识分子的政策，愿意努力工作，为社会主义建设事业增添一份力量，并给知识分子创造有利条件的五项建议。③

在向科学进军、建设创新型国家过程中，另一项重大战略部署是制定1956 年到 1967 年的 12 年科学技术发展远景规划。1956 年 1 月 25 日，毛泽东

---

① 《周恩来选集》（下卷），人民出版社，1984 年，第 160、162 页。
② 薄一波：《若干重大决策与事件的回顾》（上卷），人民出版社，1997 年，第 525 页。
③ 同上，第 522 页。

在最高国务会议上,首先明确提出制定长远规划,赶超世界科技革命浪潮问题:"我国人民应该有一个远大的规划,要在几十年内,努力改变我国在经济上和科学文化上的落后状况,迅速达到世界上的先进水平。"① 1956 年 1 月 30 日,在政协二届二次全体会议上,周恩来明确提出了"向现代科学技术大进军"的中心口号,并把毛泽东思想中的上述观点具体化,提出一个重大课题:制定 1956—1967 年的 12 年科学技术发展远景规划。制定 12 年科学技术发展远景规划的指导思想是:"必须按照可能和需要,把世界科学的最先进的成就尽可能迅速地介绍到我国的科学部门、国防部门、生产部门和教育部门中来,把我国科学界所最短缺而又是国家建设所最急需的门类尽可能迅速地补足起来,使十二年后,我国这些门类的科学和技术水平可以接近苏联和其他世界大国。"② 12 年科学技术发展远景规划作为一项浩大的工程,涉及高科技领域和应用技术以及培养人才等多方面的课题,需要集中大批专家和全国的写作才能完成。为了保证规划制定工作的顺利进行,中央对规划的制定予以了高度重视和强有力的组织领导。国务院成立了由科学院和各部委办负责人组成的科学规划 10 人小组,进行组织工作。1956 年 2 月 24 日,中央政治局会议批准成立国务院科学规划委员会,决定陈毅任主任,李富春、郭沫若、李四光和薄一波任副主任,张劲夫任秘书长,科学规划 10 人小组成员都任副秘书长。并且中央调集了钟学森等 600 多名各种门类和学科的科学家,并请了近百名苏联专家参加规划编制的实际工作。

12 年科学技术发展规划纲要(草案)提出了重要的科技研究任务 57 项,共有研究课题 600 多个。整个规划加上它的附件,全文达 600 多万字。这 57 项任务都是经过大批科学家反复论证,围绕我国今后十年左右经济建设各方面的需要提出来的。努力完成这些任务,就可以迅速壮大我国的科学技术力量,满足经济战线的需要,使我国科学技术的某些重要和急需的部门在 12 年内赶上或接近世界先进水平。在这个基础上,又讨论确定了原子能的和平利用,电子学方面的半导体、超高频技术、电子计算机、遥控技术,喷气技术,生产过程自动化和精密仪器等 12 个重点项目。

---

① 《聂荣臻回忆录》(下卷),解放军出版社,1984 年,第 769 页。
② 《周恩来选集》(下卷),人民出版社,1984 年,第 184 页。

在《1956 至 1957 年科学技术发展远景规划纲要》指导下，中国的科学技术发展获得了巨大的成就。1963 年，国家对规划的执行情况进行了全面检查，绝大部分科研项目都已完成，并且已经运用到生产建设中。我国整体科学技术的发展，7 年时间完成了十几年的工作量，大大缩小了同世界先进科学技术水平的差距。从科技研究机构和研究队伍上看，全国科研机构（国防系统研究机构除外，下同）由 1956 年的 381 个增加到 1962 年的 1296 个，各主要学科和技术领域几乎都设置了专门的研究机构。专门从事研究工作的科技人员，从 1956 年的 6.2 万多人增加到 1962 年的近 20 万人，其中大学毕业的有 5.5 万人，副研究员以上的高级研究人员达到 2800 多人。从科研成果看，规划任务的实现，解决了第二和第三个五年计划国家经济建设和国防建设中迫切需要解决的一批科技问题，填补了我国科学研究的一些重要空白，加强了某些重要的基础学科，发展了原子能、电子学、半导体、自动化、计算技术、喷气和火箭技术等新型科学技术，并为以后科学技术和国家各项建设事业的继续发展，打下了良好的基础。①

七、建国初期学习型政党建设过程中的三点教训

从总体上看，建国初期头八年中国共产党马克思主义学习型政党建设是极其成功的，为党的路线、方针、政策的制定和贯彻执行奠定了良好的组织思想基础。建国初期开展的历次大讨论、学习活动，是建国初期马克思主义中国化历史进程得到健康推进并取得丰硕成果的基础和根本性前提。但是，在建国初期马克思主义学习型政党建设过程中，也存在着一定的失误。过分注重向苏联学习，过快地向社会主义转变，过早地放弃了新民主主义、在思想文化领域对文多样化的认识不够和由于思想解放不够彻底，导致新民主主义正确的路线、方针、政策没有被贯彻到底，是建国初期建设马克思主义学习型政党存在的三大主要失误和教训。

---

① 薄一波：《若干重大决策与事件的回顾》（上卷），人民出版社，1997 年，第 532 页。

（一）过渡时期总路线转变：向苏联学习，过快地向苏联模式转变，放弃了新民主主义

党的七届二中全会决议曾指出，新民主主义革命胜利后的任务，是稳步地"由新民主主义国家转变为社会主义国家。"为了使广大干部认识到新民主主义阶段不是一个很短的时间，毛泽东在1950年6月政协会议上明确指出：在全国范围内实行社会主义改造，"实行私营工业国有化和农业社会化"，"还在很远的将来"。"经过战争，经过新民主主义的改革，而在将来，在国家经济事业和文化事业大为兴盛了以后，就可以从容地和妥善地走进社会主义的新时期。"① 对于开始从新民主主义向社会主义过渡，1951年2月，在起草中央政治局扩大会议决议要点时，毛泽东正式提出"三年准备、十年计划经济建设"的设想。要点指出："'三年准备、十年计划经济建设'的思想，要使省市级以上干部都明白。准备时间，从现在起，还有二十二个月，必须从各方面加紧进行工作。"② 1950年4月，周恩来在中央统战部的会议上说：社会主义是依社会发展必然的规律实现的。勉强是无论如何不行的。实现社会主义要有一定的条件。"今天条件不成熟，就要急于转变到社会主义，这说明一些同志对新民主主义缺乏切实的认识，不相信按照《共同纲领》不折不扣地做下去，社会主义的条件就会逐步具备和成熟。"③ 5月，周恩来给中央直属机关工作人员作报告时说："实现社会主义是我们努力的目标，不是现在的政策……在今天，只有巩固与发展新民主主义，才能争取早日实现社会主义。"④ 6月，周恩来又说："只要将共同纲领一条一条不折不扣地加以实施，中国必然会由新民主主义稳步地走向社会主义。但这必须经过相当长期的努力才能达到，决不可能躐等而进。"⑤ 在这种认识基础上，刘少奇提出了"巩固新民主主义制度"的看法。1951年3月，刘少奇主持召开党的第一次全国组织工作会议，在共产党员标准的八项中，明确规定：共产党"现在为巩固新民主

---

① 《建国以来毛泽东文稿》第1册，中央文献出版社，1987年，第416页。
② 《毛泽东文集》第6卷，人民出版社，1999年，第143页。
③ 《周恩来统一战线文选》，人民出版社，1984年，第169页。
④ 《周恩来年谱（1949－1976）》（上），中央文献出版社，1997年，第42、43页。
⑤ 《建国以来周恩来文稿》第2册，中央文献出版社，2008年，第497页。

主义制度而斗争"。① 可见,在新中国成立后,对于实现由新民主主义向社会主义开始过渡,党和国家领导人是相当谨慎和做长远打算的。

但是,从1953年国家大规模有计划的工业化建设的开始和过渡时期总路线提出开始,到1956年中国社会主义三大改造全面完成、社会主义制度在我国全面确立起来,其间只经历了3年左右的时间,这就远远超过了党和国家领导人原先对新民主主义社会和实现从新民主主义社会向社会主义社会过渡的预期和想法。究其原因,在快速地实行社会主义改造,由新民主主义急促地向社会主义转变的过程中,向苏联学习无疑是导致放弃新民主主义、过快地由新民主主义向社会主义过渡的重要原因。在实施过渡时期总路线的过程中,为了统一党员干部的思想,毛泽东于1953年2月在全国政协一届四次会议上号召全国掀起一个学习苏联的高潮,强调理解过渡思想要结合《联共(布)党史简明教程》第九至十二章,即苏联如何实现国家工业化和农业集体化的内容。"这个学习运动,对于统一思想起了很大作用。同时也在思想理论上形成一个观念,以为社会主义就是苏联模式,再没有其他的社会主义道路。这种思想上的片面性,对于实际工作中出现的某种程度的教条主义有不小影响。"② 向苏联学习中存在的教条主义无疑是导致过早地放弃新民主主义,过快地开始由新民主主义向社会主义过渡的重要原因。几年后,毛泽东谈到这个情况时说:"因为我们不懂,完全没有经验,横竖自己不晓得,只好搬。"③"几乎一切都抄苏联,自己的创造性很少……缺乏创造性,缺乏独立自主的能力"。④ 这种向苏联学习过程中存在的教条主义、一定程度上盲目照搬苏联的模式,过早地放弃新民主主义和开始向社会主义过渡,是新中国成立初期建设马克思学习型政党中存在的一个重要的教训。

(二) 对指导思想一元化与文化多元化的辩证关系认识不够

新中国成立初期具有临时宪法作用的《共同纲领》指出:"中华人民共和国的文化教育为新民主主义的,即民族的、科学的、大众的文化教育。人民政府的文化教育工作,应以提高人民文化水平、培养国家建设人才、肃清封

---

① 《建国以来刘少奇文稿》第3册,中央文献出版社,2005年,第174页。
② 《马克思主义中国化研究——历史进程和基本经验》(上),北京古籍出版社,2009年,第276页。
③ 《毛泽东传(1949-1976)》(上),中央文献出版社,2003年,第791页。
④ 《毛泽东文集》第8卷,人民出版社,1999年,第305页。

建的、买办的、法西斯主义的思想、发展为人民服务的思想为主要任务。"①在《共同纲领》的指导下,为了肃清封建的、买办的、法西斯主义的思想,确立马克思列宁主义在思想文化领域的指导地位,在毛泽东的关注和指导下,从1951年春开始,以对电影《武训传》的批判运动为标志,在全国范围内开始了一场学习唯物主义历史观的学习教育活动。对电影《武训传》的批判运动是新中国成立后在思想文化领域第一次批判旧的思想文化,确立唯物主义世界观的第一次教育和学习运动。1954年10月,在过渡时期总路线公布之后,随着社会主义改造事业全面而深入地进行之时,毛泽东又在思想文化领域开展了对资产阶级思想的批判,发动了一场以毛泽东支持两位青年关于对俞平伯《红楼梦》研究批判的文章为开始标志的、对资产阶级唯心主义开展批判,从而确立用马克思主义的观点来进行学术研究的运动。在对俞平伯《红楼梦》研究批判之后,继1952年文艺界整风,对胡风文艺思想进行批判之后,1955年又开始了对胡风文艺思想的批判。这三大思想文化领域中的批判运动,其主要的目的是要确立马克思主义在思想文化领域的指导地位,用马克思主义的科学思想来武装、教育人民。

为了配合在思想文化领域对电影《武训传》、《红楼梦》研究和胡风文艺思想的批判。中共中央于1955年1月26日发布了《中共中央关于在干部和知识分子中组织宣传唯物主义思想批判资产阶级唯心主义思想的演讲工作的通知》、于1955年发布了《中共中央关于宣传唯物主义思想批判资产阶级唯心主义思想的指示》。《通知》和《指示》对开展唯物主义世界观的教育、确立马克思主义在思想文化领域中的指导地位的必要性,做了深刻的分析,并认为"主要的是用马克思主义的唯物主义来批判资产阶级的唯心主义的思想",确立党员干部、知识分子和广大人民群众的马克思主义的唯物主义世界观。但随着思想文化领域三大批判运动的开展和宣传马克思主义的唯物主义、批判资产阶级唯心主义思想运动的开展,一场学习马克思主义唯物主义思想的运动在我国蓬勃地开展起来了。

"在当时,新中国建立不久,在思想文化领域里,迫切需要用马克思主义的科学思想进行宣传,教育人民,以利于新生政权的巩固和国民经济的恢

---

① 《建国以来重要文献选编》第1册,中央文献出版社,1992年,第10-11页。

复。"① 但是，问题在于在批判其他旧的思想文化观点，树立马克思主义在思想文化领域指导地位的同时，忽视了思想文化所应该具备的多元化特征，采取片面和行政强制手段，不利于学习型政党建设。"应当说，在思想文化领域，以马克思主义为指导清理和批判唯心主义等非马克思主义观点，特别是影响很大的代表人物胡适的思想观点，是必要的，有着积极的意义。""但在批判过程中，出现了偏差和过火现象，把一些复杂的思想认识问题和学术问题简单化了，出现了上纲越高越好、调门越高越好的不正常现象，伤害了一批虽然不赞成或不完全赞成马克思主义，但拥护中国共产党、热爱新中国的知识分子，给党对思想文化工作的领导造成相当程度的损害。同时，也不利于学术的繁荣和健康发展。"② 1951 年 5 月，刘少奇在第一次全国宣传工作会议的总结报告中指出："用马列主义的思想原则在全国范围内和全体规模上教育人民，是我们党的一项最基本的政治任务。"③ 因此，要在党员、党外积极分子中和在社会上进行马列主义基本理论的宣传。但是，刘少奇又认为："要肃清帝国主义、封建主义思想，批评一切非无产阶级的思想，这样才能确立马列主义——工人阶级思想的领导权。"对于资产阶级、小资产阶级和农民阶级的经济存在，就必须承认这些思想的存在，但对资产阶级、小资产阶级思想"要批驳它，指出他的错误"，这样，工人阶级思想的领导地位才能确立起来。④ "对电影《武训传》的批判，是新中国成立后在思想文化领域开展的第一次批判运动。毛泽东的目的是借此提倡马克思主义观点研究历史人物，应当说是重要的，对于宣传历史唯物主义的观点产生了积极的作用；但同时也存在片面性、粗暴和政治上上纲过高的情况，未能真正用学术讨论的方法来进行，在思想文化界开了用政治批判解决学术争论的不好的先例。"⑤ "属于精神世界的问题，属于意识形态领域里的斗争，只能用说理的方法和争鸣的方法来解决，决不能用压制的办法来解决。"⑥ 但是，建国初期以对电影《武

---

① 《毛泽东传 (1949 – 1976)》(上)，中央文献出版社，2003 年，第 104 页。
② 同上，第 298 页。
③ 《刘少奇选集》(下)，人民出版社，1985 年，第 82 页。
④ 同上，第 83 页。
⑤ 《毛泽东传 (1949 – 1976)》(上)，中央文献出版社，2003 年，第 105 页。
⑥ 《毛泽东传 (1949 – 1976)》(上)，中央文献出版社，2003 年，第 618 页。

训传》、胡适资产阶级唯心主义思想和胡风文艺思想批判这三大思想文化领域批判运动为契机，推动的宣传和学习马克思主义唯物主义世界观的学习运动，忽视了思想文化领域应当具有的多元化特征，而采取了片面、强制的做法，这对中国共产党马克思主义学习型政党建设也是一个重要的教训。

（三）思想解放不够彻底，新民主主义正确路线、方针、政策没有被贯彻到底

从上可知，中共八大前后，面临着复杂的国际国内形势，围绕着突破苏联模式、开创中国式工业化道路，中国共产党进行了全党的大学习、大讨论，并取得了有多重大而有益的成果，为做到把马克思主义与中国实际相结合，实现马克思主义与中国实际第二次结合奠定了良好的开端。但是，教训在于这些最初的探索由于思想解放不够彻底，这一时期探索形成的正确的路线、方针、政策没有被坚持和贯彻，构成了这一时期马克思主义学习型政党建设的一大重要的教训。

正如《关于建国以来党的若干历史问题的决议》所指出的："由于社会主义运动的历史不长，社会主义国家的历史更短，社会主义社会发展规律有些已经比较清楚，更多的还有待于继续探索。我们党过去长期处于战争和激烈阶级斗争的环境中，对于迅速到来的新生的社会主义社会和全国规模的社会主义建设事业，缺乏充分的思想和科学研究。"[①] 实际经验的缺乏和思想准备的不足，使得在进行社会主义建设、探索过程中，中国的社会主义建设事业发生了错误的偏向，进入了曲折发展的时期。马克思主义中国化历史进程也进入了一个曲折发展的历史阶段之中。1957年，以正确处理人民内部矛盾为主题的全党整风运动，后来转到了反右派斗争，并造成了反右斗争的扩大化。反右派斗争改变了毛泽东对当时我国社会主要矛盾的判断。在经过修改后发表的《关于正确处理人民内部矛盾的问题》一文中，毛泽东改变了他对阶级、阶级斗争的看法。"阶级斗争并没有结束。无产阶级和资产阶级之间的阶级斗争，各派政治力量之间的阶级斗争，无产阶级和资产阶级之间在意识形态方面的斗争，还是长期的，曲折的，有时甚至是很激烈的。""在这一方面，社

[①] 《关于建国以来党的若干历史问题的决议注释本》，人民出版社，1983年，第37页。

会主义和资本主义之间谁胜谁负的问题还没有真正解决。"① 1958 年开始的"大跃进"和农村人民公社化运动的"左"倾错误实践，给我国的国民经济建设带来了巨大的损害。1959 年 7 月召开的庐山会议，围绕着对"大跃进"和人民公社化的不同认识，毛泽东错误地发动了"反右倾"斗争。庐山会议使得毛泽东认为："庐山会议出现的这一场斗争，是一场阶级斗争。""这个论断，把庐山会议上党内关于方针政策的不同意见的正常讨论，当作对抗阶级的生死斗争来看待和处理，这就使反右派以后阶级斗争扩大化的错误在理论上和实践上进一步升级，并且引申到党内和党的高级领导层中来。"② "反右倾"斗争打断了当时党中央纠正"左"倾错误的努力，使得"大跃进"等"左"倾错误继续得到发展。虽然在后来的农村、工业、科学、教育、文化政策等方面政策的调整中，我国社会主义建设事业遭受的损失得到相当程度的恢复，但是，政治上"左"倾错误伴随着我国国民经济调整和恢复的同时得到了再度的发展。1962 年 8 月，八届十中全会在毛泽东的坚持下指出，在无产阶级革命和无产阶级专政的整个历史时期，在由资本主义过渡到共产主义的整个历史时期（这个时期需要几十年，更多的时间）存在着无产阶级和资产阶级之间的斗争，存在着社会主义和资本主义两条道路的斗争。并指出阶级斗争要年年讲，月月讲。八届十中全会后，在阶级斗争思想的指导下，中国开展了一场"四清"、"五反"和政治思想领域的批判运动，最终导向了"文化大革命"的爆发。中共八大前后，围绕着建设中国自己的社会主义建设道路进行探索而取得的成果最终被彻底放弃，马克思主义中国化的历史进程也遭受了更严重的挫折。正如邓小平后来所指出的："八大的路线是正确的。但是，由于当时党对于全面建设社会主义的思想准备不足，八大提出的路线和许多正确意见没有能够在实践中坚持下去。八大以后，我们取得了社会主义建设的许多成就，同时也遭到了严重挫折。"③ 思想解放不够彻底，新民主主义和探索中国式现代化道路的正确路线、方针、政策没有坚持和贯彻到底，是这一时期中国共产党马克思主义学习型政党建设中的一个重要的教训。

---

① 《毛泽东著作选读》（下册），人民出版社，1986 年，第 785 页。
② 胡绳：《中国共产党的七十年》，中共党史出版社，1991 年，2005 年 4 月印刷，第 409 页。
③ 《邓小平文选》第 3 卷，人民出版社，1993 年，第 2 页。

第八章 马克思主义学习型政党建设与改革开放实践相结合

——改革开放新时期的历史经验

1978年12月召开的中共十一届三中全会,重新恢复和确立了中国共产党解放思想、实事求是的思想路线,实现了党和国家工作重心的转移,最终实现了党和国家历史上的伟大转折,中国进入了改革开放和社会主义现代化建设新的历史时期。新时期,以邓小平为代表的中国共产党人,发扬中国共产党理论与实际相结合的优良作风,把马克思主义与中国改革开放的实践相结合,实现了马克思主义中国化的第二次历史性飞跃。

新时期,马克思主义中国化在遭遇严重挫折后重新奋起,实现第二次历史性飞跃,其根本原因在于中国共产党马克思主义学习型政党建设在这一历史进程中发挥了前提和基础性的作用。中国共产党马克思主义学习型政党建设是与改革开放历史实践密切相伴随的。新时期,中国共产党的每一次思想解放、理论创新和实践的发展都与全党进行学习密切相关。"文化大革命"结束不久后,中国共产党围绕着真理标准问题进行全党大学习、大讨论,从而成功地实现了党的思想路线的拨乱反正和工作重心的顺利转移。在改革开放的历史进程中,面对新形势和新任务,中国共产党号召全党学习哲学和新知识,为中国共产党解放思想、实事求是的思想路线的继续坚持,提高适应社会主义现代化建设事业要求的具体专业知识、管理技能等专业知识,打下了良好的基础。与此同时,在总结党的历史经验、形成《关于建国以来党的若干历史问题的决议》,对党和国家历史上的重要问题做出结论,引导全党、全国各族人民向前看的同时，中国共产党提出了四项基本原则，并进行了全党的大学习，为中国社会主义现代化建设事业解除历史包袱的同时，也为中国社会主义现代化建设事业提供了政治方向上的保证。最后，重新恢复和加强党校教育，巩固马克思主义学习型政党建设的制度基础，也是这一时期中国共产党马克思主义学习型政党建设的重要内容。加强党校教育为中国的社会主义现代化建设事业提供了大量德才兼备、又红又专的党政骨干力量。新时期，中国共产党以马克思主义学习型政党建设推动了改革开放的历史进程，实现了马克思主义中国化的第二次历史性飞跃。

新时期，中国共产党马克思主义学习型政党建设取得了巨大成就，为推动中国社会主义现代化建设事业取得重大进展的同时，在马克思主义学习型政党建设过程中也存在一定的失误。马克思主义基本理论学习不突出，对学习马列原著和马克思主义基本原理在一定程度上的忽视，对党员干部理想信念教育重视不够，从而导致了一部分党员干部在坚持走社会主义道路、反对资产阶级自由化问题上，出现了软弱涣散的现象，党员干部中存在的腐败现象得以一定程度的滋生和蔓延。马克思主义基本理论学习不突出，对党员干部理想信念教育重视不够和贯彻执行不力，是改革开放过程中马克思主义学习型政党建设中存在的两大重要失误。

一、围绕真理标准问题开展全党大学习

1976年10月6日，"四人帮"的被隔离审查和垮台，意味着长达十年的"文化大革命"的内乱由此可以结束，开创中国社会主义现代化建设新局面由此也具备了根本的政治社会条件。但是，由于十年的"文化大革命"造成的政治上思想上的混乱，在粉碎"四人帮"和1977年8月中国共产党第十一次全国代表大会正式宣布结束"文化大革命"之后，中国并没有出现社会主义现代化建设事业全新局面，而是进入了两年在徘徊中前进的历史时期。造成当时中国社会在徘徊中前进的局面的根本原因在于，以华国锋为代表的党中央没有能够从根本指导思想上彻底清理"文化大革命"时期和长期以来中国共产党内存在的"左"的错误指导思想，相反却继续坚持以"两个凡是"为核心内容的"左"的错误指导思想，在一系列重大问题上犯"左"的错误。

1977年2月7日,《人民日报》、《解放军报》、《红旗》杂志(两报一刊)发表社论《学好文件抓住纲》,在文中公开提出:"凡是毛主席作出的决策,我们都坚决维护,凡是毛主席的指示,我们都始终不渝地遵循。"① 这就提出了著名的"两个凡是"。1977年3月,华国锋在中共中央工作会议上作了长篇讲话,强调要坚持"以阶级斗争为纲",坚持以"无产阶级专政下继续革命"的理论为指导;要充分认识到"文化大革命"的必要性,巩固和发展"文化大革命"的成果,并提出了"凡是毛主席作出的决策,都必须拥护;凡是损害毛主席形象的言行,都必须制止"的说法。1977年4月7日,中共中央发布《中共中央关于学习〈毛泽东选集〉第五卷的决定》,《决定》指出:"在社会主义革命和社会主义建设时期,毛主席在马克思主义理论上最伟大的贡献就是系统地总结了我国的和国际的无产阶级专政的历史经验,运用唯物辩证法的对立统一这个基本观点,分析了社会主义社会的矛盾,创立了无产阶级专政下继续革命的伟大理论。学习《毛泽东选集》第五卷,一定要深刻理解和牢牢掌握这个基本思想,进一步用毛主席关于无产阶级专政下继续革命的伟大理论来武装我们的头脑,不断地提高执行毛主席革命路线的自觉性,为实现华主席为首的党中央提出的抓纲治国的战略决策而奋斗。"② 在"两个凡是"的错误思想指导下,1977年8月12日至18日,中国共产党召开了第十一届全国代表大会,十一大宣告"文化大革命"的结束,重申了要"调动党内外、国内外一切积极因素,团结一切可以团结的力量,为实现抓纲治国的战略决策,为在本世纪内把我国建设成为伟大的社会主义的现代化强国而奋斗。"但与此同时,十一大报告阐述了"毛主席无产阶级专政下继续革命的伟大理论",说它"经过无产阶级文化大革命更加深入人心,成为亿万群众进行胜利战斗的光辉旗帜"并对"四人帮""篡改"这个理论进行批判,指出"毛主席关于无产阶级专政下继续革命的伟大理论,在马克思主义发展史上占有特别重要的地位"。③ 这说明了"文化大革命"结束之后,党的指导思想在"两个凡是"错误思想的指导下,从根本上仍然没有发生改变,这也导致了党

---

① 《学好文件抓住纲》,《人民日报》,1977年2月7日。
② 《中国共产党宣传工作文献选编(1957-1992)》,学习出版社,1996年,第413页。
③ 于光远:《1978:我亲历的那次历史大转折》,中央编译出版社,2008年,第26页。

和国家的工作在总体上处于在徘徊中前进的局面。

针对"两个凡是"的论点,邓小平在党内率先对此表示了不同意见和做出了批评,提出要完整地准确地理解毛泽东思想的问题。邓小平 1977 年 2 月,在中央办公厅两位负责同志看望邓小平时,邓小平就指出了"'两个凡是'不行"①的问题。后来邓小平进一步指出:"马克思、恩格斯没有说过'凡是',列宁、斯大林没有说过'凡是',毛泽东同志自己也没有说过'凡是'。我对那两位同志说:今年四月十日我给中央写信,提出'我们必须世世代代地用准确的完整的毛泽东思想来指导我们全党、全军和全国人民,把党和社会主义的事业,把国际共产主义运动的事业,胜利地推向前进',这是经过反复考虑的。毛泽东思想是个思想体系。我和罗荣桓同志曾经同林彪作过斗争,批评他把毛泽东思想庸俗化,而不是把毛泽东思想当作体系来看待。我们要高举旗帜,就是要学习和运用这个思想体系。"② 邓小平还进一步指出:"我说要用准确的完整的毛泽东思想作指导的意思是,要对毛泽东思想有一个完整的准确的认识,要善于学习、掌握和运用毛泽东思想的体系来指导我们各项工作。只有这样,才不至于割裂、歪曲毛泽东思想,损害毛泽东思想。我们可以看到,毛泽东同志在这一个时间,这一个条件,对某一个问题所讲的话是正确的,在另外一个时间,另外一个条件,对同样的问题讲的话也是正确的;但是在不同的时间、条件对同样的问题讲的话,有时分寸不同,着重点不同,甚至一些提法也不同。所以我们不能够只从个别词句来理解毛泽东思想,而必须从毛泽东思想的整个体系去获得正确的理解。"③ "要用毛泽东思想的体系来教育我们的党,来引导我们前进。"④

1978 年 5 月 11 日,《光明日报》以特约评论员名义发表题为《实践是检验真理的唯一标准》的文章,这篇文章重申了实践是检验真理的唯一标准这个马克思主义认识论的基本原理,尖锐地提出"四人帮"加在人们身上的精神枷锁还远没有完全粉碎,对"四人帮"设置的禁区"要敢于去触及,敢于去弄清是非",并提出不能拿现成的公式去限制、宰割、剪裁无限丰富的飞速

---

① 《邓小平文选》第 2 卷,人民出版社,1994 年,第 38 页。
② 同上,第 39 页。
③ 同上,第 42－43 页。
④ 同上,第 44 页。

发展的革命实践,应该勇于研究新的实践中提出的新问题。由于《实践是检验真理的唯一标准》从根本上否定了"两个凡是"的错误指导思想,所以这篇文章引起了广泛的注意,在邓小平和其他老同志的推动下,全党围绕着真理标准问题进行了大讨论,形成了全党围绕着思想路线问题进行大学习的一次高潮。

1978年6月25日中共甘肃省委召开全省理论工作座谈会。在这次会上,时任省委第一书记的宋平针对当时思想理论战线的情况,明确指出实践是检验真理的唯一标准,理论工作者要敢于冲出禁区,追求真理,做"思想上的前卫战士"。6月27日,甘肃省委宣传部和《甘肃日报》编辑部召开了全国第一个省级真理标准问题座谈会。这次座谈会高度评价了《实践是检验真理的唯一标准》的姊妹篇《马克思主义的一个最基本的原则》,认为它正确阐明了实践是检验真理的唯一标准这个马克思主义的基本原则,对从思想上理论上深入揭批"四人帮"有十分重要的意义。座谈会批判了林彪、"四人帮"颠倒理论与实践的关系,把马列主义、毛泽东思想绝对化、宗教化,其目的是窒息马列主义、毛泽东思想的革命灵魂,否定它是科学真理,其结果是搞乱了人们的思想,破坏了党的优良作风。此后不久,中共黑龙江省委召开常委扩大会,讨论真理标准和民主集中制问题。这次讨论特别将《实践是检验真理的唯一标准》、《关于真理的标准问题》、《马克思主义的一个最基本的原则》三篇文章作为学习内容。1978年8月23日,新疆维吾尔自治区党委宣传部召开包括乌鲁木齐地区各高校、干校、自治区各部、委、办、局,新疆部队及乌鲁木齐市有关单位共300余人参加的乌鲁木齐地区部分理论工作者和宣传干部会议,传达中国社会科学院哲学研究所、《哲学研究》编辑部7月在北京召开的关于理论和实践问题讨论会的精神。1978年7月25日至31日,中共辽宁省委宣传部即召开了理论与实践关系问题讨论会,强调实践是检验真理的唯一标准。到1978年12月8日《人民日报》刊登了题为《解放思想转变作风跟上中央部署》的中共湖南省委第一书记毛致用在省委召开的省直属机关负责干部会议上的讲话,全国27个省市自治区都开展了对真理标准问题的讨论和学习活动。1978年8月1日,《解放军报》发表题为《发扬政治工作的实事求是传统》的社论,其中谈到:"如果我们不去研究和解决新的历史条件下存在的问题,使我们的政治工作随着实践的发展而发展,如果我们不去大力破除林彪、'四人帮'十多年来搞的那一套,结合新的条件运用和发展毛主席关于政治工作的理论和传统,而是搞本本主义,一味照抄照转,那么政治工作就无法解决今天面临的问题,因而也就无力完成新时期赋予政治工作的任务。"① 这表明了军队也参与到了这场大讨论、大学习中来。

对于这场围绕着真理标准问题开展的大讨论、大学习的实质,邓小平有着深刻的认识。他指出:"目前进行的关于实践是检验真理的唯一标准问题的讨论,实际上也是要不要解放思想的争论。大家认为进行这个争论很有必要,意义很大。从争论的情况来看,越看越重要。一个党,一个国家,一个民族,如果一切从本本出发,思想僵化,迷信盛行,那它就不能前进,它的生机就停止了,就要亡党亡国。这是毛泽东同志在整风运动中反复讲过的。只有解放思想,坚持实事求是,一切从实际出发,理论联系实际,我们的社会主义现代化建设才能顺利进行,我们党的马列主义、毛泽东思想的理论也才能顺利发展。从这个意义上说,关于真理标准问题的争论,的确是个思想路线问题,是个政治问题,是个关系到党和国家前途和命运的问题。"② "真理标准问题的讨论是基本建设,不解决思想路线问题,不解放思想,正确的政治路线就制定不出来,制定了也贯彻不下去。"③ "思想路线不是小问题,这是确定政治路线的基础。正确的政治路线能不能贯彻实行,关键是思想路线对不对头。所以,不要小看实践是检验真理的唯一标准的争论。这场争论的意义太大了,它的实质就在于是不是坚持马列主义、毛泽东思想。"④

"'实践标准论'与'两个凡是'论之争,是两条思想路线之争,也是两条政治路线之争,因而也是'中国向何处去'的两种命运之争。这场大讨论,是一场全国性的马克思主义教育运动和思想解放运动,冲破了长期束缚人们头脑的'左'的教条主义僵化观念,为形成十一届三中全会的改革开放路线和邓小平理论,做了重要的理论准备和思想准备。"⑤ 通过真理标准问题的大

---

① 参见张润枝等:《思想冰封的解冻——真理标准问题大讨论》,安徽人民出版社,1998年,第198-210页。

② 《邓小平文选》第2卷,人民出版社,1994年,第143页。

③ 同上,第191页。

④ 同上。

⑤ 王东:《中华腾飞论——毛泽东、邓小平、江泽民三代领导集体的理论创新》,中国人民大学出版社,2001年,第129页。

讨论，解放思想，实事求是的思想路线被重新恢复和确立起来了。1978年12月18日召开十一届三中全会。第一，重新确立了党的马克思主义的思想路线。批判了"两个凡是"的错误方针，高度评价了关于真理标准问题的讨论，确定了解放思想、开动脑筋、实事求是、团结一致向前看的指导方针；第二，重新确立了马克思主义的政治路线。全会果断地停止使用"以阶级斗争为纲"和"无产阶级专政下继续革命"的口号，做出把工作重点转移到社会主义现代化建设上来的战略决策，并富有远见地提出了对党和国家各个方面的工作进行改革的任务；第三，重新确立了党的正确的组织路线。提出要健全社会主义民主和加强社会主义法制的任务，审查和解决了党的历史上一批重大冤假错案和一些重要领导人的功过是非问题，纠正了过去对彭德怀、陶铸、薄一波、杨尚昆等同志所作的错误结论。十一届三中全会是建国以来党的历史上具有深远意义的重要会议，它从根本上冲破了长期"左"倾错误的严重束缚，端正了党的指导思想，重新确立了党的马克思主义的正确路线。它在拨乱反正、提出改革任务和推动农村改革方面，起了伟大的历史作用。以十一届三中全会为起点，中国人民进入了改革开放和社会主义现代化建设的新时期。实现这种具有深远意义的伟大转折的根本思想基础，是与全党对真理标准问题进行大讨论、大学习是密切相关的。

二、学习哲学，端正党风文风

以十一届三中全会为转折点，中国的社会主义现代化建设事业进入了新的历史时期。新时期，为了继续做到解放思想、实事求是，理论与改革开放实践相结合，学习哲学，学习马克思主义，一切从实际出发、理论与实际相结合的思想方法，端正党风文风，仍然是新时期中国共产党建设马克思主义学习型政党的根本性内容。

对于学习马克思主义哲学，掌握马克思主义的立场、观点和方法，做到理论联系实际的必要性，中共中央和当时的中共中央领导人都有着深刻的认识。1978年12月通过的《中国共产党第十一届中央委员会第三次全体会议公报》就指出："只要全党努力学习马列主义、毛泽东思想和社会主义现代化建设的本领，继续坚持实事求是，坚持群众路线，既勇于创造新的经验，又保持谦虚谨慎的态度，充分调查研究，实行精心指导，不打无准备之仗，不打无把握之仗，就一定能够加快实现新时期的总任务，任何困难都不能阻止党和人民的胜利前进。"① 在1992年南方谈话中，邓小平指出："最近，有的外国人议论，马克思主义是打不倒的。打不倒，并不是因为大本子多，而是因为马克思主义的真理颠扑不破。实事求是是马克思主义的精髓。要提倡这个，不要提倡本本。"② 陈云也认为："要把我们的党和国家领导好，最要紧的，是要领导干部的思想方法搞对头，这就要学习马克思主义哲学。"③ 在此之后，以江泽民、胡锦涛等为代表的新的领导集体也十分重视对马克思主义哲学、马克思主义基本理论的学习。江泽民指出："重视学习，加强学习，不断提高理论修养和知识水平。""学习是个前提，不学习，政治上就不可能成熟，就不可能自觉改造自己的主观世界。""学什么？首先要学马列主义，学毛泽东思想，特别要学习邓小平理论。对我们来说，马克思主义理论是管总的东西，不学习理论势必思想空虚，精神贫乏，是非不辨，方向不明。一些干部出问题，同步学习马克思主义理论密切相关的。"④ "要认真学习马列主义、毛泽东思想特别是邓小平理论，不断提高思维能力，努力掌握正确的世界观和科学的方法论。"⑤ 对于学习马克思主义哲学的必要性，李瑞环认为，"哲学讲的是科学的世界观和方法论，是最基本的原理。"因此，哲学是"明白学"，"哲学是智慧学"。"马克思主义哲学是科学的世界观和方法论，它揭示了自然界、人类社会和思维的最一般的规律，是指导人们认识世界、改造世界的最基本的思想武器。"与其他哲学相比较，"马克思主义哲学比较稳定，因为它具有最大的概括性和普遍性。"⑥ 胡锦涛也指出："一个领导干部，只有打下扎实的马克思主义理论根底，政治上才能坚定清醒，工作中才能有原则性、系统性、预见性和创造性，才能全面正确积极地贯彻党的路线方针政策，做好领导工作。提高理论素养，没有任何捷径可走，只有顽强刻苦、坚持不懈

---

① 《三中全会以来》，人民出版社，1982年，第13页。
② 《邓小平文选》第3卷，人民出版社，1993年，第382页。
③ 《陈云论党的建设》，中央文献出版社，1995年，第309页。
④ 《十五大以来重要文献选编》，人民出版社，2000年，第151、152页。
⑤ 同上，2002年11月第4次印刷，第932页。
⑥ 李瑞环：《学哲学，用哲学》，中国人民大学出版社，2005年，第5、1、7、10页。

地学习。加强学习，最根本的是学习马克思列宁主义、毛泽东思想特别是邓小平理论。"① 可见，学习哲学，以端正党风文风，成为了新时期中国共产党的理论共识。

新时期，注重党员干部学习哲学，掌握马克思主义的立场、观点、方法，从根本上把思想搞对头的最杰出代表，要算是陈云了。"文化大革命"结束后，在领导中国社会主义现代化建设过程中，陈云十分关心党员干部的学习，提倡和号召广大党员干部学习哲学。在讨论《关于建国以来党的若干历史问题的决议》时，"陈云同志建议，要提倡学习，主要是学哲学，学习毛泽东同志的哲学著作，例如《实践论》、《矛盾论》，还有《中国革命战争的战略问题》、《抗日游击战争的战略问题》、《论持久战》等等。"② 中共十三大后，陈云退出了中央领导岗位的第一线。"退出中央领导岗位第一线后，陈云一如既往，积极支持比较年轻的中央领导成员工作，并且注意提醒他们要在实践中学会运用马克思主义的思想方法，并用它来观察和处理问题。"③ 1987年12月28日，陈云同中央政治局常委胡启立谈话，陈云十分关心领导干部的学习问题。陈云建议胡启立要学好哲学，并说：学了哲学，脑袋会更加灵光。④ 并且陈云送给了胡启立两本哲学书籍，一本是艾思奇主编的《辩证唯物主义历史唯物主义》，另一本是韩树英主编的《马克思主义哲学纲要》。这两本书，是陈云自己花钱，让身边工作人员跑遍北京各大新华书店，最后在人民出版社买到的。他买了很多套，分别送给中央领导人。书送出去后，陈云又分别给有些领导人打电话，要求他们认真学习。⑤ 宋平曾回忆道："一九八七年初，中央调我到中央组织部工作，陈云同志特意送我两本哲学书，叮嘱我好好学习哲学。""几十年来，特别在历史发展的重要关头，陈云同志总是用自己的切身体会，教育党的领导干部学习哲学，用辩证唯物主义的方法论来研究新情况，解决新问题。""这对于我们党在国际形势错综复杂和国内任务繁重艰

---

① 《十五大以来重要文献选编》，人民出版社，2000年，第1220页。
② 《邓小平文选》第2卷，人民出版社，1994年，第381页。
③ 金冲及等：《陈云传》（下），中央文献出版社，2005年，第1782页。
④ 同上，第1786页。
⑤ 同上，第1786–1787页。

巨情况下，处理好各种矛盾和问题，提高领导水平，是大有裨益的。"①

退出领导岗位的第一线后，陈云经常对领导干部说："我劝你们一件事，领导干部要学点哲学。不要怕人家说马克思主义哲学过时了，没有过时，永远不会过时。无论工作如何忙，也还是要抽点时间学习。学习时不要急急忙忙联系实际。你们接触实际多，自然就会联系起来。学习马克思主义哲学，是思想上的基本建设。"② 一九八九年九月十四日，陈云同薄一波、宋任穷谈话，提出应该组织中顾委常委和在京委员学习马克思主义哲学。随后陈云给中顾委常委写了一封信，解释他为什么要在中顾委提倡学哲学。他说，目的有两个：一是我们这些老同志有丰富经验，但需要进一步提高理论水平；二是带动新干部乃至全党同志都来学习哲学。③ "很好地培训适应四化建设需要的革命化、年轻化、知识化、专业化的党政领导骨干，是党校的迫切任务。希望这次会议着重讨论解决这个问题。党校学员既要学习马列主义、毛泽东思想的基本理论和党的方针政策，以此作为主课，又要学习一些现代科学文化知识和必要的专业知识，以提高领导水平和实际工作能力。"④ "现在我们在新形势下，全党仍然面临着学会运用马列主义、毛泽东思想的立场、观点、方法分析和解决问题这项最迫切的任务。"⑤ 陈云说："我个人的体会是：学习哲学，可以使人开窍。学好哲学，终身受用。希望能够组织政治局、书记处、国务院的同志都来学习哲学，并把这个学习看成是工作的一部分，也是自己一项重要责任。"⑥

陈云的倡议和建议得到了邓小平的高度赞同和认可，1981年3月26日，在《对起草〈关于建国以来党的若干历史问题的决议〉的意见》中，邓小平对陈云关于学习哲学的建议做出了良好和具有深远意义的回应。邓小平指出："现在我们的干部中很多人不懂哲学，很需要从思想方法、工作方法上提高一步。《实践论》、《矛盾论》、《论持久战》、《战争和战略问题》、《论联合政

---

① 金冲及等：《陈云传》（下），中央文献出版社，2005年，第1787页。
② 同上，第1789页。
③ 同上，第1810页。
④ 《陈云论党的建设》，中央文献出版社，1995年，第282页。
⑤ 同上，第312页。
⑥ 同上，第311页。

府》等等著作,选编一下。还要选一些马恩列斯的著作。总之,很需要学习马克思主义哲学就是了。""历史决议中关于毛泽东同志对马克思主义哲学的贡献,要写得更丰富,更充实。结束语中也要加上提倡学习的意思。"① 在1981年《关于反对错误思想倾向的问题》的讲话中,邓小平又指出:"陈云同志建议,要提倡学习,主要是学哲学,学习毛泽东同志的哲学著作,例如《实践论》、《矛盾论》,还有《中国革命战争的战略问题》、《抗日游击战争的战略问题》、《论持久战》等等。这个意见很好。我看应当搞学习运动,认真学习马克思、列宁和毛泽东同志的著作。这个学习必须联系中国革命的历史,这样就能了解党是怎样领导革命的,了解毛泽东同志有哪些功绩,使大家知道中国革命是怎样成功的。《关于建国以来党的若干历史问题的决议》通过以后,要组织大家认真学习,然后要引导大家认真读点书。"② 针对党员干部中存在不正确的思想方法的现象,邓小平指出:"现在,有些人发议论,往往只看现象,原因是理论和实践都没有根底。只有打下根底,才能真正纠正错误,包括纠正'左'的和右的错误。延安整风,反对主观主义、宗派主义和党八股,就是从根本上而不是从枝节上解决问题。"③ 邓小平和陈云提倡和号召广大党员干部学习哲学,掌握正确的思想方法,对坚持党的解放思想、实事求是的思想路线,在新的历史条件下做到解放思想、实事求是,理论与实际相结合,有着重要的指导意义,为中国共产党马克思主义学习型政党建设指明了正确的前进方向,是新时期中国共产党人中提倡学习哲学的楷模和杰出代表。

三、召开理论务虚会,坚持四项基本原则

十一届三中全会重新恢复和确立了党的解放思想、实事求是的思想路线,"但并未完全解决问题,'两个凡是'仍很有市场,并且根深蒂固,这不仅关系到毛泽东晚年错误,而且涉及我们过去宣传的马克思列宁主义的好些问

---

① 《邓小平文选》第2卷,人民出版社,1994年,第303-304页。
② 同上,第381页。
③ 同上,第382页。

题","两条思想路线的斗争异常激烈,要真正做到解放思想、实事求是在当时是一场严重斗争。"① 继续解放思想,冲破"两个凡是"设置的理论禁区,仍然是当时理论界面临的重要任务。另一方面,以1978年党的十一届三中全会为转折点,中国共产党实现了工作重心的转移,党的工作重心转移到了社会主义以现代化建设事业上来。在全党工作重心实现转移之后,"党的理论宣传工作怎样适应这个伟大的战略转变"②,也是一个需要加以讨论的重大问题。正如胡耀邦在《理论工作务虚会引言》指出的那样,"一方面是继续扫清我们前进道路上的思想障碍。我们要议一议,在思想理论上还有哪些阻碍我们前进的东西应该继续破?还有哪些禁区?还有哪些精神枷锁?包括毛泽东同志在世时来不及阐述清楚,后来又被'四人帮'严重歪曲了的思想理论问题,譬如社会主义社会的阶级斗争等问题。""另一个更重要的方面,是研究和解决伟大转变中层出不穷的新问题,把马克思列宁主义、毛泽东思想同新的实践密切结合起来,使理论工作从实际出发又能走到亿万人民实现四个现代化的伟大实践的前头,生气勃勃地指导我们的实际工作飞跃前进。这就是全党工作重心转移以后理论宣传工作的根本任务。"③ 因此,为了总结理论宣传战线的基本经验教训,把思想理论上的重大原则问题讨论清楚,统一到马克思列宁主义、毛泽东思想的基础上来,这是全党工作重心转移之后理论宣传工作的根本任务。

为了完成这一历史任务,中共中央于1979年1月18日至4月3日在北京举行了党的理论务虚工作会议。这场理论务虚工作会议分为两个阶段。会议第一阶段(1月18日至2月16日)由中共中央宣传部和中国社会科学院主持。3月28日复会,进入会议的第二阶段,以中共中央名义召开,范围扩大到地方和军队主管宣传理论工作的负责人。在这一阶段会议正式名称为"全国理论工作务虚会"。会议的第一阶段,围绕着"两个凡是"的由来和错误、关于"无产阶级专政下继续革命的理论"等基本理论问题和"对毛泽东和毛泽东思想的评价"等重大问题,展开了热烈讨论。通过充分讨论,弄清楚了

---

① 吴江:《1979年理论务虚会追忆——真理标准讨论第二阶段》,《炎黄春秋》,2001年第11期。
② 《三中全会以来》,人民出版社,1982年,第56页。
③ 同上,第57、58页。

提出和坚持"两个凡是"和真理标准的来龙去脉;也对"无产阶级专政下继续革命的理论"、"社会主义时期的阶级和阶级斗争"、"社会主义民主"、"经济理论问题和实际问题",作了深入的探讨;同时也对要不要评价毛泽东、如何评价毛泽东和毛泽东思想、如何评价"文化大革命"等,作了深入的分析。

到会以第二阶段,针对"一方面,党内有一部分同志还深受林彪、'四人帮'极左思潮的毒害,有极少数人甚至散布流言蜚语,攻击中央在粉碎'四人帮'以来特别是三中全会以来所实行的一系列方针政策违反马列主义、毛泽东思想;另一方面,社会上有极少数人正在散布怀疑或反对这四项基本原则的思潮,而党内也有个别同志不但不承认这种思潮的危险,甚至直接间接地加以某种程度的支持"①的错误思潮和现象,邓小平指出:"虽然这几种人在党内党外都是极少数,但是不能因为他们是极少数而忽视他们的作用。事实证明,他们不但可以而且已经对我们的事业造成很大的危害。因此,我们必须一方面继续坚定地肃清'四人帮'的流毒,帮助一部分还在中毒的同志觉悟过来,并且对极少数人所散布的诽谤党中央的反动言论给予痛击;另一方面用巨大的努力同怀疑上面所说的四项基本原则的思潮作坚决的斗争。这两种思潮都是违背马列主义、毛泽东思想的,都是妨碍我们的社会主义现代化建设事业的前进的。"②建立在这种认识的基础之上,邓小平于1979年3月30号发表了著名的《坚持四项基本原则》的讲话。《坚持四项基本原则》的讲话,针对党内存在的"左"的、教条主义的思想和"怀疑社会主义、怀疑无产阶级专政、怀疑党的领导、怀疑马列主义毛泽东思想的思潮"③,提出了"第一,必须坚持社会主义道路;第二,必须坚持无产阶级专政;第三,必须坚持共产党的领导;第四,必须坚持马列主义、毛泽东思想"④的四项基本原则,并且深刻地阐述了在社会主义现代化建设新的历史时期必须坚持四项基本原则的必要性,为中国社会主义现代化建设沿着正确的方向前进提供了根本的政治保证。

围绕着坚持四项基本原则,全党掀起了一场规模大、持续时间长的学习

---

① 《邓小平文选》第2卷,人民出版社,1994年,第165-166页。
② 同上,第165-166页。
③ 同上,第162页。
④ 同上,第164-165页。

四项基本原则的学习活动。在邓小平《四项基本原则》讲话后不久,北京部队召开了有一百多名师以上政治干部参加的理论学习座谈会,并发表了题为《坚持四项原则继续解放思想》的评论。通过座谈会使广大干部明白了继续解放思想的必要性所在,也使广大干部明确了对"怀疑和反对社会主义道路,无产阶级专政,共产党的领导和马列主义、毛泽东思想的指导"的错误思潮的认识,引导大家坚持四项基本原则,继续解放思想。① 昆明部队召开了政治工作研究成果经验交流会,"会议介绍了36篇政治工作研究材料,从各个不同侧面阐述了在部队深入进行四项基本原则教育,自觉抵制和清除精神污染的重大意义",使部队政治工作干部明确了,"坚持进行四项基本原则教育,自觉抵制和清除精神污染,是部队加强思想政治工作的重要任务。"② 到1987年,中共北京宣武区委近8年来年年集中一段时间分层次地对全区13000多名党员进行轮训,使广大党员增强了党性观念,提高了坚持四项基本原则和改革、开放的自觉性。③ 湖南省常德县委开展坚持四项基本原则的宣传教育,各级党组织主要负责人带头宣讲。"全县登台讲课的干部近千人,大都是各单位党组织的一二把手,听众达100多万人次。还有2000多名干部登门为那些不能前来听课的农户补课。县委书记韩林安带头给全县乡镇党委书记和县直机关干部讲了第一课:坚持社会主义道路。"通过学习"常德县各级党组织的战斗堡垒作用普遍增强,越来越多的党员、干部自觉发挥模范带头作用。在近3万名共产党员中,有6250人被评为优秀党员。去年,这个县的工农业总产值上升到7.2亿元,1985年增长18%,教育、卫生、文艺等方面的改革也都进展顺利。"④ 空军部队坚持四项基本原则、反对资产阶级自由化的学习教育健康发展,5000多名理论骨干在这一教育中发挥了指导作用。目前,受过

---

① 《继续解放思想同坚持四项原则是一致的北京部队召开师以上政治干部理论学习座谈会,弄清解放思想同坚持四项基本原则关系,决心端正思想路线,搞好部队现代化建设》,《人民日报》,1979年5月3日。

② 《坚持四项基本原则抵制精神污染昆明部队召开政治工作研究成果经验交流会》,《人民日报》,1983年11月1日。

③ 《北京宣武区轮训一万三千余党员提高了坚持四项基本原则和改革开放自觉性》,《人民日报》,1987年6月25日。

④ 《常德开展坚持四项基本原则宣传教育三万名党员中有六千余人被评为优秀》,《人民日报》,1987年4月19日。

训练的 5300 多名理论骨干已全部下到部队，为部队上辅导课，解答干部战士提出的问题，指导基层单位培训学习骨干，发挥了种子的作用。干部战士反映说，理论骨干上课、解答问题，既讲理论，又联系部队思想实际，简单明了，通俗易懂。北京军区空军培训的 100 多名理论骨干下到部队后，使各单位第一个专题的教育达到了方法、步骤正确，学习效果好的要求。[①] 北京市各级党组织在市委的部署下，自去年以来陆续组织近几年入党的 20 万名共产党员认真学习党的基本知识。通过学习，新党员们增强了党性观念，提高了遵守党的纪律、坚持四项基本原则的自觉性。北京市各级党组织以《党章》、《邓小平文选》和《新时期党的基本知识讲座》为教材，分专题组织党员学习。许多党组织还开展党的基本知识竞赛、测验、演讲。铁道部电气化工程局电化设计处编印了《党的基本知识教育测验一百题》，以此检查党员的学习情况。[②] 在江苏南通市，对市、县机关党员和干部，主要通过围绕四项基本原则上系列党课，开展专题学习讨论，进行正面教育；对城乡基层党员和干部，主要通过 340 所基层党校分期分批轮训，进行正面教育；在工厂企业，还利用 250 所青工政校培训了 15000 名宣讲骨干。在党员、干部和骨干的带动下，全市正面教育很快全面铺开。[③]

理论工作务虚会是新时期中国思想理论战线的一次重要会议，对坚持和贯彻十一届三中全会重新恢复和确立的解放思想、实事求是思想路线，有着重要的现实意义。同时，邓小平在理论务虚会议上提出的四项基本原则，保证了改革开放沿着正确的方向健康发展。四项基本原则为中国的改革开放和社会主义现代化建设事业，制定正确的方针政策提供了基础，对新时期我们党进行的改革开放事业具有根本的指导意义。坚持四项基本原则是维护改革开放和现代化建设所必需的安定团结的政治局面的根本保证。理论务虚会议的召开和全党对理论务虚会议提出的四项基本原则的学习，为新时期中国的社会主义现代化建设事业，打下了良好的政治思想前提和基础。

---

① 《开展坚持四项基本原则教育 空军五千多理论骨干下基层》，《人民日报》，1987 年 4 月 25 日。
② 《提高坚持四项基本原则的自觉性 北京二十万新党员学习党的基本知识》，《人民日报》，1987 年 4 月 28 日。
③ 《开展坚持四项基本原则正面教育 南通各级党组织精心指导》，《人民日报》，1987 年 5 月 8 日。

四、总结党的经验，形成历史问题决议

十一届三中全会后，中国共产党在实现工作重心转移到社会主义现代化建设事业上来的同时，也进行着各条战线的拨乱反正工作。随着拨乱反正工作的进行和深入，对党和国家历史上曾发生的重要问题和重大事件，对中华人民共和国成立以后十七年的一些历史问题，对"文化大革命"的错误，对毛泽东和毛泽东思想，党内党外形成了种种议论和想法，有些同志就对社会主义和中国共产党产生了一些疑惑。因此，全面、彻底地清理党在指导思想上存在的"左"的错误倾向，对历史问题做出全面总结，从而在指导思想上完成拨乱反正的任务，澄清人们的不正确认识，统一党内外的思想，团结一致向前看，成为以邓小平为核心的中共中央第二代领导集体亟需解决的重大问题。正如邓小平在讨论形成历史问题决议必要性问题时所讲的，"这个决议，过去也有同志提出，是不是不急于搞？不行，都在等。从国内来说，党内党外都在等，你拿不出一个东西来，重大的问题就没有一个统一的看法。国际上也在等。人们看中国，怀疑我们安定团结的局面，其中也包括这个文件拿得出来拿不出来，早拿出来晚拿出来。所以，不能再晚了，晚了不利。"① 《关于建国以来党的若干历史问题的决议》就是在这样的历史背景下起草的。

《关于建国以来党的若干历史问题的决议》的起草工作得到了邓小平等党的最高领导人的关注和指导。邓小平提出了三点意见："第一，确立毛泽东同志的历史地位，坚持和发展毛泽东思想"；"第二，对建国三十年来历史上的大事，哪些是正确的，哪些是错误的，要进行实事求是的分析，包括一些负责同志的功过是非，要做出公正的评价"；"第三，通过这个决议对过去的事情做个基本的总结"。② 这三点意见成为了《关于建国以来党的若干历史问题的决议》起草工作的指导思想。1981年6月27日至29日，中共召开十一届六中全会。全会一致通过了《中国共产党中央委员会关于建国以来党的若干历史问题的决议》。《决议》回顾了中国共产党在新民主主义革命时期二十八

---

① 《邓小平文选》第2卷，人民出版社，1994年，第305-306页。
② 同上，第291、292页。

年的历史,对建国以来三十二年的历史作了基本的估计,对基本完成社会主义改造的七年、开始全面建设社会主义的十年、"文化大革命"的十年、伟大的历史转折这几个时期,作了基本的评价。最重要的是,《决议》运用了马克思主义世界观和方法论,论述了毛泽东和毛泽东思想的历史地位,阐述了毛泽东思想的基本内涵和内容体系,对毛泽东和毛泽东思想作了完整准确的历史评价。决议坚持了对党内多年来存在的"左"倾错误和毛泽东晚年的错误进行了科学的分析和评价的同时,坚决地顶住了否定毛泽东和毛泽东思想的错误思潮和倾向,维护了毛泽东和毛泽东思想的历史地位,明确地肯定了毛泽东思想的指导作用。

在《关于建国以来党的若干历史问题的决议》的起草过程中,1980年10月12日中共中央发出通知,要求把《历史决议(1980年10月供党内高级干部讨论稿)》发到各省、市、自治区讨论。由于预定参加讨论人数是4000人,所以称作"四千人大讨论"。参加讨论的人员来自中央国家机关、中央直属机关、军队、地方,以及在中央党校学习的学员,中央书记处研究室的人员和起草小组成员,分别参加了中央党政机关的讨论。这是一次规模空前的大讨论,是一次广泛深入地发扬党内民主的过程。这次讨论从10月中旬开始,到11月下旬结束,前后持续了一个多月时间。讨论情况不断用简报、快报等形式,迅速、及时地反馈给起草小组和党中央,而一些重大的问题则写成综合报告、意见汇编等,上报中央政治局。据统计,讨论期间共发快报88期、简报938期,这充分说明了"四千人大讨论"之热烈,党中央对此重视的程度。在此之后,1981年3月30日,胡耀邦主持召开中央书记处会议,就召开六中全会和有关历史决议问题进行讨论。会议决定,在中央政治局委员、书记处书记和部分老同志中,再组织一次40多人的讨论。为了进一步统一全党思想,使决议修改工作再上一个新台阶,1981年5月19日中央政治局召开扩大会议,再度研讨。出席会议的74人,有政治局委员、候补委员、书记处书记、老干部、中央党政军机关负责人,起草小组成员列席会议。这些讨论工作实质上也是对《关于建国以来党的若干历史问题的决议》的一个学习过程。十一届六中全会通过《关于建国以来党的若干历史问题的决议》之后,全党、全国各族人民掀起了一个学习《关于建国以来党的若干历史问题的决议》活动的高潮。上至党的高级领导干部,下至工厂车间的党支部成员,人民解放军干部、战士和革命老区的老红军、老赤卫队员、人民群众,都满怀激情地学习《关于建国以来党的若干历史问题的决议》。①

《关于建国以来党的若干历史问题的决议》运用马克思主义的辩证唯物主义和历史唯物主义的世界观和方法论,对建国 32 年来党的重大历史事件特别是"文化大革命",做出了正确的总结,科学地分析了在这些事件中党的指导思想的正确和错误,分析了产生错误的主观因素和社会原因,实事求是地评价了毛泽东在中国革命中的历史地位,充分论述了毛泽东思想作为我们党的指导思想的伟大意义。《决议》肯定了十一届三中全会以来逐步确立的适合中国情况的建设社会主义现代化强国的正确道路,进一步指明了中国社会主义现代化建设事业和党的工作继续前进的方向。在统一全党的思想、全国各族人民的思想方面,取得了重要的作用。正如邓小平所指出的,《关于建国以来党的若干历史问题的决议》"真正是达到了我们原来的要求。这对我们统一党内的思想,有很重要的作用。"② "总结过去是为了引导大家团结一致向前看。争取在决议通过以后,党内、人民中间思想得到明确,认识得到一致,历史上重大问题的议论到此基本结束。"③ 中共十一届六中全会及其通过的《关于建国以来党的若干历史问题的决议》,标志着中国共产党在指导思想上完成了拨乱反正的历史任务,这在中国共产党建设马克思主义学习型政党的历史过程中,也有着重要的历史意义。

五、面向科技革命,学习新的知识

进入改革开放新的历史时期,面临新时期社会主义现代化建设任务,建设马克思主义学习型政党除了学习马克思主义理论之外,学习新知识是这一时期中国共产党号召党员干部学习、建设马克思主义学习型政党的另一个重要而鲜明的特征。早在 1978 年 12 月中央工作会议的闭幕会上的讲话,面对党和国家的工作中心即将转移到社会主义现代化建设事业上来,邓小平就指

---

① 《关于建国以来党的若干历史问题的决议及胡耀邦同志讲话单行本今日出版发行》,《人民日报》,1981 年 7 月 2 日。
② 《邓小平文选》第 2 卷,人民出版社,1994 年,第 383 页。
③ 同上,第 292 页。

出:"我们要学会用经济方法管理经济。自己不懂就要向懂行的人学习,向外国的先进管理方法学习。不仅新引进的企业要按人家的先进方法去办,原有企业的改造也要采用先进的方法。在全国的统一方案没有拿出来以前,可以先从局部做起,从一个地区、一个行业做起,逐步推开。中央各部门要允许与鼓励它们进行这种试验。试验中间会出现各种矛盾,我们要及时发现和克服这些矛盾。这样我们才能进步得比较快。"① "全国胜利前夕,毛泽东同志号召全党重新学习。那一次我们学得不坏,进城以后,很快恢复了经济,成功地完成了社会主义改造。这些年来,应当承认学得不好。主要精力放到政治运动上去了,建设的本领没有学好,建设没有上去,政治也发生了严重的曲折。现在要搞现代化建设,就更加不懂了。所以全党必须再重新进行一次学习。"② "学习什么?根本的是要学习马列主义、毛泽东思想,要努力把马克思主义的普遍原则同我国实现四个现代化的具体实践结合起来。当前大多数干部还要着重抓紧三个方面的学习:一个是学经济学,一个是学科学技术,一个是学管理。学习好,才可能领导好高速度、高水平的社会主义现代化建设。从实践中学,从书本上学,从自己和人家的经验教训中学。要克服保守主义和本本主义。几百个中央委员,几千个中央和地方的高级干部,要带头钻研现代化经济建设。"③

邓小平的讲话获得了当时中共中央和党的其他领导人的高度肯定,中共中央的领导人在面临新的历史任务的形势下,对加强党员干部的新知识的学习达成了理论上的共识。叶剑英认为:"必须善于学习,勤奋学习。书记处担负的任务是很繁重的,我们的经验不足,知识不多,很多新的东西需要我们去学习。要认真读书,注重实践,学好马列主义、毛泽东思想,学会现代化的经济管理,掌握必要的专业知识。即使我们的工作有了一些成绩,也要谦虚谨慎,力戒骄傲。"④ 胡耀邦也指出"在新的历史时期中,我们要解放思想,不断地去接触和发现实践中的新情况和新问题,使自己的脑子有丰富多彩的具体的感性知识,同时要开动脑筋,努力掌握社会科学和自然科学的知

---

① 《邓小平文选》第 2 卷,人民出版社,1994 年,第 150 页。
② 同上,第 153 页。
③ 同上。
④ 《三中全会以来》,人民出版社,1982 年,第 363 - 364 页。

识和方法，使感性知识上升为理性知识，成为比较系统的有条理的理论的认识，并且不断地把它们放在实践中去检验。这就要求我们下苦功，勤奋读书，向专家请教，善于听取不同意见，同时深入实际，进行系统的周密的调查研究，把直接经验和间接经验很好地融合起来。"① 中共十一届五中全会通过的《关于党内政治生活的若干准则》也指出："四个现代化建设的艰巨任务，需要培养和造就一支宏大的坚持社会主义道路的具有专业知识的干部队伍，同时要把适合于这个要求的中年和青年干部（包括党员和非党员）大胆地提拔到领导岗位上来，让他们在工作中发挥长处，弥补短处。这是摆在全党面前一项迫切、重大的政治任务。""共产党员必须成为实现四个现代化的先锋战士，努力做到又红又专。'红'就是具有坚定正确的政治方向，坚持四项基本原则；'专'就是学习和掌握现代化建设的专业知识，成为本职工作的内行和能手。专不等于红，但红必须专。一个共产党员不认真学习专业知识，在本职工作上长期当外行，不能对四化建设做出真正的贡献，他的所谓政治觉悟和先进性就是空谈。""为了改善和加强党对现代化建设的领导，必须大大提高全体党员的文化、科学技术和业务水平。每个共产党员特别是各级领导干部，一定要以高度的革命进取精神，顽强刻苦地学习和掌握专业知识，必须成为本职工作的内行。干那一行就必须精通那一行。满足于一般化的领导，甚至长期安于当外行，不学无术，违反客观规律，搞瞎指挥，必然会给现代化建设带来严重损害。这样的人，经过批评教育，仍然不能改正的，要从领导岗位上撤换下来。"②

此后，以江泽民和胡锦涛为核心的第三代领导集体和新一代领导集体，对于党员干部学习新知识也有着深刻的认识。江泽民指出：学习"还要学习历史、经济、科技、法律等各种知识。当今的时代是一个各种新事物、新知识、新经验层出不穷的时代，我们要学习的东西多得很。不论是谁，只要停顿下来，不学习新东西，肯定是要落伍的。"③ "改革开放和现代化建设是一项宏伟而复杂的系统工程，各方面的工作必须相互协调、相互配合，顾此失

---

① 《三中全会以来》，人民出版社，1982年，第668页。
② 同上，第433页。
③ 《十五大以来重要文献选编》，人民出版社，2000年，第152页。

彼、畸重畸轻，就不会取得最终的成功。""一个干部在一个地区或部门担任领导职务，特别是党政一把手，没有多方面的基本知识，就不能很好地观察和把握工作的全局。""现在，无论领导什么工作，没有一定的专业知识是不能胜任的。管金融的不懂金融，管水利的不懂水利，管工业的不懂工业，怎么能管好呢？这个道理是很明白的。"① 2006年12月召开的中央经济工作会议也向全党指出要根据履行职责的要求，本着缺什么补什么的原则，学习相关领域的知识，不断完善知识结构，提高业务素质，努力成为领导科学发展的行家里手。要重点学习现代经济知识，提高驾驭市场经济的能力；学习科技知识，提高推进自主创新的组织领导能力；学习社会管理知识，提高管理社会的能力；学习法律知识，提高依法办事的能力。这也反映出了以江泽民和胡锦涛为核心的第三代领导集体和新一代领导集体，对于党员干部学习新知识关注和高度重视。

对于在新的历史条件下，党员干部要在学习马克思主义理论、学习马克思主义立场、观点、方法的同时，学习新知识的必要性问题，以邓小平为代表的中国共产党人有着深刻的认识。早在1980年《目前的形势和任务》的讲话中，邓小平就指出："我们要在中国社会主义制度下实现四个现代化，理所当然的，我们的干部队伍一定要坚持社会主义道路，要有马列主义的基本观点，要遵守党的纪律和国家的纪律"，"但是，只靠坚持社会主义道路，没有真才实学，还是不能实现四个现代化。无论在什么岗位上，都要有一定的专业知识和专业能力，没有的要学，有的要继续学，实在不能学、不愿学的要调整。我们要按照专业的要求组织整个领导班子，充分发挥专业人才的作用，并且领导广大群众，按照专业的要求，去学习和工作。"② 因此，"我们要努力学习马克思主义，提高政治水平，又要努力学习科学知识，总结正反两个方面的经验，研究和掌握科学技术工作的客观规律，全面地正确地执行党的各项方针政策。我们党能够领导人民推翻剥削制度，改造社会，也一定能够掌握科学技术工作规律，领导我国人民攀登世界科学高峰。"③ 邓小平指出：

---

① 《十五大以来重要文献选编》，人民出版社，2000年，第718页。
② 《邓小平文选》第2卷，人民出版社，1994年，第261、262页。
③ 同上，第99页。

"实现四个现代化是一场深刻的伟大的革命。在这场伟大的革命中，我们是在不断地解决新的矛盾中前进的。因此，全党同志一定要善于学习，善于重新学习。"① 这里的学习是包含学习马克思主义理论和学习新知识两个方面密切统一的。新时期，中共中央和党的领导人对党员干部要学习新知识的共识，为中国共产党马克思主义学习型政党建设，指明了前进的方向。

六、巩固学习型政党建设的制度基础：重新恢复和加强党校教育

"党校，是在各级党委直接领导下培养党政主要领导干部和马克思主义理论工作干部的学校，是用马克思列宁主义、毛泽东思想和现代科学文化知识武装党员和干部的重要基地，是中央和各级党委的助手。"② 注重对党员干部的教育和培养是中国共产党的优良传统，办好党校和注重党校建设是中国共产党注重党员干部教育和培养的优良传统的重要体现。自中国共产党成立以来，党校教育在中国共产党的建设、马克思主义学习型政党建设过程中发挥了重要的作用，为中国革命、建设和改革事业培养了大批的党政领导干部和马克思主义理论工作干部，为中国革命、建设和改革事业提供了根本的保证。

20 世纪 50 年代末、60 年代初，伴随着党内"左"倾思潮逐步的积累和发展，"党校的教学工作已不能正常地进行。政治运动接连不断，开始由教学服从运动，发展到运动排挤教学，一直到停止教学搞运动。后来，由于康生插手党校工作，更使党校工作遭到严重的破坏。到了 1965 年，整个招生工作完全停止了。在'文化大革命'期间，党校受到空前的破坏。"③ 粉碎"四人帮"以后，1977 年 3 月，中央决定恢复中央党校的教学工作，并委派胡耀邦同志到校为主持日常工作的副校长。10 月 5 日，中央发出了《中共中央关于办好各级党校的决定》，指出："为了坚决贯彻执行党的十一大路线，适应我

---

① 《邓小平文选》第 2 卷，人民出版社，1994 年，第 152－153 页。
② 王仲清：《党校教育历史概述（1921－1947）》，中共中央党校出版社，1992 年，第 5 页。
③ 同上，第 15 页。

国社会主义革命和社会主义建设进入新的发展时期的需要，为了深入批判'四人帮'反革命的修正主义路线，努力澄清被'四人帮'颠倒了的路线是非、思想是非、理论十分，恢复和发扬我们党的优良传统和优良作风，彻底消除'四人帮'在党的建设方面所造成的危害……来一个全党的学习竞赛，要切实办好各级党校。"①《中共中央关于办好各级党校的决定》进一步指出："办好各级党校，有计划分期分批抽调干部进行比较系统地学习，也是（党的建设）一种不可缺少的重要方法。"② 认为党校学习"让干部工作一个时期后，专门集中一段时间，集中精力读点马列著作和毛主席著作，或者阅读党的一些重要文件，进行路线上思想上的整风学习。它的目的，侧重于提高干部的马列主义、毛泽东思想水平。"③ 通过党校学习，"要做到每期学员结业重新走上工作岗位时，在党性方面、作风方面，都有一个明显的进步，明显的提高。这一条，应该作为衡量党校办得好与不好的一个主要标志。"④ 在《中共中央关于办好各级党校的决定》的指导下，全国各地的党校恢复和建设工作取得了巨大的成绩。"据不完全统计，到1987年底，全国已有县级以上党校3300余所，教职员工8万余人，形成了一支党的干部教育和理论研究的重要队伍。"⑤ "现在全国县以上党校有3000余所，基本上形成了一个党校教育系统。"⑥ 仅在湖北省，到1989年，"现在全省已有县级以上党校155所，教职工6000余人，专职教研人员近2280人，其中具有高级职称的437人。近年来，全省城乡又普遍建立了乡镇党校，初步形成了全省教育网络"⑦，"形成了省、地（市）、县三级党校教育网络，而且乡镇党校发展也比较快。"⑧

在恢复党校教育的同时，注重党校的正规化建设，提高党校的办学质量也是这一时期党校教育工作的重点。1979年12月，党中央批准召开了全国党校工作座谈会，即第一次全国党校工作会议。会议总结了复校两年来的办学

---

① 《中国共产党宣传工作文献选编（1957－1992）》，学习出版社，1996年，第423－424页。
② 同上，第424页。
③ 同上，第425页。
④ 同上，第428页。
⑤ 周大仁：《党校与党的建设》，经济科学出版社，1992年，第22页。
⑥ 同上，第35页。
⑦ 同上，第22页。
⑧ 同上，第23页。

经验，认为党校教育必须强调学习掌握马克思主义的基本原理，完整地、准确地理解马列主义、毛泽东思想的科学体系；学好马列必须解放思想；要有一个好的党风来保证学习；一定要明确教学工作是党校工作的中心等。会议通过的《全国党校工作座谈会纪要》，以中央文件转发各地贯彻执行。① 1982年11月25日，时任中央党校校长王震、副校长蒋南翔在呈送党中央的关于《中央党校今后教学工作的意见》中明确提出，今后中央党校的任务要从短期轮训干部为主逐步转向正规化培训为主，主要培训省地两级党政主要领导骨干。同年12月党中央发出通知批准了《中央党校今后教学工作的意见》，同时委托中组部、中宣部、中央党校联合召开第二次全国党校工作会议。会议围绕着培养四个现代化建设需要的党政领导骨干及其后备人员这一目标，提出、研究和解决了新时期实现党校教育正规化的许多问题。1983年4月18日，中共中央作出了《关于实现党校教育正规化的决定》，指出党校担负着培训和轮训各级党政主要领导干部的任务，在整个干部教育工作中，处于特殊重要的地位。党校教育的正规化对于实现干部队伍的革命化、年轻化、知识化、专业化，对于把我们的党建设成为领导社会主义现代化事业的坚强核心，对于继往开来、保证党的路线的连续性，都有重大的意义。《关于实现党校教育正规化的决定》规定各级党校担负的基本任务是：以马克思列宁主义、毛泽东思想基本理论，党的方针、政策和必要的现代科学知识、业务知识武装党的干部，为党培训具有共产主义思想觉悟、党性强、作风好，又有现代化建设知识的领导骨干。争取从"七五"计划期间开始逐步做到：凡是担任省、地两级党政主要领导职务的干部，必须经过中央党校培训；担任县级党政主要领导职务的干部，必须经过省、市、自治区委党校培训；地市县级党校所管主要领导干部也必须经过地市县委党校的培训。党校还要配合组织部门共同做好干部的考察和选拔工作。《关于实现党校教育正规化的决定》号召各级党委，要充分认识党校的重要地位和作用，要努力创造条件，进一步把党校办好。② 在此之后，1994年5月6日中央颁发了《关于新形势下加强和改进党校工作的意见》，1995年颁发了《中国共产党党校工作暂行条例》，2000年

---

① 《党校教育规律探索》，中共中央党校出版社，2009年，第41页。
② 王仲清：《党校教育历史概述（1921-1947）》，中共中央党校出版社，1992年，第19页。

6月5日颁布了《中共中央关于面向二十一世纪加强和改进党校工作的决定》，2003年召开了全国党校校长会议。这些政策和决策不仅使党校教育工作走向了正规化、制度化，也将继续指导党校教育工作的建设。

"党校，作为培养干部的学校，具有特殊的历史使命。一方面它要为党的路线的制定寻求科学的理论依据；另一方面它还要将党的路线的内容完整地、正确地、及时地宣传给广大党员干部，使之成为他们的思想和行动。"[1] 党校教育的恢复和正规化建设的推进为培养和造就适应社会主义现代化建设需要的各级党政领导干部，加强中国共产党的自身建设发挥了重要作用，做出了巨大的贡献。以中央党校为例，"中央党校从1977年9月到1983年7月的6年间，在校学习结业的学员有22596名，为'文化大革命'前18年毕业学员总数6883名的3.2倍。在两万多名学员中，有党的高中级干部6395名，占中央所管干部的一半左右。理论转业干部11827名，大部分是省市和地级党校的教学人员。组织、宣传、纪检、新闻、调研、计划、水电、司法等部门转业干部1880名，新疆和西藏地区的少数民族干部328名。高中级干部进修班、研究班376名。培训了中青干部338名。从1980年9月到1983年3月，中央党校还和中直机关、中央国家机关、部队、北京市委共同举办了四期校外分部，学员人数10909名。中央党校在6年时间里，这样大规模地轮训干部，在党校历史上是少有的。"[2] 以湖北省委党校为例，"1986~1987年，全校各主要班次，马克思主义理论课和党的建设课程均占总课时的50%以上，1989年已达60%以上，有的班次达70%左右。这几年，资产阶级自由化思潮泛滥，湖北省委党校干部、教师和学员之所以受的干扰小，出的问题少，这与我们对教职工和学员进行长期的马克思主义理论教育有很大的关系。"[3] "据不完全统计，党校恢复以来，全省县级以上党校共培训党员干部80万多人次，这对于解放思想，贯彻执行十一届三中全会以来的路线，加强党的建设，起了一定的促进作用。"[4] 新时期党校教育的恢复和加强，为提高广大党员干部的思想理论政策水平，造就和培养适应社会主义现代化建设事业需要

---

[1] 周大仁：《党校与党的建设》，经济科学出版社，1992年，第43页。
[2] 王仲清：《党校教育历史概述（1921—1947）》，中共中央党校出版社，1992年，第18-19页。
[3] 周大仁：《党校与党的建设》，经济科学出版社，1992年，第43页。
[4] 同上，第22页。

的党政领导骨干做出了巨大的贡献,为中国共产党建设马克思主义学习型政党提供了坚实的制度保障和基础。

七、新时期马克思主义学习型政党建设的两点教训

纵观整个改革开放的历史进程,注重学习是与改革开放的历史进程密不可分的。在改革开放新的历史时期,每当遇到前进中的困难和问题,中国共产党以顽强的学习精神,开展全党的学习活动,通过学习克服前进道路上的障碍。这构成了改革开放新的历史时期中国共产党学习型政党建设的根本性经验。但是,在新时期建设学习型政党的过程中也存在着一定的失误。对马克思主义基本理论学习不突出和对党员干部理想信念教育重视不够是这一时期学习型政党建设存在主要的两个问题。

(一) 马克思主义基本理论学习一定程度上重视不够

正如邓小平在 1987 年所指出的:"我们现在所干的事业,是一项新事业。马克思没有讲过,我们的前人没有做过,其他社会主义国家也没有干过,所以,没有现成的经验可学。我们只能在干中学,在实践中摸索。"[①] 在新的历史时期,在领导社会主义现代化建设过程中,中国共产党遇到了一系列重大的理论、现实问题。同时,马克思列宁主义对一些理论和现实问题并没有提供现成的答案。因此,在改革开放过程中坚持"摸着石头过河"的指导思想,更多地注重解决实际问题,成为了这一时期的工作方式的鲜明特点,相对而言,对马克思主义基本理论的学习存在着一定程度上重视不够的问题。虽然,努力做到又红又专是这一时期学习型政党建设追求的两个密切相连的目标,但是,在实践过程中偏向专业知识和管理知识的学习,忽视对马克思主义基本理论的学习的现象在党内在某种程度上是存在的。正如在改革开放初期李先念所指出的:"在中国这块土地上实现四个现代化,是我们的前人没有做过的新的伟大事业。而我们大家,包括在座的做经济领导工作的同志,包括我自己在内,知识很少,经验不多。从某种意义上说,四个现代化的成败,决

---

① 《邓小平文选》第 3 卷,人民出版社,1993 年,第 258-259 页。

定于我们学习的好坏。华国锋同志、叶剑英同志、邓小平同志、陈云同志，党中央的其他领导同志，多次讲过学习的重要性，但至今学习的空气仍不浓厚，特别是领导干部学习得不好，要努力改变这种状况。要把我们的学习搞好，使学习真正有一个好的效果，必须坚持理论联系实际的原则。关于实践是检验真理的唯一标准的讨论，要同本地区、本部门、本单位的实际工作很好地结合起来，认真总结成功的经验，吸取失败的教训，以利于把各项工作做得更好，不要搞形式主义。"① 针对这种现象，邓小平也指出："现在我还想提出一个新的要求，这不仅是专对新干部，对老干部也同样适用，就是要学习马克思主义理论。或者会有同志问：现在我们是在建设，最需要学专业知识和管理知识，学马克思主义理论有什么实际意义？同志们，这是一种误解。"② 他进一步指出："马克思主义理论从来不是教条，而是行动的指南。它要求人们根据它的基本原则和基本方法，不断结合变化着的实际，探索解决新问题的答案，从而也发展马克思主义理论本身。"③ 在新时期，由于更加注重改革开放过程中遇到实际问题的解决，相当一部分党员干部产生了实用主义倾向，忽视了对马克思主义理论问题的学习，这是新时期学习型政党建设中存在的一个失误。

（二）党员干部理想信念教育重视不够

"中国在粉碎'四人帮'以后出现一种思潮，叫资产阶级自由化，崇拜西方资本主义国家的'民主'、'自由'，否定社会主义。"④ 在这种形势下，加强党员干部的理想信念教育，坚决顶住和克服这股反动的社会思潮，坚定党员干部走社会主义道路的信念应该是这一时期马克思主义学习型政党建设的重要内容和应有之义。在1979年召开的理论工作会议上，邓小平及时地提出了四项坚持，提出了对党员干部进行坚持四项基本原则教育的历史任务，并取得了重要的成果。但是，在进行以坚持四项基本原则为核心内容的理想信念教育中仍存在着不彻底性。正如邓小平1989年6月9日在《在接见首都戒

---

① 《三中全会以来》，人民出版社，1982年，第282–283页。
② 《邓小平文选》第3卷，人民出版社，1993年，第146页。
③ 同上。
④ 同上，第123页。

严部队军以上干部时的讲话》中所指出的："四个坚持本身没有错，如果说有错误的话，就是坚持四项基本原则还不够一贯，没有把它作为基本思想来教育人民，教育学生，教育全体干部和共产党员。"① 由于坚持四项基本原则教育存在的不足和教育的不彻底性，1986年底，发生了波及不少城市的，以鼓吹资产阶级自由化为主要目标的学潮。同时，1987年初开展的反对资产阶级自由化的斗争，由于作为当时中共中央领导人的赵紫阳的消极对待，没有坚持下去。② 最终导致了1989年的政治风波的爆发。对于这股资产阶级自由化思潮能够得以蔓延的原因，邓小平指出："凡是闹得起来的地方，都是因为那里的领导旗帜不鲜明，态度不坚决。这也不是一个两个地方的问题，也不是一年两年的问题，是几年来反对资产阶级自由化思潮旗帜不鲜明、态度不坚决的结果。""应该说，从中央到地方，在思想理论战线上是软弱的，丧失了阵地，对于资产阶级自由化是个放任的态度，好人得不到支持，坏人猖狂的很。"③ 邓小平提倡和主张的反对资产阶级自由化方针没有得到认真的贯彻执行是根本性的原因，而这一方针没有被贯彻执行在于对于党员干部的以四项基本原则为核心内容的理想信念教育没有得到贯彻实施为基础和前提的。"有相当一部分理论工作者，对于社会主义现代化建设实践中提出的种种重大的理论问题缺乏兴趣，不愿意对现实问题进行调查和研究，表示要同现实保持距离，免得犯错误，或者认为没有学术价值。"④ "但是也必须指出，我们的宣传工作还存在严重缺点，主要是没有积极主动、理直气壮而又有说服力地宣传四项基本原则，对一些反对四项基本原则的严重错误思想没有进行有力的斗争。"⑤

另一方面，改革开放以后，党员干部腐败的现象逐渐滋生和蔓延。1981年查处的腐败案件急剧上升达到31000件；1982年继续上升到32602件，这一年查处的大案要案激增到2512件；到1985年查处案件数量上升到28000件，1986年急剧上升到49577件；查处案件数量在1989年形成高峰，达到

---

① 《邓小平文选》第3卷，人民出版社，1993年，第305页。
② 胡绳：《中国共产党的七十年》，中共党史出版社，1991年，第569页。
③ 《邓小平文选》第3卷，人民出版社，1993年，第194、195页。
④ 同上，第40页。
⑤ 《邓小平文选》第2卷，人民出版社，1994年，第364页。

58926 件,大案要案也高达 13507 件。① 在这过程中,查处的腐败案件虽然也有呈现回落的趋势,但总体上是处于逐渐上升趋势的。"有的党政机关设了许多公司,把国家拨的经费拿去做生意,以权谋私,化公为私。还有其他的种种不正之风。"② 腐败案件的查处在反映党和国家反腐败决心的同时,也反映出了对党员干部理想信念教育存在的不足。正如邓小平所讲的:"要教育全党同志发扬大公无私、服从大局、艰苦奋斗、廉洁奉公的精神,坚持共产主义思想和共产主义道德。"③"我们最近十年的发展是很好的。我们最大的失误是在教育方面,思想政治工作薄弱了,教育发展不够。我们经过冷静考虑,认为这方面的失误比通货膨胀等问题更大。"④"多年来,我们的一些同志埋头于具体事务,对政治动态不关心,对思想工作不重视,对腐败现象警惕不足,纠正的措施也不得力。"⑤"必须大力加强党对思想战线的领导。党的十一届三中全会以来,特别是十二大,对于思想战线的指导方针是正确的、鲜明的,问题在于贯彻执行不力。""有些同志对精神污染不闻不问,采取自由主义的态度,甚至认为是生动活泼,是'双百'方针的体现。有些同志明知不对,但是不愿或不敢进行批评,怕伤了和气。"⑥ 改革开放以来,对党员干部理想信念教育贯彻执行的不够,从而导致一部分党员干部对社会主义没有坚定的理想信念和腐败现象滋长蔓延的现象,是这一时期马克思主义学习型政党建设中存在的重要失误。

2009 年 5 月,时任中央党校校长的习近平同志发表了《领导干部要爱读书读好书善读书》的重要讲话。2011 年 5 月他又发表了题为《领导干部要重现学习马克思主义经典著作》的重要讲话,力图为上述两大问题的根本解决,探索一条行之有效的可靠途径。

---

① 周淑真:《改革开放以来我国腐败状况透视和反腐败战略思路的变迁》,《探索》,2009 年第 1 期。
② 《邓小平文选》第 3 卷,人民出版社,1993 年,第 112 页。
③ 《邓小平文选》第 2 卷,人民出版社,1994 年,第 367 页。
④ 《邓小平文选》第 3 卷,人民出版社,1993 年,第 290 页。
⑤ 同上,第 325 页。
⑥ 同上,第 45 页。

下 篇
建设马克思主义学习型政党的现实审视

第九章　建设马克思主义学习型政党的时代背景和重要意义

建设马克思主义学习型政党，既是一个理论话题，也是一个历史话题，更是一个现实话题。在现实层面，建设马克思主义学习型政党必须认清和解决以下三个问题：为什么要建设马克思主义学习型政党，即建设马克思主义学习型政党的时代背景和重要意义；什么是马克思主义学习型政党的学习目标和学习内容，即建设马克思主义学习型政党的基本任务和理论架构；怎么样建设马克思主义学习型政党，即建设马克思主义学习型政党的制度机制和主要方法。

党的十七届四中全会作出了建设马克思主义学习型政党的决定，这是我们党深刻总结历史经验，科学分析当前形势，着眼于提高党的执政能力、保持和发展党的先进性所采取的一项战略举措，对党的建设和中国特色社会主义建设具有深远意义。

一、建设学习型政党的时代背景

当今时代，是一个大发展、大变革、大调整的时代。世情、国情、党情的发展变化，要求我们党加强学习，提高理论水平和实践能力，更好地担当起执政兴国的历史使命。党的十七届四中全会决定指出：“世界在变化，形势在发展，中国特色社会主义实践在深入，不断学习、善于学习，努力掌握和运用一切科学的新思想、新知识、新经验，是党始终走在时代前列引领中国发展进步的决定性因素。"建设马克思主义学习型政党的战略决策，就是在这样的时代背景下形成的。

（一）世情：全球化的时代潮流

20世纪下半叶以来，世界发展出现了一些新现象、新趋势、新特点，其中最突出的特点就是全球化潮流。全球化具有结构性的影响力，在经济、政治和文化领域都产生了全方位的影响，出现了经济全球化、政治民主化和文化多元化三大潮流。

1. 经济全球化

经济全球化的概念最初产生于20世纪80年代。一般认为这个概念最早是由美国经济学家泰奥多尔·莱维特1985年在《市场全球化》一文中提出的。他是用这个词形容前20年间国际经济的巨大变化，即商品、服务和技术在世界生产、消费和投资领域中的扩散。国际货币基金组织（IMF）在1997年5月发表的一份报告中指出："经济全球化是指跨国商品与服务贸易及资本流动规模和形式的增加，以及技术的广泛迅速传播使世界各国经济的相互依赖性增强"。综合这些理解，可以认为，经济全球化是指随着社会生产力的发展，世界各国的经济活动日益冲破各个国家、各个区域原有的孤立、封闭状态，而呈现出相互联系、相互影响、相互渗透、相互依存的趋势。

具体地说，经济全球化主要表现为跨国公司的全球经营、市场全球化、金融全球化等方面。第一，跨国公司的全球经营。在全球化过程中，跨国公司和民族国家一样成为经济活动的主体。跨国公司作为新的全球性经济单位，使资本主义从民族国家中抽离出来，给国际关系带来新的复杂因素。有的学者认为："跨国公司是殖民主义的当代延续，但旧殖民主义需要借助国家、族群和种族的名义，而跨国公司则倾向于非国家性，其表现形态不仅是使各个不同的地区日益陷入同质化的命运，而且还唤起特殊的族群主义用以掩盖背后的经济关系。"① 第二，市场全球化。市场经济席卷全球，20世纪80年代末到90年代初，苏联和东欧的社会主义国家经历了巨变以后，都无一例外地向市场经济转轨。以中国为代表的其他社会主义国家，也在坚持社会主义基

---

① 汪晖、陈燕谷：《文化与公共性》，三联书店，1998年，第7—8页。

本制度的前提下,向市场经济转变。在今天近 200 个国家和地区中,绝大多数都采用市场经济体制,尽管各国在实行市场经济方面风格迥异,各具特色,但在以市场作为调配资源的基础性手段上却是共同的。第三,金融全球化。经济全球化的本质是资本全球化,而资本全球化是通过金融机构和金融工具实现的,所以资本全球化的枢纽和杠杆是金融全球化。90 年代初以来,随着各国对资本流动管制的解除,使经济信息资源在全球迅速、准确地传递,这大大推动了金融市场的发展,形成了 24 小时的金融交易,并且在极短的时间内就可完成。由于新兴工业化国家加入,以及金融机构融资证券化和资产证券化等因素,金融全球化趋势更是大大增强。金融全球化既促进了国际金融和世界经济的发展,也为金融投机等危害世界经济埋下了隐患。

2. 政治民主化

马克思认为,民主的产生、发展是取决于一定的经济关系和社会关系,民主主体的发展有赖于生产力和经济的发展。当前,经济全球化的发展潮流,带来了生产力、生产关系的全新变化,对世界范围的政治民主化趋势起着重要的推动作用。

首先,市场经济的建立和完善,夯实了政治民主化的经济土壤和基础。市场经济的发展带来社会结构的积极变化,一个典型特点就是从以下层阶级为主的金字塔形向以中产阶级为主的橄榄形转变。随着中产阶级力量的增强,逐渐要求在政治上享有发言权。市场经济还造就了一个更为复杂的经济体系,以至于国家难以再通过计划来全盘控制。国家对经济控制的松动,导致独立的政治主体和多权力中心的出现,新兴的财富拥有者如资产阶级要求建立一个能反映他们政治利益和经济利益诉求的政治制度,一个不被军人政变集团或独裁者完全支配的政治制度。① 其次,社会信息化、信息网络化趋势加速推动政治民主化的发展趋势。加拿大政治学会主席埃德温·布莱克(Edwin R. Black)认为:"计算机正在改变着我们的政府和选举政治,它不仅改变着政党引导选举的方式,改变着我们关注选举的轮换方式,而且还改变着我们选举出的代表为我们所作的选择,以及公务员们为实现这些选择与我们打交

---

① 西摩·马丁·李普赛特:《政治人——政治的社会基础》,上海人民出版社,1997 年,第 27-39 页。

道的方式"。① 譬如，作为一种新兴的大众传媒，互联网络具有全民性和及时性等特点，正逐渐成为公民实施社会监督的有效工具和手段，并不断强化着社会监督的效力。此外，全球化发展趋势使世界各国政治、文化的相互影响增强，先发的民主化国家凭借其先发优势，在民主政治制度和价值观方面，对发展中国家有较大的影响力。此外，加上一些国际民主宣言和条约以及一些国际性组织的努力，这些国际国内因素汇合在一起，一方面促使先发资本主义国家的民主政治制度在不改变其固有本质的情况下有所改进和完善；另一方面，也促使后发的广大的发展中国家纷纷卷入政治民主化的潮流。从上个世纪 70 年代中期开始，这股民主化浪潮首先在南欧兴起。此后的 20 多年，这股民主化浪潮继续发展，先后席卷拉美、东欧、亚洲和非洲等广大地区，形成了亨廷顿所谓的"第三波"民主化浪潮。联合国前秘书长加利曾在《联合国与民主化》一文中这样写道："今天，民主的基本观念正在赢得跨越了不同文化、社会和经济界限的拥护者。"②

3. 文化全球化

文化全球化问题正引起越来越多的关注，但它却不是现代才出现的。马克思和恩格斯在《共产党宣言》中早就论述过资产阶级对世界市场的开拓所带来的文化结果，其表现之一就是"世界文学"的形成："资产阶级，由于开拓了世界市场，使一切国家的生产和消费都成为世界性的了。……物质的生产是如此，精神的生产也是如此。各民族的精神产品成了公共的财产。民族的片面性和局限性日益成为不可能，于是由许多种民族的和地方的文学形成了一种世界的文学。"③ 这里的"世界文学"就具有文化全球化的雏形。

自 20 世纪 90 年代以来，关于"文化全球化"的讨论和争议越来越多。有的观点认为，虽然文化之间的沟通、交流越来越频繁，但是还谈不上什么"文化的全球化"；有的观点则反之，认为"文化全球化"是一个有现实根基的概念，文化全球化是全球化的重要组成部分；有的观点认为，"文化全球化"就是文化的同质化；有的观点则认为，"文化全球化"是一个悖论性质的

---

① 刘文富：《网络政治——网络社会与国家治理》，商务印书馆，2002 年，第 290 页。
② 加利：《联合国与民主化》，刘军宁编：《民主与民主化》，商务印书馆，1999 年，第 305 页。
③ 《马克思恩格斯选集》第 1 卷，人民出版社，1995 年，第 276 页。

概念，文化的同质化和多元化同时并存，等等。文化全球化的复杂性主要在于文化产品的双重属性：文化产品的意识形态属性和商品属性。全球文化产业的大发展，主要是文化所具有的商品属性带来的。随着市场经济的发展，文化产品的商品属性日益显现出来，文化产品的生产和流通与市场运作一般规律的联系愈益紧密。同时不可否认，文化产品也具有意识形态属性。正因为如此，有人认为，所谓"文化全球化"是国际垄断资本主义的全球文化发展战略，实质上是西方资产阶级特别是超级大国的全球意识形态战略，目标在于瓦解其他国家的文化价值观。因此，全球的文化是不同文化价值体系、不同全球文化发展战略（实质上是不同意识形态战略）的冲突和斗争。由于人们关注意识形态的渗透问题，因此对文化全球化的态度是非常复杂的。尽管我们还很难对文化全球化做出定论，但是应该承认的是，全球化从经济层面，到政治层面，再到文化层面渐次推进、整体互动的过程已经非常明显。文化层面的全球化，是最核心的，也是最深刻的全球化进程。要想描述一种全球范围的深刻变化，必须到文化当中去寻求。

今天，经济、政治和文化领域的全球化时代潮流，使得世界各个政党都面临前所未有的挑战，许多政党都把学习视为自己生存发展的一项重要手段。中国共产党必须顺应时代发展潮流，"全党同志特别是中青年领导干部务必加强学习和实践，使自己具有开阔的视野，学会敏锐地观察世界政治、经济、科技、文化等各种变化，始终走在时代发展、改革开放和现代化建设的前列。历史上，不看世界发展的大势，故步自封，作茧自缚，导致国家和民族衰亡的例子比比皆是。"① 我们现在面临更严峻挑战，在全球化背景下，政党政治变化频率加快，不可预测性增多，民众的主体意识和参与意识不断增强，我们党的传统功能遭到削弱。面对这些问题和挑战，我们必须寻找新思路、新方法、新对策，这就需要中国共产党不断地学习新东西、不断地学会新方法，只有这样才能不断地适应形势变化的需要。提出建设马克思主义学习型政党，正是中国共产党应对全球化发展潮流的一项长远战略决策。

---

① 《江泽民文选》第3卷，人民出版社，2006年，第47-48页。

（二）国情：中国社会发展转型的历史关头

新中国成立 60 多年来，尤其是改革开放 30 多年来，中国社会发展取得长足进步，同时也面临诸多发展难题和挑战。当前，中国正处于社会发展转型的历史关头。社会结构的现代转型，多元化发展趋势以及社会风险因素的聚变等，对党的执政能力和执政方略都提出了新要求。建设马克思主义学习型政党，正是应对这一要求的现实举措。

1. 社会结构的现代转型

随着改革开放的深入推进，尤其是社会主义市场经济体制的逐步建立和完善，中国正面临社会结构的转型，即社会结构从原来的"国家——社会高度一体模式"向"国家——社会的二分模式"转换。在改革开放前的计划经济时代，我国的社会结构是国家与社会高度一体模式。这一模式中，国家与社会的关系是一种政治统摄关系，国家过分挤占了社会的政治空间，社会失去了应有的自组织能力和自主性，出现了所谓的"强政府弱社会"的现象。在改革开放的市场经济时代，国家——社会的一体化模式向国家——社会的二分模式转变，这就要求国家弱化对社会的政治控制，减少国家干预的领域，增强社会的自组织能力和自主性，使国家——社会处于一种动态平衡状态，达到国家和社会双赢共生的局面。这种社会结构转型要求对我们党的组织形式和领导方式做出相应的调整。改革开放前的计划经济时代，我国实行高度集权的党的一元化领导体制，中国共产党的组织形式和领导方式表现为党政合一、治政与经济合一、意识形态权威、单一。在这样的组织模式中，中国共产党的领导方式主要表现在"领袖威望"、"以党代政"、"统一意志"、发动"自上而下的群众运动"等方面。这种组织形式和领导方式曾在中国社会发展中起过重要作用，但是伴随社会结构转型，尤其是国家——社会二分模式和市场经济体制的逐步建立和完善，这就要求中国共产党适应这种社会转型的需要，找准自身定位，改变组织形式和领导方式。

2. 多元化发展趋势

当前，我国经济社会发展呈现出多样化的结构调整和发展态势。这种多元化发展趋势主要表现在以下几个方面：一是社会经济成分的多元化，以公有制为主体、多种所有制经济平等竞争、共同发展的经济结构已经形成；二是社会阶级、阶层的多元化，传统的工人阶级、农民阶级等社会主流阶级发生了重大变化，更重要的是产生了一大批包含自由职业者、私营企业主在内的新的社会阶层；三是人们利益要求的多元化，不仅物质利益要求不断提升，而且文化利益、政治利益要求也在不断提高；四是人们的思想意识、价值观念的多元化，各种多元文化思潮对马克思主义的主流意识形态地位产生冲击。这些多元化的发展趋势，一方面是我国社会充满生机活力的表现，另一方面也是党的执政能力建设面临的新的环境和挑战。在经济市场化条件下，党执政的经济基础也发生了深刻变化，对党和政府在经济运行中的功能提出新的要求，更对驾驭市场经济的能力提出了新的考验。在中国改革开放初期，我们的一些政策可以让几乎所有的利益主体都受益，社会成员也高度拥护党的政策和执政地位。但是，随着改革开放的深入进行，社会成员的利益要求出现多元化发展趋势，那种让所有的社会成员都满意的政策将很少存在。相反，各种不同的利益群体开始出现并进行利益博弈。在这种情况下，党和政府必须均衡、公正地协调好各利益群体和利益集团的关系，尤其是维护社会弱势群体的权益，防止某些利益集团将自己的利益凌驾于公共利益之上，始终代表最广大人民的根本利益。这些都要求党在不断的学习中，提高利益整合协调能力以及科学民主决策能力。

3. 社会风险因素的聚变

改革开放和市场经济确立过程中，中国社会滋生、蕴含了巨大的风险因素。在经济领域，我国经济本身存在许多深层次的结构性矛盾和问题。此外，中国经济融入经济全球化的程度不断加深，经济对外依存度已达到非常高的比重。世界能源价格、金融危机等任何外在的波动，都可能对我国经济发展产生直接的消极影响。在政治领域，世界民主化潮流波及深远。自第三次浪潮以来，世界上多数国家领导人是通过自由的、竞争的差额选举方式产生的。尽管民主化不是解决人类一切问题的良药，民主制度也存在差异性与特殊性，但政治民主却是大势所趋。对中国共产党来说，必须顺应世界民主化潮流，积极推进政治体制改革，发展社会主义民主政治，实现人民真正当家作主。在文化领域，由于中国对外开放全面推进，加之互联网等现代传播技术的发展，世界上的各种思潮都在中国汇集，泥沙俱下，良莠不齐。传统的文化观念，党的意识形态宣传，人们的价值观念等等都面临挑战。在现代社会中，这些风险因素具有高危害性和高传播性。所谓高危害性,指这些风险一旦爆发,其危害将被放大,其影响也不是孤立的,将以一种"平均化分布"的方式影响到社会中的所有成员。所谓高传播性,指的是由于现代信息技术的高度发达,由风险和灾难所导致的恐惧感和不信任感将通过现代信息手段迅速传播到全社会,引发社会的动荡不安。在风险社会中,我们党必须通过学习,提升应对复杂局面和危机处理能力,避免局部风险向全国危机演化从而危及执政地位,这对维护执政安全将具有重要意义。

如果说全球化的时代潮流是建设马克思主义学习型政党的普遍世界背景,那么中国社会发展转型的历史关头则是建设马克思主义学习型政党的特殊中国背景。当前,中国正进入改革的"深水区",社会发展转型任务艰巨,情况复杂,矛盾尖锐。在中国社会发展转型的关键历史时期,中国共产党能否通过建设马克思主义学习型政党,来提升破解这些难题和矛盾的能力和水平,直接关系国家的持续发展和民族的现代复兴。

(三)党情:中国共产党历史方位的深刻变化

党的十六大报告明确指出,中国共产党历史方位正经历深刻的变化,主要表现为"我们党历经革命、建设和改革,已经从领导人民为夺取全国政权而奋斗的党,成为领导人民掌握全国政权并长期执政的党。已经从受到外部封锁和实行计划经济条件下领导国家建设的党,成为对外开放和发展社会主义市场经济条件下领导国家建设的党"。这种历史方位的变化,使得党的基本功能和活动方式,党执政的合法性资源以及意识形态支持,都面临新的发展变革要求。建设马克思主义学习型政党,正是适应党的历史方位变化的必然要求。

1. 党的基本功能和活动方式的变化

首先,党的基本功能的变化,即从阶级凝聚功能到社会整合功能的变化。政党的基本功能有两个:一是阶级凝聚功能。政党作为一定社会阶级或阶层的利益代言人,进而把本阶级、阶层的力量凝聚在一起;二是社会整合功能。政党在代表特定社会阶级或阶层利益的同时,还必须整合各个社会群体的利益,以尽可能多地获得其他阶级或阶层的支持。在没有取得政权之前,政党把本阶级或阶层的力量凝聚在一起,目的是为了对抗统治者的统治,在这种情况下,政党的阶级凝聚功能得到充分体现,其作为阶级斗争工具的特点十分明显。在执政条件下,执政党掌握国家权力,要把它所代表的阶级意志上升为国家意志,就必须设法把自身利益与社会中各个不同阶级、阶层的利益整合起来,这样一来,政党的社会整合功能就突出体现出来。

其次,党的活动方式的变化,即从"运用阶级分析方法,以武装斗争方式获得权力"到"运用利益分析方法,依法行使公共权力"的转变。这种变化主要体现在两个层面:一是主要方法的变化,即从主要运用阶级分析方法到主要运用利益分析方法的变化。在革命时期,政党的主要方法是阶级分析方法,运用这种方法的目的是分清敌我友,团结一切可以团结的力量而打击敌人,建立革命统一战线,赢得革命成功。在执政条件下,执政党的方法必须转变为利益分析方法,即在代表本阶级利益要求的同时,兼顾其他社会阶级、阶层的利益要求,通过妥协、让步,使各方面的利益获得平衡,在平衡中寻求共同点。二是政党与国家权力关系的变化,即从权力的受制者到权力的执掌者的变化。在不执政的情况下,政党的活动受制于国家权力,有时还会遭到国家权力的暴力镇压。但在执政以后,党由过去的受权力压制者变成了权力执掌者,党发挥作用的手段和资源更加多样化。党必须善于利用所掌握的权力,以及经济、政治和社会资源,实现自己的目标。

2. 党执政的合法性资源的变化①

中国共产党执政的合法性资源可以概括为以下若干方面:军事合法性,领袖个人魅力合法性、意识形态合法性以及发展业绩合法性等。以上合法性资源来源相辅相成,共同构成中国共产党夺取政权,并成功执政 60 多年的合法性基础。但是,我们必须看到,执政合法性资源有两个流动方向:减量耗散和增量发展。中国共产党在自身历史方位的两大转变过程中,一些因素解构着执政传统合法性的基础,导致执政合法性资源面临减量耗散的挑战。譬如,军事合法性的消除。"枪杆子里面出政权"的论断,揭示了执政合法性非常本质的一面。但是,毛泽东的这句格言,"仅仅指权力最初是靠力量赢得的,并非指权力在任何地方总是要靠武力威胁,靠出于害怕威胁而服从来维持的"。② 也就是说,当共产党由革命党转变为执政党后,广大人民群众是我

---

① 参见刘军:《加强执政能力建设,拓展执政合法性资源》,《社会主义研究》2005 年第 2 期。
② 丹尼斯·朗:《权力论》,中国社会科学出版社,2001 年,第 99 页。

们立党执政的阶级和社会基础,这一性质决定了中国共产党不能将军事武力的矛头指向人民。因此,任何一个政党在实现革命党到执政党的历史方位转变后,不能长时期将执政的合法性寄希望于军事合法性。再如,平民时代对个人魅力的祛魅。魅力型政治统治是一种前理性时代的社会政治现象,魅力型统治的合法性来自于服从者作为信徒的虔诚态度,因而,它是一种最不稳固的政治统治形态。"光依靠追随对个别领袖的信仰,有魅力的权威比其他权力形式更加不稳定。一旦领袖归天,或因受到挫折或失败而使其追随者对他有魅力的天赋产生怀疑时,就容易全部垮台"。[①] 在中国,随着毛泽东等魅力型领导人的去世,个人魅力型权威向现代法理型权威转移的需要更为迫切。而且,随着市场经济的发展,广大民众的政治人格日益独立,整个社会逐渐向"平民时代"过渡。平民时代是一个祛魅时代,建基于个人魅力的合法性资源不可避免地受到消解与侵蚀。

传统执政合法性资源的销蚀,要求我们党更加关注执政合法性认同。必须看到,我们党在自身历史方位的转变中,还没有完全完成这种执政合法性认同的转化。中国共产党必须在建设马克思主义学习型政党的过程中,完善党的组织结构和运行机制,积极拓展执政合法性资源,巩固党的执政地位。

3. 意识形态困境

政党是意识形态的载体,执政党所确立的意识形态,经过一定的社会心理过程,内化于社会成员的心理之中。社会成员政治心理趋向的合力,又可以形成一种政治力量。人心向背,构成政治合法性的社会心理基础。中国共产党以马克思主义为理论指导,并取得强大的意识形态的力量。难能可贵的是,以毛泽东、邓小平、江泽民和胡锦涛为代表的中国共产党人成功实现了马克思主义的中国化,分别产生了毛泽东思想和中国特色社会主义理论体系。这就从意识形态上解决了既吸收西方文化,又保持民族自尊心和优越感的问题。总结中国共产党执政60多年的经验,最根本的一条就是坚持把"马克思主义作为立党立国的根本指导思想",同时,坚持"在指导思想上的与时俱进,用发展着的马克思主义指导新的实践"。

在市场经济时代,意识形态作为精神性的力量,它势必受到物质力量的

---

① 丹尼斯·朗:《权力论》,中国社会科学出版社,2001年,第70页。

制约。执政党面临的意识形态困境，主要源于市场经济条件下的社会转型。意识形态的最基本特点就是将世俗的目标化为神圣的信仰，同时在追随者中间形成一种强大的凝聚力和义务感。改革开放以来，随着市场经济体制逐步发展健全，个人利益意识普遍觉醒，意识形态开始世俗化和理性化，人民已习惯于根据自身的利益来评价政治。因此，对民众需求的满足程度已经成为能否赢得政治忠诚和支持的重要因素。这种变化大大消解了意识形态强大的政治合法性支持功能，使得一些传统结构下的政治权威受到了巨大挑战。过去那种具有鲜明政治色彩的意识形态，似乎成为政党发展的阻力和障碍，政党的意识形态越来越趋于中间化和模糊。面对意识形态的困境，淡化意识形态色彩，主要靠发展业绩来争取民心，是世界政党政治发展中的普遍趋势。譬如美国的共和党和民主党，它们都有很深的意识形态渊源，但是在进行政治活动时，它们很少进行意识形态的宣传和争论，而是把意识形态的观念转化为对具体问题的看法和解决问题的政策，并从中体现出意识形态的灵活性。当然，在面对意识形态困境时，我们也不能像苏共那样搞意识形态虚无化。苏共合法性的丧失，就是从思想意识形态信仰危机开始的。

综上所述，世情、国情、党情的深刻变化，对党的建设提出了新要求、新任务。今天，党面临的执政考验、改革开放考验、市场经济考验、外部环境考验是长期的、复杂的、严峻的。面对这些考验和挑战，我们党只有更加重视学习、善于学习，不断提高执政能力和领导水平，才能确保党在世界形势深刻变化的历史进程中始终走在时代前列，在应对国内外各种风险和考验的历史进程中始终成为全国人民的主心骨，在发展中国特色社会主义的历史进程中始终成为坚强的领导核心。

二、建设学习型政党的重要意义

正是基于以上的考虑，党中央适时提出了建设马克思主义学习型政党的战略构想。建设马克思主义学习型政党，对推动党的建设、中国的发展和人类的进步事业都具有重要意义。正如江泽民所言："一个党，一个国家，一个民族，特别是像我们这样一个大党、大国和人口众多的民族，如果没有科学理论的武装和对各种新知识的掌握，就不可能有真正的腾飞，不可能有现代化的前途。所以,学习问题,关系到广大干部自身的进步,关系到国家、民族的兴衰和社会主义现代化建设事业的成败。"① 具体而言,建设马克思主义学习型政党的历史意义体现在以下几个方面。

(一) 对提高党的执政能力,保持党的先进性,巩固党的执政地位具有重要意义

全面加强和改进全党的学习,这是我们党永葆生机与活力的重要保证。如果我们不能通过新的学习和实践不断提高自己,就会落后于时代,就有失去人民的信任和拥护的危险。全党同志首先是党的高级干部,必须以对党、对人民、对历史高度负责的态度来加强学习。

1. 有利于总结、汲取党的历史经验,不断开创党的事业的新局面。

我们党历来是一个重视学习、善于学习的党。"在每一个重大转折的时期,面对新形势新任务,中央都要号召全党同志加强学习。而每次这样的学习热潮,都会推动我们的事业出现大变化、大发展。这是我们党的一条重要历史经验。"② 建党 90 年来,我们党的事业所取得的每一个发展和每一个胜利,都是同全党不断加强学习密不可分的。

在革命时期,毛泽东指出,我们队伍里有一种"本领恐慌","好像一个铺子,本来东西不多,一卖就完,空空如也,再开下去就不成了,再开就一定要进货。我们干部的'进货',就是学习本领。"③ 1949 年前后,为建设新中国,毛泽东同志号召全党开展新本领、新知识的学习,"我们必须克服困难,我们必须学会自己不懂的东西。我们必须向一切内行的人们(不管什么人)学经济工作。拜他们做老师,恭恭敬敬地学,老老实实地学。不懂就是不懂,不要装懂。不要摆官僚架子。钻进去,几个月,一年两年,三年五年,总可以学会的。"④ 改革开放以后,为适应需要,邓小平再一次号召全党重新学习,"现在要搞现代化建设,就更加不懂了。所以全党必须再重新进行一次

---

① 江泽民:《学习学习再学习》,《新华文摘》1994 年第 8 期。
② 《江泽民文选》第 2 卷,人民出版社,2006 年,第 279 - 280 页。
③ 《毛泽东文集》第 2 卷,人民出版社,1993 年,第 178 页。
④ 《毛泽东选集》第 4 卷,人民出版社,1991 年,第 1481 页。

学习。"① 20世纪90年代,在发展社会主义市场经济的新形势下,江泽民提出,"我们不懂得、不熟悉、不精通的东西还很多,或者过去懂得的、熟悉的东西,随着科学技术的迅猛发展和知识的迅速更新,又变成不懂得、不熟悉了。所以唯一的办法,就是加强学习。只有加强学习,方能做到日新日日新,跟上时代前进的步伐。"② 每一次全党范围的学习活动,都使全党在思想上不断有新解放,在理论上不断有新发展,在实践上不断有新创造,从而使我们党在奋力开拓马克思主义理论发展新境界的同时,不断开创党的事业的新局面。今天,我们党在新形势下,面临艰巨、复杂而繁重任务,以胡锦涛为总书记的党中央明确提出建设马克思主义学习型政党的任务,这不仅是我们党的优良传统在新的历史条件下的传承,也是我们党的自身建设和党领导的伟大事业进一步发展的现实需要。

2. 有利于提高党员干部的知识素质,加强党性修养,坚定理想信念

首先,有利于提高党员干部的知识素质。常言道:"磨刀不误砍柴工"。《论语》云:"工欲善其事,必先利其器。"这些都是凝聚中国传统生存智慧和学习之道的深刻论断。我们必须看到,小到个人,大到一个组织和国家,要事有所成,必先学有所成。我们的党员干部是在实践中锻炼成长起来的,党员的总体理论素养和知识水平也在不断提高。但是,时代在飞速前进,知识在爆炸式发展。面对新时代、新形势,许多党员干部无论是在理论素质和知识结构,还是在工作方法和领导艺术上,都还存在这样那样的不适应,因而都有一个不断加强学习、努力提高自己的问题。邓小平指出,党的干部队伍要按照革命化、年轻化、知识化、专业化的方针来加以培养。"知识化"是其中的重要要求,通过加强学习,全面提高党员干部的理论素养和知识水平,是一项十分紧迫的任务。当前,我们的党员同志尤其是领导干部,大都受过高等教育,学习能力比较强。但是,我们的一些党员干部在学习方面也存在这样那样的问题:"诸如:不思进取、碌碌无为,不愿学;热衷应酬、忙于事务,不勤学;装点门面、走走形式,不真学;心浮气躁、浅尝辄止,不深学;食而不化、学用脱节,不善学。"各级领导干部一定要深刻认识领导干部的读

---

① 《邓小平文选》第2卷,人民出版社,1994年,第152-153页。
② 《十三大以来重要文献选编》(下)册,人民出版社,1993年,第2085页。

书学习水平在很大程度上决定着工作水平和领导水平，真正把读书学习当成一种生活态度、一种工作责任，真正使读书学习成为工作、生活的重要组成部分，使一切有益的知识和文化入脑入心，沉淀在我们的血液里，融汇在我们的从政行为中。①

其次，有利于加强党员干部的党性修养。中国传统文化历来讲究读书修身、从政立德。《礼记》："古之欲明明德于天下者；先治其国；欲治其国者，先齐其家；欲齐其家者，先修其身；欲修其身者，先正其心……心正而后身修，身修而后家齐，家齐而后国治，国治而后天下平。"所以，治天下者先治己，治己者先治心。孟子也说，在历史上担当"大任"之人，都必须经过一个艰苦的锻炼心性的过程，即"必先苦其心志，劳其筋骨，饿其体肤，空乏其身，行拂乱其所为，所以动心忍性，增益其所不能。"共产党员是要担负历史上空前未有的改造世界的"大任"的，所以更必须注意在革命和建设中的锻炼自己、修养身性。治心养性，一个直接、有效的方法就是读书学习。列宁在谈到共青团的学习任务时指出："只有了解人类创造的一切财富以丰富自己的头脑，才能成为共产主义者。"可见，要成长为真正的共产主义者，必须坚持学习、善于学习。刘少奇在《论共产党员的修养》一文中指出，加强学习，尤其是加强马克思列宁主义理论的学习，对提高党员的修养至关重要，"我们共产党员不能把理论学习和思想意识修养互相割裂开来。我们共产党员，不但要在革命的实践中改造自己，锻炼自己的无产阶级思想意识，而且要在学习马克思列宁主义理论的过程中改造自己，锻炼自己的无产阶级思想意识。"我们还要看到，崇高的党性修养会孕生强大的人格力量，这种人格力量对发挥党员干部的先锋模范和引领作用至关重要。

再次，有利于坚定党员干部的理想信念。共产党是以马克思主义为指导，以实现共产主义为崇高奋斗目标的政党。每个共产党员必须在学习马克思主义理论尤其是唯物史观的过程中，认识到共产主义事业是伟大而神圣的事业。共产主义的奋斗目标就是要消灭剥削、消灭阶级，解放全人类，实现每个人的自由全面发展。这些是我们坚定理想信念的精神基础和力量来源。但我们

---

① 习近平：《关于建设马克思主义学习型政党的几点学习体会和认识》，《学习时报》2009年11月17日。

也必须看到,"共产主义事业是人类历史上空前艰难的事业,必须经过长期的艰苦的曲折的斗争,才能战胜最强大的敌人,战胜一切剥削阶级;在取得胜利以后,还要长期地耐心地进行社会经济的改造和思想文化的改造,才能肃清剥削阶级在人民中的一切影响和传统习惯等,并且建立新的社会经济制度、新的共产主义的文化和社会道德。"正是由于共产主义事业的长期性、艰巨性和曲折性,会让一些人对共产主义的理想信念产生动摇。"正因为共产主义事业是这样伟大而艰难的事业,所以至今还有些追求社会进步的人怀疑共产主义,对共产主义的实现还没有信心。他们不相信人类在无产阶级和它的政党的领导下,是能够发展和改造成为高度纯洁的共产主义的人类,不相信革命和建设过程中一系列的困难是能够克服的。他们或者没有估计到这种困难,或者在实际上遇到困难的时候,就悲观失望起来,甚至有的共产党员因此而从共产主义队伍中动摇出去。"① 今天,我们党已经发展为拥有近8千万党员的大党。特别是在当前新的形势下,世情、国情、党情的深刻变化对党的建设提出了新的要求,党面临的执政考验、改革开放考验、市场经济考验、外部环境考验是长期的、复杂的、严峻的。作为每一个党员或党的干部,如果没有坚定的理想信念,就有可能在这些考验面前丧失理想,动摇信念,成为危害党的事业的败类。从这点上说,坚定理想信念,是一个重大的政治问题。正如邓小平指出:"为什么我们过去能在非常困难的情况下奋斗出来,战胜千难万险使革命胜利呢?就是因为我们有理想,有马克思主义信念,有共产主义信念。"② 坚定理想信念,是建立在通过学习对马克思主义基本理论的把握基础上的,建立在通过学习对党的根本宗旨、奋斗目标,对党在社会主义初级阶段的基本理论、基本路线、基本纲领的深刻理解基础之上的。因此,坚定理想信念,需要通过全党的学习来实现。

3. 有利于迎接时代挑战,提高党的执政能力和领导水平,巩固党的执政地位

当今世界,世界多极化、经济全球化深入发展。特别是现代科学技术进步日新月异,科技和创新能力越来越成为综合国力和国际竞争力的核心因素。

---

① 刘少奇:《论共产党员的修养》,《刘少奇选集》上卷,人民出版社,1981年。
② 《邓小平文选》第3卷,人民出版社,1993年,第110页。

知识创造、更新速度大大加快,信息化发展的程度,各种新思想、新观念、新知识普及的广度、各种领域的知识之间的关联度,远远超过了人类历史上任何时期。这是一个知识和信息的"爆炸"时代,近50年来人类社会所创造的知识比过去3000年的总和还要多。无论是一个国家,还是一个政党,如果不加强学习、不提高学习能力,势必落后于时代。当前,我国已进入新的发展阶段,经济社会发展呈现出一系列阶段性特征,推动科学发展、促进社会和谐的任务繁重而艰巨。在我们这个十几亿人口的发展中大国,党在推进改革开放和社会主义现代化建设中肩负任务的艰巨性、复杂性、繁重性,世所罕见;前进道路上新情况、新问题、新矛盾不断涌现,我们不熟悉、不了解、不懂得的东西还很多。在这样的大背景下,有许多难题需要我们去破解,有许多挑战需要我们去应对,有许多风险需要我们去化解。

高度重视学习,通过全党广泛、深入的学习去迎接挑战、化解难题、推动发展,这是我们党的宝贵经验。邓小平指出:"过去的革命问题解决得好不好,关键在于党的领导,现在的建设问题解决得好不好,关键也在于党的领导。也就是说,关键在于党是不是善于学习。"面对世界新科学、新技术、新知识不断涌现,面对新的形势和任务,他强调:"在不断出现的新问题面前,我们党总是要学,我们共产党人总是要学,我们中国人民总是要学。谁也不能安于落后,落后就不能生存。"① 1999年在即将进入二十一世纪的历史时刻,江泽民呼吁全党,作为世界上最大的社会主义发展中国家的执政党,必须全面加强和改进党的学习,这是党永葆生机和活力的一个重要保证。否则,"就会落后于时代,就有失去执政资格、失去人民信任和拥护的危险"。② 新世纪之初,胡锦涛在中央政治局集体学习时指出,"各级领导干部必须明白,现在社会各个方面的发展日新月异,人民群众的实践创造丰富多彩,不学习、不坚持学习、不刻苦学习,势必会落伍,势必难以胜任我们所肩负的重大职责。"③ 这些重要论述告诉我们,只有不断加强学习,我们党才能始终站在时代潮流的前头,才能不断提高领导水平和执政水平,真正担负起在中国特色

---

① 《邓小平文选》第2卷,人民出版社,1993年,第270页。
② 《江泽民文选》第2卷,人民出版社,2006年,第284页。
③ 《人民日报》,2002年12月27日。

社会主义道路上实现中华民族伟大复兴的历史使命和领导重任。

（二）对推动建设创新型国家，建设学习型社会具有重要意义

1. 有利于推动建设创新型国家

当今时代，人类社会步入了一个科技创新不断涌现的重要时期，发轫于上个世纪中叶的新科技革命及其带来的科学技术的重大发现发明和广泛应用，推动世界范围内生产力、生产方式、生活方式发生了前所未有的深刻变革。在世界新科技革命推动下，知识在经济社会发展中的作用日益突出，国民财富的增长和人类生活的改善越来越有赖于知识的积累和创新。科技竞争成为国际综合国力竞争的焦点。当今时代，谁在知识和科技创新方面占据优势，谁就能够在发展上掌握主动。世界各国尤其是发达国家纷纷把推动科技进步和创新作为国家战略。

中国共产党审时度势，顺应时代发展潮流和新技术革命浪潮的变革需要，在世纪之初提出了建设创新型国家的发展目标。2006 年，胡锦涛在全国科技大会上做了《坚持走中国特色自主创新道路，为建设创新型国家而努力奋斗》的报告，这是我们党首次明确提出建设创新型国家的奋斗目标。党的十七大再次强调："提高自主创新能力，建设创新型国家。"党中央做出的建设创新型国家的决策，是事关社会主义现代化建设全局的重大战略决策。用 15 年左右的时间使我国进入创新型国家行列，是一项极其繁重而艰巨的任务，也是一项极其广泛而深刻的社会变革。

今天，我们提出建设学习型政党，将为建设创新型国家提供强大的推动力量。建设创新型国家，必须以科学的发展观和创新理论为指导。这就要求我们认真学习有关发展和创新的科学理论以及与此相联系的各方面知识。中国共产党人必须通过学习，对于为什么要发展和创新、什么叫发展和创新、为谁发展和创新、靠谁发展和创新、怎样发展和创新等基本问题形成共识。这其中，我们必须大力学习、贯彻和落实科学发展观。科学发展观作为关于发展的世界观和方法论的集中体现，凝结了马克思主义的发展理论和当今时代人类关于发展问题的最新研究成果。这些理论知识对于推动建设创新型国家至关重要，全党同志必须在建设学习型政党的过程中，认真学习，悉心领会。此外，建设创新型国家，需要培养造就富有创新精神的人才队伍。科技创新,关键在人才。杰出科学家和科学技术人才群体,是国家科技事业发展的决定性因素。建设学习型政党,将有利于培养大批具有创新精神的优秀人才,造就有利于人才辈出的良好环境,充分发挥科技人才的积极性、主动性、创造性,这是推动建设创新型国家的关键环节。

2. 有利于推动建设学习型社会

学习型社会的理论和实践探索由来已久。"学习型社会"这个概念,最早是美国芝加哥大学前校长赫钦斯(R. M. Hutchins)教授在 1968 年出版的《学习型社会》一书提出的。1972 年,法国教育思想家埃德加·富尔(Edgar Faure)在提交给联合国教科文组织的报告《学会生存——教育世界的今天和明天》中,特别强调终身教育和学习型社会两个概念,把学习型社会作为未来社会形态的构想和追求目标。从此,终身教育和学习型社会的理念就在国际社会迅速传播开来,成为许多国家推进教育改革的重要理念,也成为人类社会追求发展进步的一个重要目标。20 世纪 80 年代,学习型社会理论开始影响国家政策,并在实践领域逐渐发挥现实作用。1983 年,美国政府发表《国家处在危险中:教育改革势在必行》的报告,该报告揭开了学习型社会理念付诸实践的序幕。以此为先导,之后的欧洲各国、日本、加拿大等陆续提出要建立学习型社会。

从人类历史发展的角度来看,学习型社会是 21 世纪人类社会追求的新型社会发展模式,是继农业社会、工业社会之后,人类社会发展的一个较高社会阶段。就其实质来说,学习型社会就是一个"以学习求发展的社会",其根本目标在于促进人的全面发展。就其基本特征而言,学习型社会是一个全民学习、终身学习的社会。今天,学习型社会的建设已经成为一种世界潮流。世纪之初,中国共产党和中国政府也明确提出了建设学习型社会的目标和要求。2001 年,江泽民在亚太经合组织人力资源能力建设高峰会议上明确提出,中国要"构筑终身教育体系,创建学习型社会。"党的十六大报告在阐述全面建设小康社会的宏伟目标时,再次明确提出要"形成全民学习、终身学习的学习型社会,促进人的全面发展。"中国共产党和中国政府提出建设学习型社会,不仅具有与国际接轨的普遍意义,而且已经成为建设中国特色社会主义伟大事业的一个重要组成部分。

建设学习型社会,是一个宏大的社会系统工程。学习型社会是由不同层次的要素或环节组成：学习型政府——学习型政党——学习型城市——学习型社区——学习型家庭——学习型个人。这些不同层次的要素形成学习型组织网络，共同构成学习型社会的社会系统工程。在这一学习型组织网络中，学习型政党是学习型社会的重要组成部分，所以建设学习型政党必然有利于推动建设学习型社会。更重要的地方还在于，中国共产党是建设中国特色社会主义伟大事业的领导核心，所以，建设学习型政党是建设学习型社会的切入点和突破口。建设学习型社会，有赖于建设学习型政党来领导和导向。建设学习型社会，必须以制度创新为关键，构建终身教育体系及创建各类学习型组织，这是推进学习型社会形成的组织基础和社会依托。要实现制度创新，构建终身教育体系，需要各种力量来支撑和推进。中国共产党作为执政党，具有强大的组织、资源优势和动员能力。因此，以建设学习型政党来推动建设学习型社会，是一条符合中国国情的有效路径。

（三）建设学习型政党具有重要的世界历史意义

首先，中国共产党建设学习型政党，将有助于学习型组织的理论和实践在世界范围的发展和推广。自上个世纪50年代以来，关于学习型组织的理论和实践探索不断推进。在近半个世纪的发展演进中，学习型组织运动已渐成一种世界潮流。但是，学习型组织运动的发展和推广还面临两大"瓶颈"：一是地域局限，即当前关于学习型组织的理论和实践探索大都局限在西方和亚洲的一些发达国家和地区。如欧盟的一些国家，北美的美国和加拿大，亚洲的日本和新加坡等国；二是领域局限，即当前关于建设学习型组织的实践探索还没有能有效延伸到政治组织譬如政党建设领域。从国际范围来看，我们可以看到一些国家关于学习型组织的实践探索很有特色。如美国的学习型社区建设、新加坡的学习型政府建设、日本的终身学习型社会建设。但是，至今还没有一个持续推进"学习型政党"的案例。在学习型组织运动的发展过程中，非洲地区的国家和政治力量曾有望突破这两大"瓶颈"和局限。譬如，1990年代初，南非的非洲人国民大会曾应用情景规划、系统思考的学习型组织的理论方法来开发长远与综合的社会工作优先选项。但令人遗憾的是，非洲人国民大会执政以后，并没有继续学习型组织的理论和实践推广，非洲地区的努力无果而终。今天，中国共产党提出建设学习型政党，不仅有助于自身的进步和发展，还将有效推动学习型组织的理论和实践在世界范围的发展和推广。各个国家和地区都有独特的历史和文化传统，因此各国实践学习型组织的活动都带有特殊性和个性特征。正如学习型组织理论的代表人物彼得·圣吉所言，"各个文化都需要用自己独特的方式完成这种工作。美国的组织机构修炼学习型行为习惯的方式，与巴西、土耳其和沙特阿拉伯的方式一定不同。这是因为学习型变革是深层的个人转化，同时还改变集体的习惯，所以必须与当地文化有深层的协调，并顺其自然地开展。中国需要开发在中国组织机构中完成系统思考、建设共同愿景和实现自我超越的有说服力的范例。虽然已经有许多中国公司在实验组织学习的方法和工具，但中国共产党投入这项工作所产生的影响将更加广泛和深远，对中国和世界的组织学习运动都有非常重大的意义"。①

其次，中国共产党建设学习型政党，有助于推动马克思主义政党建设，推动国际共产主义运动的复兴与发展。苏东剧变使国际共产主义运动的发展进入低潮。进入 21 世纪后，国际共产主义运动的前景如何？一种观点认为，共产主义已经过时，共产主义将不可逆转地在历史上衰亡。譬如，美国学者福山在《历史的终结》中就提出，以美国模式为代表的自由民主制度已彻底战胜形形色色包括共产主义在内的各类对手，它是人类意识形态发展的终点，是人类最后的一种统治形式。这种观点正遭到越来越多的反对。法国学者德里达在《马克思的幽灵》中强调马克思没有过时，马克思的"幽灵们"仍然在整个世界上空游荡。他认为当今资本主义并不是最完善的社会形式，它身上有十大无法解决的"祸害"，当代人必须继承马克思主义的遗产，因为它是批判当代资本主义的最有力的武器。我们认为，21 世纪共产主义将走出低潮走向复兴。当前，国际共产主义运动与苏东剧变时期相比发生了一些重要变化，各国共产党在困难中探索，在反思中调整，谋求世界共产主义发展的新战略。以中国共产党为代表的政治力量在国际和国内政治舞台上发挥着越来越重要的作用，它将成为 21 世纪国际共产主义运动复兴的重要力量。中国共产党提出建设学习型政党的发展目标，这里的学习型政党不是一般意义上的学习型组织，它是马克思主义的学习型政党，因而带有明确的政治和意识形态指向。换言之，中国共产党建设马克思主义学习型政党的努力，将在世界

---

① 彼得·圣吉《中国建设学习型政党的世界意义》，《学习时报》2010 年 3 月 18 日。

范围内推动马克思主义政党的复兴和发展，进而推动国际共产主义运动复兴和发展。譬如，中国共产党建设马克思主义学习型政党的一个重要举措，就是实施马克思主义理论研究和建设工程。这个工程的成果之一，就是编辑出版了《马克思恩格斯文集》和《列宁专题文集》。这是我国马克思主义研究和社会主义建设史的一件大事，也是国际共产主义运动史上的一件大事。在国际共产主义运动经历严重挫折，马克思列宁主义在世界的传播遭受巨大压力的国际形势下，中国共产党启动并完成了这样一件很有规模的马列著作编辑和出版工程，为马克思列宁主义的传播和发展，为推动国际共产主义运动复兴，做出了应有的努力和重大的贡献。

此外，中国共产党建设学习型政党，有助于推动科学发展，为世界可持续发展树立榜样，并为人类文明的转型做出贡献。当今世界各国，都面临应对诸如粮食、水、石油等资源和能源短缺的"可持续发展挑战"。这些问题的形成和蔓延，不是单纯技术层面的问题，它们有深层次的原因，即人类旧的发展的理念和模式已经走到尽头。我们必须探索新的发展模式，推进人类文明的转型。以西方发展模式为代表的工业文明时代的经济和商业模式，从根本上来看具有不可持续性，这种模式必须进行变革。在人类文明发展转型的历史关头，中国的崛起和中华文明现代复兴将具有深远的世界历史意义。改革开放30多年后，中国正在发展成为世界的主要经济和政治力量。甚至有人认为，今天的世界已经进入美国和中国共同主导的"G2"时代。这种说法也许高估了今天中国的地位和影响。但是，从世界历史的未来发展而言，我们完全有理由相信，"在这个世界中，中国，很快还有印度，将在塑造我们大家的未来路径中扮演关键角色"。中国共产党正在进行的学习型政党建设，将让我们在对人类历史尤其是文明发展形态的历史学习中，深刻认识到西方"集中式能源供给模式驱动的大规模集中工业化发展模式"的局限和不可持续，进而"选择一种较为分散式的模式，在农业、制造业和服务业之间实现一种不同以往的平衡，让人们得以保留和恢复已经被现代城市化运动割断了的与土地和自然的历史联系"，这"很可能要求从中国历史上的智慧传承中汲取越来越多的力量，并把它运用到今天最深刻的挑战中去，我认为，这是在中国开展学习型政党和学习型组织建设的最重要的意义"。①

---

① 彼得·圣吉《中国建设学习型政党的世界意义》，《学习时报》2010年3月18日。

第十章 建设马克思主义学习型政党的基本任务和理论架构

建设马克思主义学习型政党,是新时期党的建设的重要战略任务。在这里,我们需要回答这样一些问题:建设马克思主义学习型政党,我们的基本任务和具体目标是什么?建设马克思主义学习型政党,我们学习的内容是什么,它们之间有何逻辑关联?弄清基本任务和目标,也就明确了建设学习型政党的切入点和抓手;弄清学习的理论架构及逻辑关联,有助于我们全面、系统把握学习内容,分清主次和轻重缓急,渐次推进学习型政党建设。

一、建设学习型政党的基本任务

建设学习型政党的基本任务,主要包含以下四个方面。第一,推进马克思主义中国化、时代化和大众化,这是建设马克思主义学习型政党的首要任务。第二,用中国特色社会主义理论体系武装全党,这是建设马克思主义学习型政党的思想基础;第三,开展社会主义核心价值体系的学习教育,这是建设马克思主义学习型政党的精神支撑;第四,建设学习型党组织,这是建设马克思主义学习型政党的组织基础。

(一)推进马克思主义的中国化、时代化、大众化

总结马克思主义发展160多年和中国共产党建党90年的历史经验,其中重要的一条,就是马克思主义的发展传播要与本国国情相结合、与时代同发

展、与人民共命运。建设学习型政党,首要任务就是要进一步推进马克思主义的中国化、时代化和大众化。

马克思主义中国化,就是把马克思主义基本原理同中国具体实际相结合,形成具有"中国作风和中国气派"的马克思主义。马克思主义创始人在论述无产阶级的属性时曾提出,"工人没有祖国",但工人"本身还是民族的"。①这就揭示了无产阶级的世界性和民族性的辩证统一。马克思主义的理论要真正发挥作用,也必须做到世界性和民族性的统一,也就是要把马克思主义的普遍原理和各国、各民族的实际结合起来,做到马克思主义的本国化。在我们党内,毛泽东同志最早提出了马克思主义中国化的思想。1938年,毛泽东在中共六届六中全会的政治报告《论新阶段》中指出:"马克思主义的中国化,使之在每一表现中带着必须有的中国的特性,即是说,按照中国的特点去应用它,成为全党亟待了解并亟待解决的问题。"这是历史经验之谈,回顾我们党的历史和国际共产主义运动的历史,我们清楚地看到,什么时候坚持了马克思主义本国化的原则,国际共产主义运动就有大的发展;反之,什么时候违背这一原则,形而上学、教条主义的理解马克思主义,共产主义事业就会遭到严重挫败。

马克思主义时代化就是把马克思主义理论和时代条件相结合,紧跟时代发展步伐,科学地回答新的时代背景下出现的新课题。马克思指出,任何真正的哲学都是时代精神的精华。马克思主义的时代化是马克思主义哲学的内在要求,尤其是要抓住时代发展中提出的重大理论和现实问题。马克思认为,"问题就是公开的、无畏的、左右一切个人的时代声音。问题就是时代的口号,是它表现自己精神状态的最实际的呼声。"② 今天,推进马克思主义时代化,应以回应时代提出的重大理论和现实问题为切入点,把重心放在提出和解决当今时代人类和中国面临的重大理论和现实问题上。抓住并解决这些重大理论和现实问题,是推进马克思主义中国化、时代化、大众化的强大动力。

马克思主义大众化就是践行马克思主义为人民服务的宗旨,使马克思主义成为能够满足人民需要、又为群众乐于接受的理论。为此,马克思主义在

---

① 《马克思恩格斯选集》第1卷,人民出版社,1995年,第291页。
② 《马克思恩格斯全集》第40卷,人民出版社,1982年,第289~290页。

理论内容上应该贴近人民的现实生活,在表现形式上应该通俗易懂,为人民群众喜闻乐见。人民群众是社会历史发展的主人,是马克思主义理论发挥作用的现实主体。"理论一经掌握群众,也会变成物质力量"。20世纪30—40年代,马克思主义大众化的典范——艾思奇的《大众哲学》一书先后发行了32版,许多中学生、大学生正是由于读了这本书,才决定投身共产主义和民族解放的宏伟事业,投奔延安和各个革命根据地,以至于蒋介石发出惊叹,一本《大众哲学》,冲垮了三民主义的防线。今天,建设学习型政党,要大力推进马克思主义的大众化,也就是要反对"小众化"的不良学风。一些马克思主义研究出现一种越来越经院化、小众化的研究倾向,有的过分咬文嚼字,成了文字游戏。有的随意生造概念,使人不知所云。一些问题看起来争的很热闹,但是只能在"象牙塔"里进行,充其量不过是"茶杯里的风暴"。对当代中国的社会现实没有什么作用和影响,与马克思主义的实践本性格格不入。①

马克思主义中国化、时代化、大众化是一个相互联系的统一整体。在这个有机统一体中,中国化是核心,是统领时代化和大众化的总原则、总要求。马克思主义中国化过程中,要注意两个问题:一是要善于运用马克思主义的立场、观点和方法去总结中国的历史经验。毛泽东曾经指出:今天的中国是历史的中国的一个发展;我们是马克思主义的历史主义者,我们不应当割断历史。从孔夫子到孙中山,我们应当给以总结,继承这一份珍贵的遗产。二是要善于处理好马克思主义与中国传统文化的关系。马克思主义作为一种外来文化传入中国,要使它能为中国人民广泛接受,并在实践中发挥指导作用,必须寻找到一种为中国人民所能理解和接受的民族形式。要用中华民族的优秀文化、中国老百姓所喜闻乐见的语言形式和表达方式,来深入浅出地阐明马克思主义的基本原理。例如,毛泽东用"实事求是"来概括马克思主义方法论,用"知""行"范畴来阐述马克思主义关于认识与实践的关系,等等。

(二) 用中国特色社会主义理论体系武装全党

用科学理论武装全党是马克思主义学习型政党的本质特征。列宁曾说,

---

① 郭建宁:《提升大众化的学术含量》,《光明日报》2010年4月18日。

没有理论,党"就会失去生存的权利,而且不可避免地迟早注定要在政治上遭到破产"。马克思主义是发展的科学。学习马克思主义既要追根溯源,学习它的原生形态,更要与时俱进,学习它的发展形态,特别是它在当代中国的发展形态。包括邓小平理论、"三个代表"重要思想和科学发展观在内的中国特色社会主义理论体系,就是当代中国发展了的马克思主义,是马克思主义中国化的最新理论成果,是党最可宝贵的政治和精神财富,是全国各族人民团结奋斗的共同思想基础。坚持用中国特色社会主义理论体系武装全党,是引领中国社会进步和推动党的事业发展的根本前提,也是开拓马克思主义新境界的必然要求。

旗帜指引方向,旗帜凝聚人心。用科学理论的旗帜统一全党全国各族人民的思想和意志,是我们党的一条根本经验。改革开放以来我们取得一切成绩和进步的根本原因,归结起来就是:开辟了中国特色社会主义道路,形成了中国特色社会主义理论体系。中国特色社会主义理论体系之所以完全正确,之所以能够引领中国不断发展进步,最根本的就在于它既破除了对马克思主义的教条式理解,又抵制了抛弃社会主义基本制度的错误主张;既坚持了科学社会主义基本原则,又具有鲜明的时代特征和中国特色;既继承了前人,又创新了内容,开拓了马克思主义新境界。今天,我国经济社会发展站在了新的历史起点上,要夺取全面建设小康社会新胜利,实现中华民族的伟大复兴,离不开科学理论的指引。中国特色社会主义理论体系所具有的真理性、科学性,为我们运用马克思主义的立场、观点、方法科学分析和回答我国改革发展面临的一系列重大问题,提供了科学指南。它回答和解决了建设社会主义的一系列重大理论问题,具有巨大的精神力量。"理论一经掌握群众,也会变成物质力量。"中国特色社会主义理论体系一经掌握广大党员干部群众,就会在中国特色社会主义的伟大实践中转化为巨大的物质力量。

建设马克思主义学习型政党的一项重大任务,就是要用中国特色社会主义理论体系武装全党。用中国特色社会主义理论体系武装全党,是高举中国特色社会主义旗帜,坚持中国特色社会主义道路的内在要求。全党同志必须深刻认识在当代中国,只有中国特色社会主义而不是别的什么旗帜能够最大限度地团结和凝聚不同社会阶层、不同利益群体的智慧和力量,只有中国特色社会主义道路而不是什么别的道路能够指引中华民族实现伟大复兴,只有中国特色社会主义理论体系而不是什么别的主义能够引领中国发展进步。当今时代，正当国内一些人对于中国特色社会主义的基本制度和基本道路还心存疑虑的时候，西方一些有识之士已经看到了中国模式和中国道路的生命力所在。著名未来学家奈斯比特认为，"中国没有以民主的名义使自己陷入政党争斗局面"，而是"发展出一种独特的纵向民主，形成稳定关键，到2050年中国将成为世界中心"，"在未来几十年中，中国不仅将改变全球经济，而且也将以其自身的模式来挑战西方的民主政治"。马丁·雅克在《当中国统治世界》一书中预测，20年以后，中国就会成为世界第一大经济体，"随着中国的崛起，中国将取代西方国家在各个领域的主导地位——西方将丧失文明操纵权，世界将按照中国概念重新塑造"。① 所以，我们要坚信中国特色社会主义理论体系的科学性和先进性，并以此武装自己的头脑，在超越资本主义文明、开创人类文明新形态的高度上推进中国特色社会主义的伟大事业。

（三）开展社会主义核心价值体系的学习教育

核心价值体系是社会意识形态的重要组成部分，是引领社会意识和社会风气的精神旗帜。当今时代是一个多元化的时代，在意识形态领域，存在多元化的价值观念和价值取向。任何一个社会，要想把全社会的意志和力量凝聚起来，必须形成具有广泛社会共识的核心价值体系，形成主流意识形态。古今中外，概莫能外。在我国古代，儒家思想长期占据主导地位，并逐步形成了以"三纲五常"为主要内容的核心价值体系，这是我国封建社会两千多年超稳定结构的精神支撑。在西方，资产阶级在兴起过程中，提出"自由、平等、博爱"等价值观念，并逐步形成了一套以追求个人自由和权利为主要内容的价值体系，这对摧毁封建制度，建立和巩固资本主义制度，都发挥了重要作用。当今世界，各国都大力建设核心价值体系，有的甚至以法案的形式确定本国的"共同价值观"。应该引起我们警觉的是，一些西方发达国家宣扬所谓"普世价值"，并以此作为干涉他国和进行和平演变的重要手段。所以，建设社会核心价值体系意义重大，不仅关系人心向背，还关系国家长治

---

① 《国际先驱导报》，2009年11月24日。

久安。①

我国社会主义核心价值体系形成于改革开放过程中,改革开放新的实践,要求我们科学地回答以下这些问题:为什么必须坚持马克思主义在意识形态领域的指导地位,而不能搞指导思想的多元化;为什么只有社会主义才能救中国,只有中国特色社会主义才能发展中国,而不能搞民主社会主义和资本主义;为什么必须坚持人民代表大会制度,而不能搞"三权分立";为什么必须坚持中国共产党领导的多党合作和政治协商制度而不能搞西方的多党制;为什么必须坚持以公有制为主体、多种所有制经济共同发展的基本经济制度,而不能搞私有化或单一公有制;为什么必须坚持改革开放而不能走回头路,等等。对这些问题的科学回答,推动了社会主义核心价值体系的形成和发展。社会主义核心价值体系的基本内容是:马克思主义指导思想、中国特色社会主义共同理想、以爱国主义为核心的民族精神和以改革创新为核心的时代精神、社会主义荣辱观。这四个方面的基本内容既是对我国社会主义精神文明建设成果的提炼和概括,又是进一步推动我国社会主义精神文明建设的根本指针。

社会主义核心价值体系是我国社会主义意识形态的本质体现,是它的主体和灵魂,对社会意识和价值观念具有强大的引领和整合功能。建设马克思主义学习型政党,必须在党员干部中大力开展社会主义核心价值体系的学习教育活动。首先,要做好理想信念的学习教育。当前在一些党员干部中出现的种种问题,追根溯源是由于动摇和丧失了共产党人的理想信念。长期的和平环境、执政地位和当前社会上的各种诱惑,使一些意志薄弱的共产党员在理想信念上发生了动摇,这也是腐败现象得以滋生的土壤。解决这个问题的根本途径就是惩办和教育相结合,而教育的重点就是使广大党员通过学习社会主义核心价值体系,构筑起一道拒腐防变的防火墙。② 其次,要重视底线价值观教育,反对主流价值的虚无主义倾向。当今社会出现的价值多元化现象具有双重影响:一方面它是社会进步的表现,它扩大了人们选择的自由,增

---

① 王晓晖:《深入开展社会主义核心价值体系学习教育》,《中共中央关于加强和改进新形势下党的建设若干重大问题的决定》辅导读本,人民出版社,2009 年。

② 习近平:《关于建设马克思主义学习型政党的几点学习体会和认识》,《学习时报》2009 年 11 月 17 日。

加了社会的活力;另一方面也可能在价值多元的喧嚣中模糊甚至丧失一些基本的价值判断标准,出现价值虚无主义倾向。近年来,一些媒介文化宣扬颠覆一切价值,盛行"恶搞"。戏说董存瑞,解构雷锋,凡此种种,不一而足。这种现象对核心价值破坏极大,不仅作为价值楷模的榜样形象被嘲笑、被损害,更重要的是榜样们所表现出来的忠诚、正直、奉献等主流价值观也被践踏、被消解。所以,必须加强开展社会主义核心价值体系的学习教育,普及底线价值,树立主流价值,以此引领社会精神和价值风向。此外,开展社会主义核心价值体系的学习教育,还要帮助广大党员干部培养高尚的道德情操和健康的生活情趣。古人云:"德者事业之基,未有基不固而栋宇坚久者",曾子说:"吾日三省吾身",这些都是讲要加强道德情操修养。共产党员加强道德修养,要善于从小事做起。要克服"小节"无害的思想,小事、小节中有政治,有方向,有形象。一个在小事上过不了关的党员干部,也很难在大事、大节上过得硬。生活情趣是人品道德在日常生活中的表现。党员干部要注意保持健康的生活情趣,形成高雅的兴趣爱好,自觉抵制庸俗之风。要保持正当的人际交往,要交益友、诤友,不交利友、损友。一些党员干部腐化变质,大多是从操守不严、道德败坏开始的。因此,要大力引导党员干部自觉培养高尚的道德情操和健康生活情趣,用自己的道德人格感召群众,引领社会风尚。

(四) 建设学习型党组织

建设马克思主义学习型政党,需要以组织建设作为基础和保障。建设学习型党组织就是这样的组织基础,它是建设马克思主义学习型政党的基础工程。建设学习型党组织,不仅意味着各级党组织在学习内容、学习方法、学习要求上要有新的思路,而且在党的组织形式、运行机制等方面要进行新的探索,最终建立更加具有凝聚力和战斗力的学习型党组织。

建设学习型党组织,首先要改进我们党组织的学习理念和学习方法。先进的学习理念是建设先进学习型党组织的首要因素。建设学习型党组织,要吸取马克思主义和学习型组织理论中关于人的全面发展的核心理念,倡导树立党员全面发展的理念。只有把学习和人的全面发展结合起来,个人才有学习的动力,才能主动、快乐的学习。学习的本质在于发现新的事物、掌握新的技能。通过学习，我们能获得极大的欢乐。古人云："知之者不如好之者，好之者不如乐之者"。《论语》讲："学而时习之，不亦说乎！"学习本应是一件充满惊奇与喜悦的事，但是若把学习当成苦差或应付，学习的效果必然不尽人意。建设学习型党组织，还要树立人人学习，终身学习的理念。在信息技术高度发达的知识经济时代，仅仅依靠某一个时期的集中学习，一蹴而就受用终身显然是不可能的。建设学习型党组织切忌形式主义、急功近利，要更加注重潜移默化，注重营造人人学习、时时学习、处处学习的学习氛围。

建设学习型党组织，还要改进党的组织形式和运行机制。我们党现有的组织形式和运行机制具有许多优点，如党的集中领导使我党具有强大的组织力和动员力，有助于我们集中全党力量，处理复杂矛盾和问题。但是还应当看到，我们党的组织形式和运行机制是在战争年代和计划经济时期形成的，不可避免地带有权力高度集中的某些弊端，以至形成"一言堂"、"家长制"现象。邓小平曾经指出："这种现象，同我国历史上封建专制主义影响有关，也同共产国际时期实行的各国党的工作中领导者个人高度集权的传统有关。"①今天，在建设马克思主义学习型政党中，我们不应当回避这个问题，而应当认真探讨和解决。从管理学上讲，传统的高度集中的体制，属于以权力等级控制为特征的金字塔组织结构与领导体制。这种组织结构建立在工业经济社会专业化分工基础上，不利于基层和广大组织成员积极性和创造性的发挥。学习型组织理论认为，未来的组织应当是扁平式组织结构。它的一个重要特征就是尽量减少组织的等级层次，并将决策权向组织结构下层转移。这种组织结构有利于基层领导处理面临的各种课题，并对所处理的结果负责。建设学习型党组织，还要求在以地域、单位为主设置基层党组织的基础上，探索完善基层党组织新的设置形式。如一些地方探索实行的社区党建模式，突破传统的单位党建模式，整合社区内各单位党建资源，形成了"事情共商、资源共享、文明共创、难题共解、活动共办"的党建新格局。最终形成设置合理，讲究效率，充满活力的组织形式和领导体制。②

---

① 《邓小平文选》第2卷，人民出版社，1994年，第329页。
② 蒋仁勇：《建设学习型政党的三个着力点》，《理论探索》2010年第3期。

二、建设学习型政党的理论架构

建设马克思主义学习型政党,需要我们全面系统地学习古今中外一切有益的东西。但是,"吾生也有涯,而知也无涯",小到一个人,大到一个政党,其学习都是无止境的。所以,在特定历史阶段我们的学习在内容上必然要有重点、有层次,绝不是眉毛胡子一把抓。建设马克思主义学习型政党,在学习内容上有个系统的理论架构,可以分为三个层次:第一个是信仰层次,即围绕马克思主义的基本理论问题开展学习,以真正地了解马克思主义,确立对于社会主义、共产主义的信仰,这是我们党作为工人阶级先锋不可缺少的理论武装和思想旗帜;第二个是知识层次,这个层次以工具性的内容为主,无论是自然科学知识,还是人文社会科学知识,执政党都应当尽可能地有所了解,没有这些广博的知识为基础任何执政党都不可能制定出正确的方针政策;第三个是方法层次,这是链接知识和信仰之间的纽带,知识只有化为方法才能为信仰在实践中的具体化提供保障。①

(一)信仰层面,通过学习马克思主义理论尤其是马克思主义经典著作,强化对马克思主义和共产主义的信仰

信仰是一个人、一个组织、一个群体最高精神追求的体现,它是人们基于特殊的知识和环境等基础之上所形成的一种指导现实实践的最根本的内在力量,与一般的精神追求不一样的是,它具有超常的吸引力和稳定性。伽利略、哥白尼、布鲁诺等人之所以不畏压力、甚至不惜以生命为代价而坚持自己的科学研究,就是他们对科学有一种执著的信仰,形成了伟大的科学精神。正如有的科学家所言:"我们的主要动力是而且也一直是信仰……如果说我有信仰,就是说我业已决定去做某事,并甘愿为此而献出自己的一生……我们迈出的第一步永远是信仰某一事物的行动和追求某一事物的愿望。"② 以共产

---

① 关于理论架构的内容,征得程美东教授同意,主要引述其文:《马克思主义学习型政党建设的历史定位和理论架构》,《马克思主义研究》2010 年第 9 期,只是个别地方的论述做了补充和调整,在此谨致谢忱。
② 海森伯:《物理学家的自然观》,吴忠译,商务印书馆,1990 年,第 35 - 36 页。

主义理想为指导的实践比一般的科学研究不知要困难多少倍，在实现这个奋斗目标的过程中，如果我们没有基于对马克思主义、对社会主义、对共产主义的崇高信仰，那么只要一遇到困难就容易退缩、就容易被吓倒。当然，信仰也是分类的，有基于科学知识和理性判断基础之上的信仰，也有基于感情、非理性基础之上的信仰。作为共产党人，自然要以马克思主义为指导，在自觉掌握马克思主义的前提下，运用马克思主义来武装我们的头脑，使自己能形成对于共产主义的坚定信仰。如果我们的每个共产党员都有了这样的信仰，就不会在金钱、名利面前丧失原则，就不会为私欲所惑而损害公共利益，就不会违法乱纪，就不会专注于些小的利益，就不会津津乐道于暂时的局部的成功，那么我们就没有什么困难不可以战胜，中国共产党这支队伍就会永葆青春、健康的本色，永远保持先进性。

共产主义理想、信念的确立不是一朝一夕的事情，通过学习来确立共产主义信念更不是立竿见影的过程，而需要经过长期的努力和持久的熏陶。那么，如何通过学习来加快自己共产主义信念的确立呢？

首先，要学习马克思主义的经典著作，了解马克思主义的基本理论。30年前，邓小平就指出："我们是一个马克思主义的大党，我们自己不重视马克思主义的研究，不按照实践的发展来推动马克思主义的前进，我们的工作还能够做得好吗？我们讲高举马列主义、毛泽东思想的旗帜，不就成了说空话吗？"。学习马克思主义，掌握马克思主义各个组成部分之间内在的、有机的联系，深刻理解马克思主义精神实质和思想精髓，学会运用马克思主义立场、观点和方法，仅仅阅读二、三手资料是不行的，唯一有效的办法，就是原原本本地精心研读马克思主义经典作家的原著。经典著作是马克思主义理论的重要载体，正如恩格斯在谈到如何学习《资本论》时指出的："对于那些希望真正理解它的人来说，最重要的却正好是原著本身"。毛泽东同志也非常强调读原著的重要性。1939年年底，毛泽东同志在延安对一位同志说："马列主义的书要经常读。《共产党宣言》，我看了不下100遍，遇到问题，我就翻阅马克思的《共产党宣言》，有时只阅读一两段，有时全篇都读，每读一次，我都有新的启发。我写《新民主主义论》时，《共产党宣言》就翻阅过多次。"因此，一定要坚持读原著为主的原则。只有在原原本本地阅读研究原著的过程中，才能真正领会马克思主义经典著作的理论逻辑和深刻内涵，真正感受到马克思主义跨越时空的思想魅力。当然，马克思主义经典著作那么多，不可能要求每个党员都要精读、通读它们，而要学习其代表作，掌握其基本精髓。正如邓小平同志所言："学马列要精，要管用的。长篇的东西是少数搞专业的人读的，群众怎么读？要求都读大本子，那是形式主义的，办不到。"① 的确，要求全党干部都读《马克思恩格斯全集》、《列宁全集》以及其他导师的全部公开的著作，是不可能的，也是不必要的。但是，也不能借口马列著作多而不读。在过去艰苦的战争环境中，很多党员干部没有多少文化知识，甚至还有相当数量的文盲存在，但他们却对于革命有着必胜的信念，对于马克思主义、共产主义有着坚定的信仰。他们为什么能够做到这一点？因为我们的党组织从来没有放弃过对各级党员的学习、培训。无论在何时何地，各级党组织都针对不同文化程度的党员开展马克思主义的学习教育活动，虽然文化程度不同的党员在学习马克思主义的知识多少、方式方法上有差异，但对于马克思主义的基本立场、观点、方法的学习教育却是一致的，比如唯物主义的世界观，辩证的方法论，全心全意为人民服务的宗旨，共产党的性质和奋斗目标等等，都是党员学习教育的重要内容。如果没有这些马克思主义的学习教育活动，那么就不可能会有千千万万文化程度不高而自觉为共产主义献身的革命战士。在 21 世纪的今天，我们党员的整体文化素质有了很大的提高，我们在学习马列著作的内容上肯定要比过去宽一些、深一些，但是还是要区别行业、年龄、文化程度等方面的差异而选取不同的内容，还是要把马克思主义的基本理论作为学习教育的基本内容，把确立对马克思主义、共产主义的信仰作为基本的目标。

其次，要着重学习马克思主义中国化的理论成果，即把毛泽东思想、邓小平理论、"三个代表"重要思想、科学发展观作为重要的学习内容。因为这些理论是马克思主义与中国实际相结合的产物，是指导中国进行新民主主义革命和社会主义革命、建设和改革开放事业的伟大理论，是马克思主义在中国的具体运用。如果我们不了解这些理论，就不可能具体感受社会主义的优越性和必要性，就很难在感情上认同马克思主义，在理性上理解马克思主义，就不能产生对于马克思主义加以持久学习、探索的欲望，那么自然不可能形

---

① 《邓小平文选》第 3 卷，人民出版社，1993 年，第 382 页。

成共产主义的信仰。学习当代中国的马克思主义，还要求我们学习践行社会主义核心价值体系。要引导广大党员干部增强政治敏锐性和政治鉴别力，自觉划清马克思主义同反马克思主义的界限，社会主义公有制为主体、多种所有制经济共同发展的基本经济制度同私有化和单一公有制的界限，中国特色社会主义民主同西方资本主义民主的界限，社会主义思想文化同封建主义、资本主义腐朽思想文化的界限，始终保持立场坚定、头脑清醒。加强思想道德建设和党的优良传统、民族优秀文化传统教育，带头弘扬民族精神和时代精神，自觉践行社会主义荣辱观，培养高尚道德情操和健康生活情趣，保持昂扬奋发的精神状态。

最后，还要注重学习世界历史、中国历史，尤其是国际共运史、中国革命史，从把握人类社会发展规律的角度来自觉认识共产主义信念的可靠历史依据。只有通过这样的学习，我们才能了解人类社会发展规律、资本主义社会发展规律、社会主义发展规律、中国特色社会主义发展规律，才能自觉认识马克思主义的科学性，才能形成对马克思主义的自觉信仰。江泽民指出："我们党的老一辈无产阶级革命家，很善于从历史中总结经验教训，以把握好中国社会的特点，正确制定指导中国革命、建设、改革的理论和路线方针政策。要取得改革开放和现代化建设的成功，我们不仅应该懂得中国的今天，而且还应该懂得中国的昨天和前天。这有助于我们开阔视野，鉴往知来。可以这样说，一名领导干部不善于从历史中吸取营养，不可能成为高明的领导者；一个政党不善于从总结历史中认识和把握社会发展的规律，不可能成为顺应历史潮流的自觉的政党；一个民族不善于从历史中继承和发展本民族与世界其他民族创造的优秀文明成果，就不可能屹立于世界民族之林。"①

在这一过程中，我们要旗帜鲜明地反对"马克思主义过时论"，强化马克思主义信仰。由于苏东解体和世界局势的剧变，国际共运遭受了严重挫折。在西方意识形态方面的刻意宣传下，"马克思主义过时论"又鼓噪起来，党急需回答"马克思主义究竟还有没有现实指导性"这样一个核心问题。"我们必须认识到，马克思主义是在深刻总结历史运动规律的基础上形成的，其基本原理是放之四海而皆准的。随着时代的发展和历史条件的变化，一些具体论

---

① 《江泽民文选》第2卷，人民出版社，2006年，第301页。

述可能会过时,但世界历史的发展轨迹并没有超出马克思主义所揭示的基本规律。"所以,"马克思列宁主义、毛泽东思想一定不能丢,丢了就丧失根本"。①

(二) 知识层面,要尽可能多地学习古今中外一切知识,还要学习与本单位、本行业、本职工作有关的知识

一般来说,知识作为一种信息、一种存在,具有明显的工具理性特征,这尤其表现在自然科学方面。所以,任何一个人、任何一个组织或群体,都可以利用知识来改造客观和主观世界。而人们掌握知识的结构状况,如内容的多少、深浅,直接影响着人们的实践效果。作为一个管理世界上人口最多、历史悠久、国情复杂的国家的执政党,要想做到决策的科学、战略的长远、方针的正确,没有对自然科学和人文社会科学的发展趋势、前沿知识的全面了解是不可能的。毛泽东说过:"我们的方针是,一切民族、一切国家的长处都要学,政治、经济、科学、技术、文学、艺术的一切真正好的东西都要学。"②邓小平指出,干部学习,除了学习马列主义、毛泽东思想,还要着重抓紧三个方面的学习:一个是学经济学,一个是学科学技术,一个是学管理。学习好,才可能领导好高速度、高水平的社会主义现代化建设。江泽民号召全党:"我们从事的事业是宏伟的、波澜壮阔的,我们的学习也应该是全面的、系统的。做一名合格的政治领导者,哲学、政治学、经济学、法学、历史学、文学和科学技术等方面的知识都要学,特别要注重学习反映当代世界政治、经济、文化新发展的各种新知识,努力使自己的思想水平和知识水平适应时代前进的需要。"③党的十六大以来,胡锦涛总书记反复强调,要注重学习世界经济知识和分析世界经济形势,不断提高在对外开放条件下推动我国经济发展的规律性认识,要更加重视学习历史知识。上述论断集中表达了一个思想,那就是要中国共产党所学习的知识一定要广博、一定要前沿、一定要符合时代需要和国家的需要。

---

① 《江泽民文选》第 2 卷,人民出版社,2006 年,第 12 页。
② 《毛泽东文集》第 7 卷,人民出版社,1999 年,第 41 页。
③ 《江泽民文选》第 2 卷,人民出版社,2006 年,第 284 – 285 页。

中国共产党党员如何在有限的时间里有效地学习广博的知识呢？首先，要学习古今中外优秀传统文化书籍。优秀传统文化书籍是古今中外文化精华的结晶，其智慧光芒穿透历史，跨越时空，历久弥新，是全人类共有的精神财富。特别是我们中华文明，博大精深，源远流长，许多优秀文化典籍蕴涵着做人做事和治国理政的大道理。宋初宰相赵普以"半部论语治天下"，毛泽东说过："从孔夫子到孙中山，我们应当给以总结，承继这一份珍贵的遗产。"今天，党员干部更要加强对优秀传统文化书籍的学习。第一，有利于优化知识结构，提高人文素养。譬如，学习一些中国历史典籍，可以看成败、鉴是非、知兴替，起到"温故而知新"、"彰往而察来"的作用。学习一些文学典籍，可以陶冶情操，提高品味，正所谓"腹有诗书气自华"，"不用开门，明月自然来做客，无须会友，古今多少是同心"。第二，学习优秀传统文化书籍，还有利于提高党员干部的道德修养，促进党的作风建设。中国优秀传统文化特别强调道德修养，《大学》指出："自天子以至于庶人，一是皆以修身为本"。"修身、立德"，不仅是立身之本，更是从政之基。"治天下者先治己"，"君子之仕也，行其义也"。学习优秀传统文化典籍，可以增强对人与人、人与社会、人与自然关系的认识和把握能力，正确处理义与利、己与他、物质享乐与精神享受等重要关系。譬如，对待物质利益的态度，要做到"君子爱财，取之有道"，要掌握中和、适度的原则，不能把物质利益作为人生的全部追求，更不能见利忘义，贪污腐化。第三，有利于弘扬中华文化，建设中华民族共有的精神家园。在全球化背景下，传统文化是保持民族文化认同感、归宿感的精神家园。一个民族如果没有自己的创新科技，就要落后；但是，一个民族如果丧失了自己的传统文化，就要亡种。当今世界，国家与国家之间的竞争，不仅是军事、经济等"硬实力"的竞争，更是文化"软实力"的竞争。在促进中国和平崛起和中华民族伟大复兴的进程中，必须把中华民族优秀的传统文化发扬光大。①

其次，要广泛学习各个学科的知识，特别要注重学习反映当代世界政治、经济、文化新发展的各种知识。哲学、政治学、经济学、法学、历史学、文学和科学技术等方面的知识都要学习。譬如，要广泛学习经济建设的各类知

---

① 习近平：《爱读书读好书善读书》，《学习时报》2009年5月18日。

识。在经济建设领域,我们提出建设社会主义市场经济体制的目标和任务。如何建设呢?这是马克思主义经典作家没有探讨过的新问题。这就要求我们在实践中广泛学习经济学包括西方经济学的知识。再如,要努力学习科技方面的知识。当今时代,科技进步对一个国家经济社会的发展越来越具有决定性的作用。我们提出建设创新型国家的发展目标,并坚定不移地实施科教兴国战略,就是要努力做到把科技进步放在经济社会发展的关键地位,尽快形成自己的科技创新体系。这是一项十分紧迫的工作,要求广大党员干部努力提高自己的科技知识素养,充分了解当今世界科技进步的趋势。否则,将很难做好这方面的领导工作。

此外,还要学习与自己所从事的工作相关的专业知识。无论是从事体力劳动还是脑力劳动,无论是从事社会管理还是生产劳作,党员干部第一位的学习任务就是学习与自己工作紧密相关的专业知识。譬如,从事各项领导管理工作的党员干部,就要加强与工作有关的管理知识的学习。对从事民族、宗教工作的党员干部而言,应该尽可能多地学习一些民族、宗教方面的基本知识,这样才有可能对民族、宗教问题认识得更深一些,理解得更透一些,把握得更准一些。再如,领导活动本身也具有专业性,需要遵循一定的领导原则,这就要求我们学习和掌握相关的领导方法、领导艺术。现在,一些年轻干部文化水平很高,但领导工作经验相对欠缺,尤其是驾驭复杂局面、处理突发事件等方面的能力不够强,要注意加强现代社会管理、危机管理方面知识的学习,并知行合一、付诸实践,使自己的领导管理能力得到不断提高。①

(三) 方法层面,时时刻刻注重科学方法的学习,使知识通过这些科学的方法能在实践中获得预期的效果

方法是人们认识世界、改造世界的途径、技巧、中介,它反映了人的思维方式、思想观念、实践技能状况。一个人无论他的知识有多么渊博、无论他的信仰多么崇高,如果不掌握科学的方法,是不可能取得什么成就的。十

---

① 习近平:《爱读书读好书善读书》,《学习时报》2009 年 5 月 18 日。

年内战时期我们党内的若干"左"倾思想代表人物，他们所犯错误的原因不是对于革命的信念不坚定，也不是对于马克思主义的书本知识掌握得太少，而是思想方法、工作方法出了问题，忽视了从实际出发、理论联系实际的方法，因此只能照抄照搬苏俄的模式，从而陷入教条主义的泥坑，给中国革命事业带来巨大的危害。所以，在对党的历史经验教训作出深刻总结的基础上，以毛泽东为代表的中国共产党人一直特别强调方法对于我们事业的重要性，"我们不但要提出任务，而且要解决完成任务的方法问题。我们的任务是过河，但是没有桥或没有船就不能过。不解决桥或船的问题，过河就是一句空话。不解决方法问题，任务也只是瞎说一顿。"① 邓小平也谆谆教导："现在我们的干部中很多人不懂哲学，很需要从思想方法、工作方法上提高一步"。②

方法论的内容体系宏大精深，形式多种多样，有哲学方法论、科学方法论、理论方法论、技术方法论和公理方法论。就宏观层次看，基本可以分为哲学方法论和具体科学方法论。作为中国共产党，所要学习和掌握的哲学方法论就是马克思主义的辩证唯物主义和历史唯物主义，所要学习和掌握的具体科学方法就是与自己的工作有关的、需要借鉴的各个学科领域的工作方法。

那么，我们在实际工作中如何学习方法呢？首先，在学习马克思主义理论时除了注重世界观的内容，也要关注方法论的内容。恩格斯说过："马克思的整个世界观不是教义，而是方法。它提供的不是现成的教条，而是进一步研究的出发点和供这种研究使用的方法。"这就明白地告诉我们，我们在学习马克思主义时，不是背诵词句和结论，而是掌握世界观和方法论，像具体问题具体分析、矛盾的对立统一、实事求是、事物的普遍联系和变化发展、重视人民群众、重视阶级分析，等等，就是我们学习马克思主义时最应该关注的内容。在学习马克思主义理论著作时，我们不仅要学习上述哲学方法，还可以学习一些具体的研究方法，比如归纳和演绎、抽象与具体、形式与内容等等，就是很好的学术研究方法。《资本论》里面就蕴含着丰富的研究方法、分析方法。

其次，对于一些具体科学的研究方法，尤其是具有综合性的前沿研究方

---

① 《毛泽东选集》第1卷，人民出版社，1991年，第139页。
② 《邓小平文选》第2卷，人民出版社，1994年，第303页。

法，广大党员和干部也要学习。具体科学的很多研究方法是可以为执政党提供借鉴的，历史、哲学、文学、社会学、政治学等等人文社会科学学科的研究方法里面哪一个没有可以为科学执政、民主执政探讨有益的思想资源的内容呢？即使在自然科学里，也有很多方法是执政党实现有效决策和管理必须借鉴的。比如，控制论、信息论、系统论、耗散结构论、协同学、突变论等等对于提高人们的认识能力、管理能力、创造能力是有着极大的推动作用的。

最后，要注重研究现实实践，不断地在实践中总结经验，学会新的适合时代特点的科学方法。中国共产党所领导的中国特色社会主义实践是一个正在进行的伟大实践，在这个实践进行的过程中，每时每刻都有很多在方法论方面给予我们正面或反面的启示的内容，我们应该及时对之加以总结推广和纠正制止。同时，这个活生生的实践也会有力地检验我们党已有的思想方法工作方法的有效性，使我们不会把一定阶段、一定条件下形成的思想方法工作方法固定化、静止化。

第十一章 建设马克思主义学习型政党的制度机制和方法举措

建设马克思主义学习型政党,需要在实践层面回答"怎么建设"的问题。毛泽东在《改造我们的学习》的开篇就明确提出:"我主张将我们全党的学习方法和学习制度改造一下。"① 建设学习型政党,不仅要改进党员干部的学习行为,还要建设一个有利于学习创新的组织架构和制度机制。此外,我们党在学习、发展过程中,积累了丰富的学习经验和方法。今天,我们需要在学习方法等方面,继承和发扬党的优良传统和做法,为建设学习型政党提供科学的方法论指导。

一、建设学习型政党的制度机制

如何建设学习型政党?从字面来看,应抓住"学习型政党"的"词眼"——"型"。"型"有"模式"和"模型"的意思。按照《现代汉语词典》的解释,"模式"意为"某种事物的标准形式或使人可以照着做的标准样式"。从这个意义上讲,建设学习型政党不仅是一种学习行为,而且涉及到政党的组织结构和制度机制问题。换言之,建设学习型政党,不仅要改进党员干部的学习行为,还要建设一个有利于学习创新的制度机制和政党文化。

---

① 《毛泽东选集》第3卷,人民出版社,1991年,第795页。

学习型政党的制度机制建设涉及两个方面：一是"硬"的方面，即建立健全有利于学习创新的各项制度；二是"软"的方面，即从政党文化角度，塑造、建设一种有利于推进学习型政党建设的学习型政党文化。这两个方面同等重要，不可偏废。以往我们比较注重第一个方面，但是我们不能忽视第二个方面即政党文化方面的建设，它是建设学习型政党的文化心理基础和价值准则导向。

（一）硬的方面，加强学习型政党的制度机制建设

学习靠自觉，也要靠制度。制度具有长期性、稳定性、规范性和可操作性。建设学习型政党，制度建设是基础。近年来，各级党组织注重加强制度建设，形成了一系列富有成效的学习制度，对推动党员干部学习发挥了重要作用。同时也要看到，一些党组织在学习的激励、评估、考核、督导等方面的制度还不健全，需要我们进一步在建立制度、完善制度、执行制度上下功夫，把学习的"软任务"变成"硬约束"。加强学习型政党的制度机制建设，要加强与学习直接相关的各项制度建设，包括形成有利于推动全党重视学习、善于学习的激励评估制度，形成领导干部带头、党委中心组坚持集体学习的制度，形成使党员干部学习权利能够更好得到落实的各种教育培训制度。除了直接关系学习的各项制度，还要健全完善其它相关制度，如形成有利于促进学习的舆论导向、用人导向等。

1. 建立和完善推动全党重视学习、善于学习的投入、激励、评估机制

要制定切实可行的投入、激励、评估制度，确保建设学习型政党的强大物质基础、充沛动力来源和科学的考核体系。首先，要建立健全投入保障机制。设立学习专项经费，专款专用，用于党员干部岗位培训、技术培训、在职教育等。在党费使用中，预留更大比例用于学习活动，如主题党日活动，邀请专家授课等。此外，还要积极拓展投入渠道，创新投入机制。可考虑设立培训基金等，以社会化、市场化方式管理、运作。

其次，要建立和完善有利于促进学习的激励机制。要把学习考核纳入党员干部的工作考核之中，使学习成为工作的一个重要的组成部分。学习考核中，要把对领导班子集体考核和对领导干部个人的个别考核结合起来，更加注重个人考核。要将对领导干部的学习考核与年度考核、评先争优、选拔任

用挂钩,切实把学习情况作为评价干部工作绩效、思想动态、政治立场的重要内容和重要依据。尤其是要把学习考核和选人用人结合起来,将学习效果评估纳入选人用人制度,把党员干部的学习态度和学习能力作为选拔任用干部的重要标准,让认真学习、学有所成的人得到选拔任用,进而树立正确的用人导向,激励更多党员干部积极投身于学习创新活动,根本解决学与不学一个样、学多学少一个样的问题。

再次,还要建立健全学习动态管理和评估机制。要通过建立"领导干部学习档案"等形式,全面、系统了解干部学习情况,建立健全学习考勤、学习档案、学习通报等各项动态管理制度,形成督促党员干部学习的长效机制。要建立和完善科学、系统、量化的考核指标体系,要科学设计评估要素,定性研究和定量分析相结合,形成科学合理的评估体系,确保"学习成果看得见"。在考评中,要把学习和切实解决工作中的实际问题结合起来。评估不能仅仅简单地就学习评学习,只注意看了几本书、参加了多少天培训、写了多少篇读书报告,更应看是否将学习和解决工作中的实际问题结合起来,是否善于运用所学的知识和方法解决工作中遇到的重点、难点问题。学习的根本目的在于运用,我们要使学习变成解决实际问题的思路、对策和方法,在推动科学发展、促进社会和谐的工作中见成效。所以,科学的评估,既是对党员干部学习力的考核和评估,也是对党员干部工作力的考核和检验。

2. 建立和完善领导干部带头、党委中心组坚持集体学习的制度

在建设学习型政党过程中,各级领导干部要积极投身学习,充分发挥表率作用。《诫子书》:"非学无以广才,非志无以成学。"《管子》:"海不辞水,故能成其大;山不辞土石,故能成其高。"在新时代、新形势下,面临新挑战、新任务,各级领导干部必须高度重视学习的重要性,必须虚怀若谷,博采众长,力争学得更多一些、更深一些,努力成为建设学习型党组织和学习型领导班子的精心组织者、积极促进者、自觉实践者,在马克思主义学习型政党建设中发挥表率作用。①

党的历代领导集体及其核心成员都特别重视学习,并成为带头学习的典

---

① 习近平:《关于建设马克思主义学习型政党的几点学习体会和认识》,《学习时报》2009 年 11 月 17 日。

范。譬如，在第一代领导集体中，毛泽东等人就是努力学习、善于学习的表率。毛泽东指出："我们要建设大党，我们的干部非学习不可。""如果我们党有一百个至二百个系统地而不是零碎地、实际地而不是空洞地学会了马克思列宁主义的同志，就会大大地提高我们党的战斗力量。"1959 年，为了澄清党内存在的混乱思想，毛泽东建议在中央和全党干部展开一次读书活动，并身体力行，用两个多月时间阅读了苏联《政治经济学教科书》（第三版下册）。在两个多月的读书谈话中，形成了一个近 10 万字的谈话记录，其中涉及哲学、经济学、科学社会主义以及相关的国内政策问题。在此之前，刘少奇利用到海南岛疗养的机会，也开始了对《政治经济学教科书》的阅读。为加深对理论的理解，还邀请了北京的两位经济学家王学文和薛暮桥参加学习小组。11 月 2 日至 11 月 22 日，刘少奇用 20 天时间阅读完全书，并进行了九次学习讨论。每次讨论，刘少奇都作了系统发言，这些发言被整理归纳为 18 个问题，并印发了书面稿。在中央领导层进行读书活动的同时，毛泽东在 1960 年 1 月召开的政治局扩大会议上建议：中央各部党组，各省、市、自治区党委，都去组织读《政治经济学教科书》。以第一书记挂帅，组织个读书小组，国庆节以前，把它读完。毛泽东的这个建议受到全党重视，从 1959 年底到 1960 年初，以中央领导为表率，在全党掀起了一个学习运动。①

在建设学习型政党过程中，要把领导干部带头学习制度化、长期化。中央领导人进行集体学习，早在 1980 年代中就开始了。1986 年是"一五普法"的第一年，时任司法部长邹瑜给胡耀邦总书记写信，建议在中南海为中央领导人举办法制讲座。胡耀邦表示支持，随后有关专家学者为中央领导人举办了 4 期法制讲座。十三届四中全会后，以江泽民为核心的第三代领导人为进一步提高依法治国能力，重新开启法制讲座。到中共十六大为止，中央领导人组织了 11 次集体学法。中共十六大后，即在 2002 年 12 月 26 日，刚刚选举产生不到两个月的十六届政治局在胡锦涛总书记的带领下，进行了第一次集体学习。胡锦涛在主持这次集体学习时说，"中央政治局经过讨论认为，为了适应党和国家事业发展的需要，为了更好地承担起党和人民所赋予的重任，我们必须进一步加强学习。除了自学以外，中央政治局还要进行集体学习。

---

① 《中国共产党历史》（第 2 卷下册），中共党史出版社，2010 年，第 564–566 页。

今天这次学习活动,是新一届中央政治局集体学习的第一次,开了个头。这要作为一项制度长期坚持。"这是中共中央政治局集体学习制度的开始,学习的内容由原来的法律扩展到经济、政治、文化、科技、军事、外交等各个领域。从十六大以来,以胡锦涛为总书记的党中央领导集体坚持集中学习70余次,自觉做带头学习的模范,为各级领导干部加强学习树立了光辉的典范。有学者指出:"中国在过去的30年内之所以能在经济发展上取得举世瞩目的快速发展,与中国人的学习、首先是中国领导人的学习是分不开的。在这一意义上,'中国模式'实际上就是一个学习模式,是一个发展中国家向发达国家学习的成功模式。政治局集体学习制度使中国领导人的学习系统化、制度化,为建设学习型政党作出了优秀典范、为形成学习型社会奠定了坚实基础。"①

在建设马克思主义学习型政党过程中,各级党组织要借鉴"中央政治局集体学习"制度,建立完善"党委中心组学习"制度,各级党委领导尤其是"一把手"要加强对学习活动的领导组织。此外,要讨论制定党内学习的五年计划或十年规划,增强学习的系统性、规划性和科学性,使各级党组织的学习有章可循,有据可依。

3. 建立健全各类教育培训机构和教育培训制度

首先,努力抓好教育培训的硬件建设。要加大对现有教育培训基地的建设力度,努力使各种培训基地满足党大规模学习的需要,充分发挥党校、行政学院、干部学院在教育培训中的主渠道、主阵地作用,发挥高等学校、社科研究机构以及部门和行业培训机构的作用,努力改进培训方法,提高培训质量。要不断拓展外部培训和交流学习的渠道,充分利用其他教育培训资源,积极运用信息网络技术手段,加强党员干部远程教育、电化教育等学习教育网络建设,加强数字图书馆、数字出版物等网络学习教育平台建设,推进文化信息资源共享工程建设,不断提高党员干部学习教育的信息化水平。

其次,努力改进教育培训的方法手段。要探究党员干部学习培训的规律和特点,按照因材施教、按需施教的原则,进一步改进教学方法、创新培训手段,不断增强教育培训的针对性和实效性。要充分利用各级各类资源,内

---

① 薄智跃:《政治局集体学习制度与中国模式》,《南风窗》2010年2月3日。

外结合，完善多层次、多渠道的全员学习培训机制。一方面要充分利用党内资源，科学制定在岗学习培训计划，系统安排岗前培训、业务培训、晋职培训、理论培训等，增强党员干部政治素养和业务能力。另一方面要内外结合开展协作培训，鼓励和支持党员参加学历教育、自学考试、函授教育、脱产学习等，不断改善知识结构，提高理论素养。要健全和落实常态化、制度化的党员干部学习培训制度，在培训对象、培训时间上作出制度性规定，切实增强培训的实效性。

再次，努力健全教育培训内容体系。着眼于提高党员干部综合素质和能力，加快建立以政治理论、政策法规、业务知识和文化素养为基础的干部教育培训内容体系。组织各种形式的主题学习活动，特别是结合党和国家开展重大活动和重大节庆日、纪念日等契机，不断丰富完善学习形式和学习内容。譬如，围绕"五一"、"七一"、"八一"、"十一"等重要节庆日、历史纪念日，组织开展学习党史，学习近现代中国史，认真领会党的优良传统和作风，树立正确的民族价值观和时代价值观。再如，围绕我国传统的"清明"、"端午"等节日，组织学习中华民族的悠久历史和灿烂文化，感受以爱国主义为核心的民族精神，增强民族认同感。

4. 建立和完善促进学习、保障学习的长效机制

建设学习型政党，建立和完善促进学习、保障学习的长效机制是根本。建立和完善长效机制，首先要加强对建设学习型政党的组织领导。各级党组织要把建设学习型政党作为一项长期的事关全局的任务，纳入重要议程，加强领导，抓紧抓好。要健全各级党组织"一把手"为建设学习型政党工作"第一责任人"的制度，并把对学习工作的组织和领导成效作为对"一把手"进行考核的重要内容之一。

其次，建立健全学习的领导管理和评估督导制度，把学习型政党建设纳入制度化、规范化轨道。建设学习型政党不是一个一蹴而就的事情，而是一个持续的制度化过程，尤其要建立健全评估督导的长效机制。一要建立完善"述学"制度。各级党组织要让每个党员干部定期进行"述学"，向组织汇报阶段内学习计划的落实情况、学习成果及其应用、学习中存在的问题和不足、今后的改进措施和进一步的学习规划等。汇报内容要形成书面材料，并存入个人的学习档案。二要建立完善"考学"制度。要定期组织学习考核，对党

员干部的学习情况进行分类考评,并把党员干部的学习情况作为年度考核、评先评优、职级晋升、提拔使用的重要依据,以树立正确的学习导向,激发大家的学习热情。

再次,把学习和日常工作结合起来,做到学习工作一体化。要把学习同促进科学发展结合起来,着力研究改变发展方式,探索实现全面、协调、可持续发展的模式和方法;要把学习同促进社会和谐结合起来,着力研究解决本地区本部门本单位改革发展稳定的突出矛盾和问题,提出化解矛盾、解决问题的有效措施和办法;要把学习同研究解决人民最关心最直接最现实的利益问题结合起来,始终关注群众的安危冷暖,加大改善民生力度,努力实现好、维护好、发展好人民群众的根本利益。

(二)软的方面,形成有利于推进学习型政党建设的政党文化

建设学习型政党,既要加强制度机制建设,还要变革学习理念与学习行为,建立与之相应的学习型政党文化。学习型政党建设由物质资源、制度机制等"硬件"以及学习型政党文化这一"软件"所构成。学习型政党文化建设不仅为学习型政党"硬件"建设规定正确方向,提供精神与智力支持,而且有利于从整体上推进政党文化建设。

建设学习型政党文化,应结合中国和共产党的政治文化传统。中国的文化传统存在悖论式的双重影响,就积极方面而言,中国人的生存智慧中存在着"知行合一"的哲学文化传统,这种智慧对"学习"有恰当深刻的理解。譬如,从"学习"的辞源学分析来看,"学习"二字包含"学"和"习"两个层面:前者意指从周围吸纳知识,即"获知";后者意指小鸟离巢展翅飞行,即"践行"。中国传统儒学宣示的《大学》八条目(格物、致知、诚意、正心、修身、齐家、治国、平天下)中,分别涉及"学"和"习"两个方面的内容,其中更强调"习"层面的践行,这与学习型组织理论中要求的试验、反思和实践创新不谋而合。就消极方面而言,中国传统文化尤其是儒学在后来的发展中,无论是"学"还是"习"都越来越要求尊奉经典、继承道统、效法权威、严厉约束、惩罚"离经叛道"之举,这使得中国传统社会缺乏独立的政治文化人格。新中国成立后,建立的集中式政治体制也造就了政治人的依附型人格。对此,邓小平曾尖锐地指出:"许多重大问题往往是一两个人

说了算,别人只能奉命行事。这样,大家就什么问题都用不着思考了","书上没有的,文件上没有的,领导人没有讲过的,就不敢多说一句话,多做一件事"。① 这种政治文化传统,使得很多建设学习型政党的行为打上了"专家灌输"和"权威指派"的烙印。这种政党文化将成为建设学习型政党的障碍,阻碍我们建立通过反思、行动而达成真正的学习型组织的学习模式。因此,重塑学习型政党文化,要求我们在对传统文化的创造性发展中,保持"被动性"获得知识的学习模式和"主动性"追求创新的学习模式的平衡。

建设学习型政党文化,要吸收借鉴先进的学习理念,并以之为指导。第一,尊重个人,尊重创造。在以往的政党文化中,我们对党员干部的价值观教育,比较注重集体主义价值观,强调个人的渺小和集体的伟大,提倡个人为组织、为社会的奉献精神,往往忽视每一个党员的个性存在和个体创造力。这种缺乏个性基础的共同价值理念,不一定发自内心,从而缺乏持久的内在驱动力。建设学习型政党文化,要求尊重个人,尊重创造,强调在个人学习的基础上开展组织学习,在充分关注个体发展需求和激发个人潜能的基础上,实现个人愿景与组织愿景最大限度的融合和统一。学习型政党文化,将是组织与个人拥有共同价值观念的"文化母体"。在这样一个"文化母体"内,党员不是单纯为了服从他人的命令或献身组织而工作,还是为了最大限度激发自我潜能、实现自我价值而工作,其所焕发出的生机和活力无可限量,且经久弥新。第二,知识面前,人人平等。学习型政党文化,强调民主和平等的理念,淡化权威和等级秩序。学习型政党中的"权威",只能是掌握更多知识的人。学习型组织中,不是"谁的权力大听谁的",而是"谁正确听谁的"。传统的官僚组织机构中,上层领导以等级秩序来管理、控制下属和组织成员。而学习型党组织中的领导者,不是高高在上的权威领袖,他更似担当"传道、授业、解惑"功能的教师,他以知识魅力和理想信念来感召、凝聚组织成员,通过改造心智模式和强化共同愿景来促进组织的创新性发展。第三,全员学习、终身学习。政党全体成员应树立时时学习、终身学习的理念,这是学习型政党应有的基本特征。学习的目的不仅在于获取知识,更在于个人的终身发展和自我实现,学习过程必须持续地贯穿于人的一生之中。学习不

---

① 《邓小平文选》第 2 卷,人民出版社,1994 年,第 147 页。

仅是人的一种生存方式，也是人最终实现自由全面发展的重要手段。学习的过程就是一个自我超越的过程，通过不断学习来不断否定自己，冲破各种束缚，实现创新发展，进而不断实现他们内心深处最想实现的愿望。他们对生命全心投入、不断创造和超越，是一种真正的终身学习，也是实现个人自由全面发展的必经之途。

　　建设学习型政党文化，要努力建立信息反馈、实践反思和团队共享的学习机制。学习型政党的信息反馈机制，要求将外部信息、基层信息尤其是负面信息迅速反映到上级组织。非学习型组织在信息反馈机制方面的重大缺陷，主要表现为信息的正向过滤和时效滞后。所谓正向过滤，简单地讲，就是删节负面信息，报喜不报忧。所谓时效滞后，就是信息反馈环节过多，或故意晚报信息，致使上层组织很难及时地了解下层问题，影响对问题的快速反应和处理。建立全面、及时的信息反馈机制，一要明确信息反馈的责任人，以便在发生信息瞒报、晚报时通过惩戒责任人起到警示作用；二要借助现代信息传播技术，比如网络传播技术来加快信息反馈的及时性和直接性。建设学习型政党文化，要重视建立实践反思机制。建立实践反思机制，就是要求党员干部重视实践，并进行自我解剖和纠错的机制。当前，一些党组织和党员干部存在重言论，轻行动；重计划，轻落实的消极现象，以至出现一些人民群众戏称的"口号干部"。建立实践反思机制，就是要将理论创新和政策创新付诸实践工作，才能产生积极效果。建立实践反思机制，还要求建立自我解剖和纠错机制。金无足赤，人无完人。个人如此，组织也是如此。错误并不可怕，可怕在于没有自我解剖和纠错机制。建立解剖和纠错机制，要求我们继承党的批评与自我批评的优良传统和作风，并将解剖和纠错制度化，如建立个人和组织定期反省制度，批评者的权利保障制度等。建设学习型政党文化，还要建立团队共享机制。建立团队共享机制，要求团体学习和知识共享。团体学习是指发展团体成员整体搭配能力与提高实现共同目标能力的过程。在学习型党组织中，学习的基本单位是党组织这个团体而不是党员个人。知识共享实质上是党组织内知识交换的过程，它是组织和个人实现双赢的必然途径。只有通过知识共享，才能互通有无，共同提高。没有知识共享，团队学习就是一句空话，建设学习型党组织也无从谈起。①

二、建设学习型政党的主要方法

马克思主义经典作家和中国共产党在学习问题上积累了丰富经验，形成了关于学习问题的一系列正确方法。在毛泽东等人的倡导下，我们党形成了理论与实践相结合、在改造客观世界的同时改造主观世界、古今中外为我所用、组织学习与个人自学相结合等系统的学习方法。这些方法，也是我们今天建设学习型政党应继承和发扬的重要方法。

（一）学风方面，要做到理论联系实际

理论和实践的关系问题，是马克思主义哲学的重要论题。马克思主义强调科学理论的指导作用，更强调要在实践中检验理论并将理论付诸实践以改造现实世界。马克思曾强烈批评离开实践的理论研究和争论，并将之等同于经院哲学。他说："人的思维是否具有客观的真理性，这并不是一个理论的问题，而是一个实践的问题。人应该在实践中证明自己思维的真理性，及自己思维的现实性和力量，亦即自己思维的此岸性。关于思维——离开实践的思维——的现实性或非现实性的争论，是一个纯粹经院哲学的问题。"在《关于费尔巴哈的提纲》的最后一条，马克思言简意赅的表明了自己的立场和态度："哲学家们只是用不同的方式解释世界，问题在于改变世界"，②即真正的哲学家必须要把理论和实践结合起来，以求在实践中实现改造世界的目的。

中国古代哲学中，理论和实践的关系问题，以知行关系的形式表现出来。不同的哲学家对知行的先后、轻重问题可能有不同观点和看法，但强调理论联系实际，做到知行合一是中国古代哲学的一个主流传统。譬如，明代哲学家王阳明在《传习录》中就提出："知是行的主意，行是知的工夫；知是行之始，行是知之成"。中国古代哲学对知行关系的理解，反映到学习方法上，就是重视践行。宋代陆游在《冬夜读书示子聿》中告诫儿子说："纸上得来终觉

---

① 参见蒋仁勇：《建设学习型政党的三个着力点》，《理论探索》2010年第3期。
② 《马克思恩格斯选集》第1卷，人民出版社，1995年，第55-57页。

浅，绝知此事要躬行"，讲的就是在学习中要理论联系实际，知行合一的道理。毛泽东提出，"读书是学习，使用也是学习，而且是更重要的学习"，讲的也是同样的道理。一个人，即便"学富五车"，但如果不能把知识运用到实际、运用到工作中去，也没有达到学习的真正目的。

今天，建设马克思主义学习型政党，在学风建设上，我们必须做到理论联系实际。理论联系实际，是我们党在长期的革命和建设过程中形成的三大作风之一，也是我们建设学习型政党必须继承和发扬的优良传统。学习不应该是经院式的，而要有的放矢、学以致用。毛泽东曾经要求全党确立以研究中国革命实际问题为中心、以马克思列宁主义基本原则为指导的方针，废除静止地孤立地研究马克思列宁主义的方法。这是我们建设马克思主义学习型政党必须始终坚持的指导思想。

要做到理论联系实际，必须把握好两个关键环节：一是着眼于"理论的实际运用"。即强调学习理论要紧密结合当代实际，研究实际情况，解决实际问题。毛泽东强调："学习的目的全在于运用"，江泽民指出："离开本国实际和时代发展来谈马克思主义，没有意义。静止地孤立地研究马克思主义，把马克思主义同它在现实生活中的生动发展割裂开来、对立起来，没有出路。"[①] 马克思主义是基于实践斗争形成的科学理论，学习马克思主义理论，目的就在于运用马克思主义世界观方法论，对发展中国特色社会主义所面临的新情况、新问题，给予科学而深刻的理论说明，发挥科学理论指导实践的巨大作用。"看我们是否真正坚持马克思主义，关键看是否能运用它来解决中国面临的实际问题，推进党的事业的发展。解决的问题越多，就应用得越好。如果理论上讲得头头是道，天花乱坠，最后什么问题也没有解决，那就不是真正的坚持。"[②] 当前，随着我国改革开放事业的深入推进，发展中的新情况、新问题层出不穷，这迫切需要我们运用马克思主义的立场、观点、方法去寻找解决问题的方法和答案。我们学习理论，一定要着眼于马克思主义的实际运用，不断提高运用马克思主义解决实际问题的能力。

二是着眼于"理论和实践的发展创新"。创新是理论联系实际的客观要

---

① 《江泽民文选》第 2 卷，人民出版社，2006 年，第 12 页。
② 《江泽民文选》第 3 卷，人民出版社，2006 年，第 339 页。

求,也是理论联系实际的内在灵魂。毛泽东曾经说:"马克思主义一定要向前发展,要随着实践的发展而发展,不能停滞不前。停止了,老是那么一套,它就没有生命了。"① 马克思主义是创新的理论,它具有强大的生命力的奥秘,就在于它有与时俱进的理论品质。学习的本质也在于创新,"分析新矛盾,解决新问题,研究新情况,掌握新知识,摸索新经验,既是新的实践过程,也是新的学习过程"。② 可以说,整个人类历史,就是一个不断学习、不断创新、不断进步的历史。个人和人类的学习是如此,一个政党的学习也是如此。建设马克思主义学习型政党,必须在学习中不断推进理论和实践的发展创新。创新是一个民族进步的灵魂,也是一个政党永葆生机的源泉。1959 年底到 1960 年初,毛泽东在读苏联的《政治经济学(教科书)》所做的笔记中有这样一段话:马克思、恩格斯、列宁的书,必须读,这是第一。但是任何国家的共产党人,任何国家的无产阶级的思想家,都要创造新的理论,写出新的著作,产生自己的理论家,来为当前的政治服务。任何国家、任何时候,单靠老东西是不行的。……现在我们已经进入社会主义时代,出现了新的一系列的问题,如果不适应新的需要,写出新的著作,形成新的理论,也是不行的。③ 历史经验表明:"注重理论创新,是党的事业前进的重要保证。什么时候我们紧密结合实践不断推进理论创新,党的事业就充满生机和活力;什么时候理论的发展落后于实践,党的事业就会受到损害,甚至发生挫折"。④ 学习马克思主义理论,不能把马克思主义经典著作当成背得烂熟并机械地加以重复的教条,不能期望从马克思主义本本中觅得解决一切问题的"灵丹妙药",而是善于运用马克思主义,不断作出符合时代需要、国情需要和现实需要的理论创造。建设马克思主义学习型政党,必须大力弘扬马克思主义与时俱进的理论品质,解放思想,勇于创新,把学习运用马克思主义,同学习运用马克思主义中国化的理论成果——毛泽东思想、中国特色社会主义理论体系特别是科学发展观结合起来,在建设中国特色社会主义的新的实践中,大

---

① 《毛泽东文集》第 7 卷,人民出版社,1999 年,第 281 页。
② 江泽民:《学习学习再学习》,《新华文摘》1994 年第 8 期。
③ 《毛泽东文集》第 8 卷,人民出版社,1999 年,第 109 页。
④ 《江泽民文选》第 3 卷,人民出版社,2006 年,第 334 页。

胆开拓，不断探索，用新的理论、新的观点丰富和发展马克思主义。①

（二）学习态度方面，要积极主动，持之以恒

在学习态度上，每个党员干部都要积极、主动的学习。首先，我们要克服自满情绪，在学习上有谦逊的心态。《尚书·大禹谟》："满招损，谦受益，时乃天道。"这是古人生存体念的升华，也是学习智慧的体现。鲁迅说，"不满是向上的车轮"，讲的也是这个道理。毛泽东提出："学习的敌人是自己的满足，要认真学习一点东西，必须从不自满开始。对自己，'学而不厌'，对人家，'诲人不倦'，我们应取这种态度。"② 建设学习型政党，就要倡导终身学习、终身教育的理念。每个党员干部，无论职务学历多高、能力多强，都要认识到不断学习、终身学习的重要性，否则就会被时代淘汰。其次，我们要认识到学习是自我提高，实现自我的重要手段。人学而知之，非生而知之。要使一个人成为"具有比较完全的和比较广博的知识，发展健全的身体，发展共产主义道德的人"，就必须加强学习。人不学习，"不知道古今，等于牛马穿了衣裳一样。……通古今就要学习"。③ 只有不断的努力学习，才能提高自己，才能最大限度激发自己的潜能，最终达到自我实现的目标。此外，学习还是自我改造，提高党性修养的重要途径。我们党历来强调，在学习中要把改造客观世界和改造主观世界结合起来。改造主观世界，也就是要通过学习来实现自我改造，提高党性修养。在对外开放和发展市场经济的条件下，一些干部经不住权力、金钱、美色等的诱惑，陷入腐败泥潭，一个重要原因就是放松了学习，忽视了对自己主观世界的改造。江泽民指出，"作为共产党人，放松学习，思想就落后于形势，就会丧失先进性，使精神世界陷于低级趣味，就难以抵御利益的诱惑"。勤于学习、善于学习，不仅有利于增长知识、提高才干，而且有利于陶冶情操、提高党性修养、自觉拒腐防变。

在学习态度上，党员干部还要做到锲而不舍、持之以恒。荀子在《劝学篇》中说："不积跬步，无以至千里；不积小流，无以成江海。"这说明，在

---

① 王伟光：《必须加强对马克思主义经典著作的学习研究》，《马克思主义研究》2009 年第 12 期。
② 《毛泽东选集》第 2 卷，人民出版社，1991 年，第 535 页。
③ 同上，第 177 页。

学习问题上，我们要发扬"绳锯木断，水滴石穿"的精神。必须承认，人与人之间存在先天禀赋和个人资质的差异。但"骐骥一跃，不能十步；驽马十驾，功在不舍"。只要学习目标专一，孜孜不倦，积以时日，就能实现由量的积累到质的飞跃。所以，即便资质差一些，只要我们长期坚持、积少成多，最后就能取得惊人收获。毛泽东指出："说学习和使用不容易，是说学得彻底，用得纯熟不容易。说老百姓很快可以变成军人，是说此门并不难入。把二者总合起来，用得着中国一句老话：'世上无难事，只怕有心人。'入门既不难，深造也是办得到的，只要有心，只要善于学习罢了。"① 有研究表明，一个人每天阅读一小时，三年之后就可以变成某一问题的专家。在学习上做到锲而不舍、持之以恒，还要树立终身学习的理念，也就是"活到老，学到老"。古人讲，"少而好学，如日出之阳；壮而好学，如日中之光；老而好学，如秉烛之明"。个人学习如此，建设学习型政党也是如此。正如毛泽东所言，政党大学的学制是无期的，活到老，学到老。"我们这个大学，可算是天下第一，叫做无期大学，年纪大一点也没有关系，只要你是活着，都可以进我们的大学。"② 建设学习型政党，就是要树立时时学习、处处学习、终身学习的学习氛围。

（三）学习方法上，改进学习方法，树立科学的学习方法论体系

建设学习型政党，掌握科学的学习方法至关重要。在党的历史发展中，我们积累了很多好的学习方法。譬如"向群众学习"的方法，还有重视调查研究的方法，提出"没有调查，就没有发言权"，等等。此外，西方学习型组织理论发展过程中，也提出了一些科学的学习方法，如团队式学习、互动式学习、共享式学习、反思式学习、质疑式学习、研究式学习等等。今天，我们建设学习型政党，必须借鉴、改进这些学习方法，树立科学的学习方法论体系。具体而言，需要做好以下几点。

第一，把课堂学习和社会调查结合起来。关于这一点，毛泽东有精彩的论述。在他看来，中国有三所大学：一所是有书本知识的"基础大学"，一所

---

① 《毛泽东选集》第1卷，人民出版社，1991年，第181页。
② 《毛泽东文集》第2卷，人民出版社，1993年，第182页。

是有马克思主义的"政党大学",第三所是有"无字之书"的"社会大学"。三者中,传授书本知识的大学和传授马克思主义的大学都以课堂学习为主要方式,在这两所"有期大学"里学习是增长知识,提高才干的基础,但"无字之书"的社会大学也很重要,甚至更关键、更重要。因为在基础大学、政党大学里学习,"只是进一个门而已,要求得更进一步的学问,一定要在学校外边学习",①"无字之书"的社会大学比任何一所大学都高明丰厚。把课堂学习和社会调查结合起来,不仅是一个学习方法问题,还是一个政治问题。1930年,毛泽东在反对教条主义的政治斗争中明确指出:"没有调查,就没有发言权","中国革命斗争的胜利要靠中国同志了解中国情况"。这些既是针对那些只知道在课堂、书本上学习的"本本主义"者而言的,也是针对那些认为"山沟里出不了马列主义"的王明式的教条主义者而言的。今天,建设马克思主义学习型政党,必须把课堂学习和社会调查结合起来,必须把马克思主义的理论和中国社会发展的实际结合起来,把调查研究作为重要的学习方法普及拓展开来,不断促进马克思主义中国化的进程。

第二,把向专家学习和向群众学习结合起来。当今时代,知识的专业化程度越来越高。各知识领域的专家、学者,往往能准确把握该领域的基础知识和前沿理论。向专家学习,是知识化、专业化时代的重要学习方法。但另一方面,我们还要把向专家学习和向群众学习结合起来。群众路线是我们党根本的组织路线和工作路线,因为"知政失者在草野,知屋漏者在宇下"。今天,建设学习型政党,要继承发扬党的密切联系群众的优良传统和作风,也就是要努力做到向群众学习。毛泽东认为,"要在人民群众那里学得知识、制定政策,然后再去教育人民群众。所以要当先生,就得先当学生,没有一个教师不是先当学生的。而且就是当了教师之后,也还要向人民群众学习,了解自己学生的情况。"② 胡锦涛指出,"调查研究是我们的谋事之基、成事之道",推动科学发展,构建和谐社会,必须大兴调查研究之风。调查研究既是一种工作方法,也是一种学习方法。调查研究要有成效,就要坚持面向群众,向群众学习。各级党员干部一定要坚持群众路线,善于倾听来自群众的声音,

---

① 《毛泽东文集》第2卷,人民出版社,1993年,第182—184页。
② 《毛泽东文集》第8卷,人民出版社,1999年,第324页。

真正做到问政于民、问计于民、问需于民、问急于民。只有这样，我们才能获得客观准确的第一手资料，全面掌握科学发展中存在的突出问题。

第三，把个人学习和组织学习结合起来。一方面是个人自学，自由研究。1921年，在《湖南自修大学创立宣言》中，毛泽东初步提出自己的学习方法论：要求变被动受学为主动求学，注重个人自学，主张自由研究。这一思想延续至后来的革命和建设时期。譬如，在1929年古田会议的《决议》中，针对以往干部教育不看对象的"注入式"的旧习惯，毛泽东提出要采用启发式，废止注入式，培养干部的班次要采用讨论式，以发扬积极性为原则。今天，我们提倡个人自学和自由研究，其实是对传统单向灌输性教育观念的一种补充或超越。另一方面是组织学习，共同讨论。在学习形式上，把个人学习和组织学习结合起来。组织学习的好处在于，通过共同的学习讨论，可以弥补单个个体间文化水平和理解能力差异。组织学习也是一种共享式学习。共享式学习的先进之处在于，组织成员深刻意识到知识交换不同于商品交换的以1换1的让渡关系，而是实现了1加1的累积效应。所以，在学习实践中，要积极打破个人学习的封闭边界，将自己拥有的知识、思想与其他组织成员分享，使其成为大家共同的财富。

第四，把古与今、中与外结合起来，兼收并蓄，为我所用。

在学习中，要具有历史视野和世界眼光，真正做到古今中外、兼收并蓄、为我所用。毛泽东将这种学习方法形象概括为"古今中外法"，并幽默地譬喻为：屁股坐在中国的现在，一手伸向古代，一手伸向外国。把古和今结合起来，强调的是一种历史主义的学习方法。在这个问题上，我们要鲜明反对两种倾向：一是厚今薄古的历史虚无主义；二是厚古薄今的复古主义。中国是一个拥有五千多年历史文化传统的文明古国，我们的历史文化传统中既有精华，也有糟粕。建设马克思主义学习型政党，一方面要反对厚今薄古的历史虚无主义，大力学习吸收民族文化传统中的优秀的精华成分，"今天的中国是历史中国的一个发展，我们是马克思主义的历史主义者，我们不应当割断历史，从孔夫子到孙中山，我们应当给以总结，承继这一份优秀的遗产。"[①] 另一方面，要反对厚古薄今的复古主义。学习传统文化，学习历史，一定是学

---

① 《毛泽东选集》第2卷，人民出版社，1991年，第533-534页。

习其中"有生命的东西","我们坚决反对去用已经死了的语汇和典故,这是确定了的"。①

把中和外结合起来,强调的是学习中要有开放心态和世界眼光,也就是要善于学习外国经验。毛泽东在《论十大关系》的讲话中,分析了中国和外国的关系,提出"向外国学习"的口号。"我们的方针是,一切民族、一切国家的长处都要学习,政治、经济、科学、技术、文学、艺术的一切真正好的东西都要学。"② 在向外国学习的过程中,要注意反对两种错误:一是夜郎自大,故步自封。邓小平在《实行开放政策,学习世界先进科学技术》的谈话中指出:"中国在历史上对世界有过贡献,但是长期停滞,发展很慢,现在是我们向世界先进国家学习的时候了,……关起门来,故步自封,夜郎自大,是发达不起来的。"③ 我国的改革开放事业之所以能取得今天这样举世瞩目的成就,一个重要原因是就是坚持了开放的学习观。二是妄自菲薄,崇洋媚外。这种错误是同前面言及的历史虚无主义联系在一起的。学习外国一定要破除对外国的迷信,不能"言必称希腊",要时刻保持和提高民族的自尊心、自信心,"必须有分析有批判地学,不能盲目地学,不能一切照抄,机械搬运。"④

(四)学习手段上,要充分利用互联网这一学习平台,扩大学习阵地

科学技术是第一生产力。任何一种新技术的出现都会在一定程度上改变人类的生存方式和发展进程。与以往的技术进步不同,网络世界的特殊性在于,它不同于传统的其他技术形式仅仅作为人类生理器官延伸以及人类实践活动手段和工具而存在,它引领人类跨越物理时空的局限,拓展生存的时空范围,在网络世界中充分体验自由与无限。网络新技术极大改变了人类社会传统的生存方式、学习方式、工作方式等。尼葛洛庞帝指出:"能够在互联网上投入时间和智慧的人将会越来越多,互联网络也将成为一个人类交流知识与互助的网络。"⑤ 建设学习型政党,要充分利用互联网等新兴手段。网络化

---

① 毛泽东:《反对党八股》,收于《毛泽东选集》第3卷,人民出版社,1991年。
② 《毛泽东选集》第5卷,人民出版社,1997年,第285-287页。
③ 《邓小平文选》第2卷,人民出版社,1994年,第132页。
④ 《毛泽东选集》第5卷,人民出版社,1997年,第287页。
⑤ 尼葛洛庞帝:《数字化生存》,海南出版社,1996年,第237页。

学习是信息时代的产物，也是当代最先进的学习手段之一。一些西方国家的政党，已经开始努力将互联网技术，用于党员的学习、管理以及与选民的互动与沟通。能否有效地运用互联网这种跨时空、多渠道、多载体、交互式的学习技术与手段进行学习，是建设学习型政党面临的挑战与机遇。早在2007年1月23日，中共中央政治局就世界网络技术发展和中国网络文化建设与管理问题进行第38次集体学习。胡锦涛在主持学习时发表讲话指出，各级领导干部要重视学习互联网知识，提高领导水平和驾驭能力，努力开创中国网络文化建设的新局面。这一点，也是对我们今天建设学习型政党提出的要求。

就机遇而言，我们要充分利用互联网这种新技术、新平台，让网络学习成为重要的学习手段。互联网作为一种新兴学习平台，具有信息海量、传输快捷、载体多样、多端交互等特征，这些将克服传统学习手段的局限和不足，提高学习的积极性、交互性和创新性。首先，网络学习有利于克服传统学习手段的时空限制，提高学习效率。传统的学习在时间上是有限的，在空间上是狭小的。网络学习可以超越时空界限，形成一个无空间距离和时间限制的学习环境。这种学习手段可以做到时间上开放，即任何时间都可以利用网络进行学习；而且实现了地域上开放，即不论距离远近都可以进行网络学习，进而使有限的学习资源得到充分利用。这种学习方式既适应领导干部工作忙、学习时间紧、只能抽时间、挤时间学习的特点，也特别适合基层党组织点多、面广、线长、集中学习难度大、成本高的特点，从而大大提高了党员干部的学习效率。其次，网络学习有利于提高学习者的主动性，增强学习者之间的交互性，提升学习活动的创造性。网络学习平台比传统课堂更民主、更平等，更能提高学习者学习的积极性和主动性。网络学习平台的交互性特点还有利于学习者围绕某一学习主题，积极主动地发表观点、相互争论。这样既能提高学习者发现问题、解决问题的能力，也能增强学习者之间的分享与合作。更重要的地方还在于，网络学习平台自主性和民主性特质，有利于改变以往灌输式教育的局限，全面激发学习者的潜能，提高思维和学习的创造性与创新性。① 当然，在利用网络学习这种新兴学习手段时，要注意网络的虚拟特性，不能让网络学习变成一种无组织性的随意行为。也就是说，构建网络学

---

① 参见张淑东：《借助网络学习平台，加强学习型政党建设》，《长白学刊》2011年第1期。

习平台,要建立完善监管体系,设立专职机构和规范管理,将网络学习制度化、规范化、长期化,使之成为建设学习型政党的重要平台。譬如,各级党组织在建立网络学习平台时,应设置专门的网络学习管理人员和网络学习考核人员,对组织成员的网络学习进行统一管理和监督评估。

就挑战而言,我们应充分认识到互联网领域存在的文化和意识形态斗争,自觉树立阵地意识,维护网络安全。随着时代的发展,国家与国家之间的竞争和较量,在形式和表现上正在发生一些变化。西方发达国家对发展中国家的侵略和控制,先后经历了军事殖民主义和经济殖民主义等历史阶段。今天,西方发达国家和发展中国家之间侵略与反侵略、控制与反控制的斗争更多延伸到了文化领域。出生埃及的著名东方学学者萨义德曾撰写专著,名字就叫《文化与帝国主义》。他尖锐地指出,文化是一个舞台,上面有各种各样的政治和意识形态彼此交锋。文化决非什么心平气和、彬彬有礼、息事宁人的所在;毋宁把文化看作战场,里面有多种力量崭露头角,针锋相对。① 随着互联网技术的发展和普及,文化帝国主义将互联网作为自己最大的作用平台。网络文化帝国主义又被称作"电子帝国主义"、"电子殖民主义"。西方学者托马斯·L.麦克菲尔在其著作《电子殖民主义》中这样说道:重商殖民主义寻求廉价劳工,劳工的双手、双脚和身体被榨取挖掘,用以开发原料和制造品。而电子殖民主义寻求的是心灵,它的目的是透过眼睛、耳朵来影响那些消费了进口媒介节目的人的态度、欲望和信念,他们的生活形态、消费意愿或购买形式。观众在无意中学会了西方的社会价值观和生活方式,导致了某种心智状态。电子殖民主义的目的在于变换你心智中的意象,在于使各种类型的电子进口软件对你产生长时期的影响。② 互联网正日益成为美国等西方国家输出其文化、意识形态和价值观念的重要平台,冲击着我国的主流意识形态。2000年,EXCITE公司对全球6.4亿左右的互联网进行语言认证,结果是英文信息占71%,中文仅有1.52%。可见,互联网信息以英语表述为主,以美国为代表的西方文化具有强势话语地位。西方国家在向我国输出文化产品的同时,也在隐蔽或公开地推销其价值观,这严重威胁着我国文化安全和核心价

---

① 参见萨义德:《文化与帝国主义》,生活·读书·新知三联书店,2003年。
② 参见麦克菲尔:《电子殖民主义》,台湾远流出版社,1993年。

值体系建设。在建设学习型政党过程中，我们既要充分利用互联网这一学习平台，也要自觉树立阵地意识，在互联网领域吹响意识形态斗争的"集结号"，建设完善马克思主义学习型政党和社会主义意识形态建设相互促进的网络新平台。

后 记

本书是教育部人文社会科学重点研究基地、北大中国特色社会主义理论体系研究中心，2010 年承担的重大项目"马克思主义学习型政党建设问题研究"（课题号：10JJD710007），取得的两项最终成果之一，也是教育部"纪念建党 90 周年"专项课题"中国共产党建设学习型政党的历史进程与基本经验"的研究成果。

举世瞩目的中国经验、中国道路、中国模式、中国奇迹，最大特点、最大奥秘是什么？其实就是中国有个共产党，作为领导中华民族复兴的核心力量。这是一个顶天立地的党：所谓"顶天"，就是有马克思主义作为指导思想、理论基础；所谓"立地"，就是紧紧扎根于中华大地，十三亿人民群众的创新实践，上下五千年的中华文明传统之中。因而，这是一个马克思主义学习型政党，创新型政党，先进型政党，实践型政党，群众型政党，总之是一个把时代精神与民族精神熔为一炉的现代新型政党。

2011 年恰逢中国共产党创立 90 周年，对于这个盛大节日的最好纪念，就是更好地回答中国共产党面临的重大时代课题：把我们的党更好地建设成马克思主义学习型政党，领导中国成为 21 世纪创新型国家，实现中华文明的综合创新与现代复兴。

北京大学是与中国共产党建党 90 年渊源关系最为深厚的一所大学，因而自觉地承担这一重大理论课题的学术研究任务，这是我们北大学者义不容辞的社会责任和历史使命。

为了更好地继承发扬李大钊在五四时期和建党时期，开创的北大马克思主义优秀传统，北大中国特色社会主义理论体系研究中心，从2008、2009年起，就加强了这一重大课题的深入研究。我们一方面充分尊重黄楠森、吴树青、萧超然、沙健孙、梁柱等老一辈著名专家学者的学术成果，另一方面也努力让后辈学人尽快成长起来。为此，我们支持北大马克思主义学院的两位中青年杰出学者——康沛竹与刘军，主持了"马克思主义学习型政党建设问题研究"这一重大课题。

康沛竹教授，47岁，曾在中国人民大学，师从马克思主义中国近代史著名专家李文海教授，从事中国近代史与中国共产党史研究，获博士学位。这次作为课题的第一主持人，2011年4月23日主持召开了"马克思主义学习型政党建设"北大论坛，主编了专题论文集，作为这一课题的另一项主要最终成果。

刘军副教授，36岁，2001年从武汉大学来到北京大学哲学系，跟着我做马克思主义政治哲学研究，2004年获博士学位，这次与康沛竹一起，主持这一重大课题研究。他的主要任务，是主持完成《马克思主义学习型政党建设新论》这部学术专著。

本来，我是很乐意充当配角，协助刘军完成这部专著的。问题是他还承担了马克思主义政治哲学、国家问题的国家社科基金项目，而这一课题又十分紧迫地要求在建党90年之际拿出成果。

因而，我只好勉为其难，从后台走向前台，与刘军一起，完成这部专著。我们两人的分工是：

刘军，上篇的头两章，下篇三章；

王东，上篇的第三章，中篇的五章。

在写作过程中，康沛竹老师的两名博士生给了我很大帮助。在我初步确定基本观点、基本思路、主要素材的基础上，我们又一起反复讨论，查找资料，江大伟提供了第五、六章初稿，祝猛昌提供了第七、八章初稿。这里要特别说明，并衷心向他们表示感谢！

在成书过程中，我们还受到中心主任、北大党委副书记杨河教授，中心副主任陈占安、郭建宁、夏文斌等领导同志的大力支持，白雪秋、宇文利、陈兰芳等同志大力协助，以及中央编译出版社高立志副编审的理解支持。感激之情，难以言表！

我们刻意要把本书写成一部精心之作、创新之作，在建设马克思主义学习型政党的理论来源、历史经验、现状分析这三大基本问题上，都提出一些新观点。然而，时间实在太仓促了，难免有些不妥之处，恳请大家，批评指教！

北大哲学系教授

王 东

2011年6月6日端午节